吳銘能著

梁啟超研究叢稿

龍眠汪中題

臺灣學生書局印行

新會陳占標先生以視網模糊、耄耋之年身軀
，堅持陪我全程梁任公故居之旅。

梁任公寫信約友打牌：
滬函已發，決星期六入都小聚，星期一返津，
請準備戰地，並告舍弟。

臨溓可奈清癯弟四橋
邊呼棹過環碧
集宋詞裝襯帖

下吹笛到天明
此意平生飛動海棠影
啓超作

梁任公說道：

此聯極能表出志摩的性格，還帶著記他的
故事，他曾陪泰戈爾游西湖，別有會心，
又嘗在海棠花下做詩，做個通宵。

脈天如藥日趨有功　中秋後嘗有
出遊美田村前尚二怨須以藥
鍼吸取肋膜中之水　頃乃大訝其
瘳痊之速　自今以後不敢菲薄
國醫妙術念謹聞
季常克　　石壻　十二日

他本瞧不起傳統醫學，但在試過療效，"大訝其瘳痊之速"之後，就"不敢菲薄國醫也"。

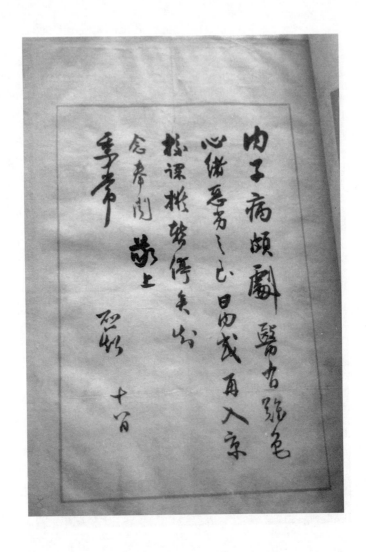

他最大的一次打擊，是夫人長期臥病在床，卒以不起，影響他原本元氣淋漓、活活潑潑的朝氣生活。這封信可以透露此個中消息。

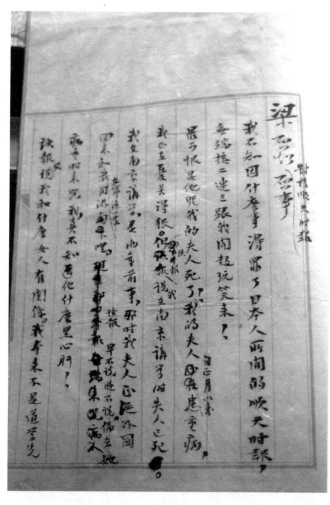

（一）

〈梁啓超對於順天時報啓事〉的草稿，在《飲冰
室文集》及年譜均未收錄，這篇〈啓事〉內容是
駁斥日本人對他捏造謊言。

邪

楚三不是「室正不二色」那畏多怪吾，他所说那女人的名

字，我就想并不知道世间上有这简人！，

我们未是不肯收天时报的。我的朋友，看见，气极了，

膏中苦等没法子，

说此知此事悲诉不了。我瞒见了伸一种头，说道，「挂诮

郷的诔偃，为且没去人被慈了何以货真偃实的牌

大人生意，我们放向太藏头上筋土吗？，算了严回双里

天下回姓名的人读有。记得去年，還者一住「梁右好主

「黄報」上接了我家字的稿，蝎说时務。我写行专此此

止不来。只得立即报上并廣告，说不是我这往樂阳好

（二）

順天時報登了那段情話之後，過兩天，批評□

的文章起來了。說是古人恨我，選我謹之。但說文章

我的新聞了。我也要做政治活動，立中外日報

社上談莊家，大推其脚大。南京：總長去庵了。

由局門

哈哈！到底得大人手下的嘍囉不甘沉息真重□

□□我說古高是立中外日報社社長。但而惜紀□□

□那家畢。可是那日我說的是沈國的林遠情志，

回□□敝報刊佈，他但說中國的學生晃無切□誠睇

(三)

唐净同吩他又狼狈悴我。他这一四末華，我能些糊塗

家裏有病人，如不讲不讲他一讲。那是急忙，只读好

而住陆家，都是住歐洲说四末的青年朋友。可惜谈

教诲了认错人了。

我还住不造孽的人男爱顷，五块钱一底的麻雀，五

孔那迪要打一两场。（但我的穷朋友打不起，迟末已改

为两块钱一底了。）玉楼脾大怎样打法，于惜我是向

浅，连近者悟沟。

做政治演说部，並不是什麽见不得人的事。但说

（四）

報告我在這時候做的正在活動，而且以諸遇長推開大

時做政治活動。別的話表可證，我只有鈔是稿冊

一句成詩？⋯河間五拿人不首人心

我章劉題受遠題「無言不育的括字」如不知我多浴。

本來懶的理他。因為近來天，在病揭壽進，不強做

正萝功課，寓哉句數三心頹。

此福氣聊之極我批

百來瓊板品保全民

（五）

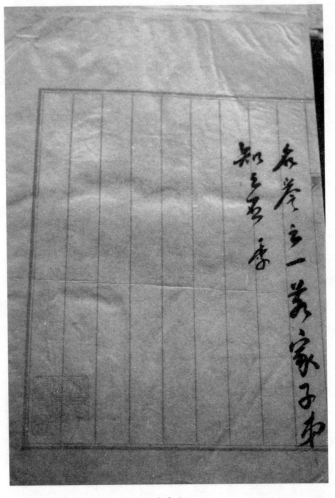

（六）

自　　序

　　學者對梁任公的研究，表現在政治思想、佛學思想、教育思想、歷史學、文學風格、書法題跋、報業發展史及傳記撰寫等方面，可說是成果豐富、成績斐然。然而，能夠全面探索其學術論述，平議其得失者，則頗遺憾迄今未能得睹一二滿意之作，揆其原因，厥有二端：

　　一、任公著作等身，卷帙浩繁，能通讀其全集一過，即非易事。又況任公嗜欲博雜，屬「百科全書」式學者，如此通博學識，判其然否，實非易事。

　　二、「博而不精」的評價，似乎是多數人對任公的印象，而任公又大半生歲月涉足政界，尤其「維新派」在近代中國的重挫，使得在政治上的地位不若孫文，任公晚年對中國傳統的肯定，與五四時期以來反傳統思潮占絕大勢力是不同調的，使得在學術上的地位不若胡適風光，於是人們反不太措意任公的學術。

　　本書《梁啓超研究叢稿》係近年來研究任公學術的一個初步心得，其中第一篇長文〈梁任公的古文獻思想研究〉，係為博士論文，列為上篇，其餘篇什則是撰寫博士論文期間，有所得則秉筆直書之作，列為下篇，現將全書要點大略說明：

　　一、梁任公早年求學過程中，接受其師康有為的思想啓迪頗大，使他眼界更加開拓，他的許多畏友，如譚嗣同、夏穗卿、黃遵憲、湯覺頓、

嚴復等人，對他也有諸多砥礪相勉，此爲中外學界多所論斷，而且世人皆知之事實，可無庸舊話重提；然則，曾國藩對梁任公一生之中，尤其在旅日期間到最後病逝於北京，起了極具關鍵性的作用，換言之，康梁亡命海外，分道揚鑣之後，曾國藩在德性修養方面的克己愼獨工夫，長隨伴任公左右，也因此使任公在幾次重大挫折與情感的激憤中，能很快地恢復平靜沈著，就此而論，曾國藩對梁任公的無形影響，實甚於其師康有爲，此點鮮有人注意，迄今也尚未見任何專文討論，殊令人費解。本書就此詳密考察，對於任公在克己困勉的修養，理解上不無小補，希勿等閑忽略之。

二、任公提出了「建立中國的圖書館學」命題，對中國圖書文獻的總結整理，提供具有前瞻性的參考方向，以後學者對中國圖書分類之討論，迄今未有定論，足徵此問題值得再研究、再思考。另在任公身後，由其弟子所編纂的《梁氏飲冰室藏書目錄》所錄書籍題跋，本書整理出任公爲其藏書所作題跋共有八種類型；其題跋文字與今本《飲冰室文集》之四十四下〈書籍跋類〉相互校勘，則知《飲冰室文集》所列之書名失之太簡略，且未能標明卷數及版本，其文字脫缺，二者各有異同；再則，經由題跋的文字線索，本文亦提供了任公晚年治佛學及生活狀況的一個參考，補充了梁任公年譜所未及之處。

三、任公《古書眞偽及其年代》一書總結前人辨識古書眞偽方法之大成，是民國以來，談論辨識古書眞偽方法之重要論著。本文指出任公辨偽之方法、特色及缺失，並檢討考古文物與傳統文獻當如何結合，相互輔助，使學術研究更加系統化、客觀化。

四、總結清代學術史的論著，任公是開風氣之先，更是影響半

個多世紀以來，學者對清代學術的評價。往後錢穆《中國近三百年學術史》的完成，任公啓發之功不可掩。任公論清代學術之著作，今人上海復旦大學歷史系朱維錚教授致力頗勤，詳爲校注，然任公治清學之特色及缺失，朱教授未暇一一指出，本書臚列任公治清學的特色有重視學者人品、注重序例、態度矜審、揭示治學門徑、引用古書原文依需要刪略或連串、互見等六項；而其缺點亦不容隱諱，如以政治壓迫說不足以完全解釋清代學術史的發展，將清學比附歐洲「文藝復興」亦有偏頗，而專業知識的缺乏及偶有資料不足，均是任公彼時爲環境侷限所致。

五、任公以爲中國的學問有兩種，一種是文獻的學問，是應該以客觀的態度做科學地研究，而另外一種是德性的學問，是應該用內省和躬行的方法去體會涵養，這是中華民族的最特出之點，也是中國人的人生哲學。這種見解，在當時雖沒有受到太大的重視，但任公以大無畏之精神，躬自實踐先秦哲學的研究，即是個人晚年對社會、教育、文化的寄托，明白了這一層意義，任公晚年學術論著仍充滿了時代動脈之情感，就易於領會了。

六、任公在五四疑古學派反傳統風潮籠罩之下，能不趨流俗，有所堅持，實源於對中國文化的通盤了解與自信，這期間的心路歷程，既不是疑古學者如胡適、錢玄同、顧頡剛等人所能理解與接受，同時也提供研究者所指稱任公晚年趨向保守、倒退、墮落的另一個視度參考。任公與胡適在學術上的交鋒論戰，其間的差異，在於學術訓練背景與人生經歷的前後不同，而胡適在日記上費盡許多筆墨在反對 Chinese Renaissance 一詞「只限於清代的漢學，不當包括近年的文學革命運動」之說法，更是兩代知識分子對自己歷史地位之

爭，具有莊嚴而慎重的意義！

七、從徐志摩拜梁任公為師起，任公就不斷給予志摩深厚的關愛，留學寫長文贈序相勉、婚姻離合的勸誡、歐游為其旅費的張羅而著急等，均表現出長者愛護晚輩的惜才之情。而志摩在婚姻的選擇上，終未聽從其師的勸告，本屬各人理念有差別，不必強求以為同；志摩對於任公的協助亦不遑多讓，著作的翻譯、北海松坡圖書館外文函件的處理、印度文豪泰戈爾來訪的招待翻譯、任公身後的布置等，則表現學生輩的敬重懇懇態度，兩人平生風誼，亦師亦友般的相潤以濡，是令人神往的！

八、任公的思想飄忽多變，他曾抨擊傳統陰陽五行說為二千年來迷信之大本營，傳統醫學就是此種觀念的產物；他也以為打牌賭錢及喝酒不能稱為趣味，因為最終的結果會沒趣一起來。然而大量的書信卻告訴我們，他原先排斥傳統醫學，但在試過有療效之後，就一直相信，甚至有西醫無效、中醫可能有效的觀念，他及其夫人的治療過程就是活生生的例證；其次，他迷信風水、扶乩和擇日，他也嗜好打牌，尤其晚年，不管是在忙碌講學或療疾休養，總要邀好友「酣戰」或「小戰」一番。再則，他文筆洗練流暢，風靡文壇數十年，而他也有文思枯竭、江郎才盡的時候。這些鮮為人知或根本不為人所接受的形象，透過書信原稿真蹟，終於大白於世。以是益信後人編纂文集不易顯現一個人筆觸不經意反映內心深處最錯綜複雜思緒，而人文領域研究，更是需要費盡心思，沒有情感，沒有揣摩想像，如何深入有得？唯有反覆揣度彼時環境氛圍，書信的文獻價值自顯。

九、循前觀點，由現今可見任公的原件手跡校讀台北世界書局

所出版的《梁任公年譜長編初稿》，有文字明顯錯誤或脫漏者，顯然是排版校勘不仔細所致；可是，有些文字因為黨派成見的因素，而有意篡改粉飾，則頗令人遺憾。由此可見，近代中國學術的發展，知識分子的學術良知在黨派控制之下，如何地受到踐踏，其軟弱與退怯，由任公手跡影印的出版，見到了一個縮影。

　　十、「世事滄桑心事定胸中海嶽夢中飛」，原是任公送給冰心女士的一幅對聯，八年前我自寶島首次赴大陸旅遊時，有意拜訪冰心女士一睹任公的墨寶，沒想到因緣不湊巧，沒能如願，我寫下一篇感受發表於新會陳占標先生主編的《梁啟超研究》，這是我首次在大陸刊物發表的文章，亦是個人學術生涯的一個主要起點，對我而言，意義非凡，現在一仍舊作，不作更動，紀念此段歲月。

　　隨著大陸改革開放的成功，經濟生活水準提高與學術研究急起直追，尤其近兩、三年學術人才復甦，各個研究領域大有後來居上之勢，本書完稿之後，瞥見由黃柏軍、方小宜所做的〈世紀的回眸—二十世紀梁啟超研究資料書目舉要〉一文調查（發表於《梁啟超研究》第十三期），顯示國內外研究任公的書目資料介紹（計有梁任公本人著述類、年譜傳記類、思想學術類等共124種），可看出學者開展學術研究旺盛的企圖心，正方興未艾；因個人時間與精力有限，研究不可能面面俱到，其中疏漏之處肯定不少，大雅君子，有以教之，是所至盼，若夫續編之作，則俟諸來日。

梁啓超研究叢稿

目　錄

上

篇

梁任公的古文獻思想研究

——以目錄學、辨偽學、清代學術史及諸子學為中心的考察

第一章 梁任公的學術淵源與轉變

　　梁啓超（1873～1929），字卓如，號任公，廣東新會人。他是中國近代一位極耀眼的人物，非僅是戊戌「百日維新」的一員宣傳健將，同時在變法失敗流亡日本後，創辦《清議報》、《新民叢報》等，仍不懈發表時評政論，與清廷抗拒到底，並以無限制地輸入外國新思潮於中國，對於清末國人眼光之開拓與視野之更新，具有啓新知、開風氣之功，他一支健筆銳利，為文「務為平易暢達，時雜以俚語韻語及外國語法，縱筆所至不檢束，學者競效之，號新文體，老輩則痛恨，詆為野狐，然其文條理明晰，筆鋒常帶情感，對於讀者，別有一種魅力焉」❶，風靡文壇十餘年，奠定其人在近代文學史上之地位。然而，任公性格複雜多變，思想飄忽不定，使他不易為人所理解，他的名言「不惜以今日之我難昔日之我」，在政治活動中，

---

❶　《清代學術概論》（台北，中華書局，1980年1月台九版）頁62。

不免迭受爭議與批評,而以學術研究而言,使他能夠推陳出新、精益求精,則是項常人所不及的特點,蓋梁氏「太無成見,其應事也有然,其治學也亦然」❷。本論文擬從學術上的角度來考察任公的得失,在逐項評騭之前,有必要先深入理清其學術淵源及轉變,惟有以時間為線索,稽考其治學歷程,進而明其學術觀點之轉變過程,由知其然而知其所以然,平議任公學術方有所根據,庶幾不致於斷章取義或有不知其人之誚云爾!

一、早年的讀書生活（1873—1889）

任公幼年聰穎,受其祖父及父母教誨極多,根據〈三十自述〉云:

> 王父及見之孫八人,而愛余尤甚。三歲仲弟啓勳生。四五歲就王父及母膝下受四子書、詩經,夜則就睡王父榻,日與言古豪傑哲人嘉言懿行,而尤喜舉亡宋亡明國難之事,津津道之。六歲後,就父讀受中國略史、五經卒業。八歲學為文,九歲能綴千言。十二歲應試學院,補博士弟子員,日治帖括,雖心不愜之,然不知天地間於帖括外,更有所謂學也。輒埋頭鑽研,顧頗喜詞章,王父、父母時授以唐人詩,嗜之過於八股。家貧無書可讀,惟有史記一,綱鑑易知錄一,王父、父日以課之,故至今史記之文能成誦八九。父執有愛其慧者,贈以漢書一,姚氏古文辭類纂一,則大喜,讀之卒業焉。

---

❷　同前揭書,頁65。

另外，〈變法通議〉之〈論幼學〉也說：

> 啓超本鄉人，瞢不知學，年十一遊坊間，得張南皮之《輶軒語》、《書目答問》，歸而讀之，始知天地間有所謂學問者。❸

則知，任公在十二歲已熟讀了四書五經、《史記》、《漢書》、《綱鑑易知錄》、《古文辭類纂》、唐詩等，同時張之洞的《輶軒語》與《書目答問》在他腦子裡也留下了深刻印象。並學作八股應試舉文，應試學院補博士弟子員。也就是說，任公幼年的治學環境是在傳統之中成長的，沒有入新式教育的學堂。〈三十自述〉又說：

> 十三歲始知有段王訓詁之學，大好之，漸有棄帖括之志。五歲……肄業於學海堂。堂爲嘉慶間前總督阮元所立，以訓詁詞章課粤人者也，至是乃決舍帖括以從事於此，不知天地間於訓詁詞章之外，更有所謂學也。

是知任公在十五歲已入學海堂就讀，《梁任公先生年譜長編初稿》引其弟梁啓勳之《曼殊室戊辰筆記》述任公成績優異，以獎賞充購書之費，每屆年假輒捆載而歸，如正續《皇清經解》、《四庫提要》、四史、二十二子、百子全書、《粤雅堂叢書》、《知不足齋叢書》，皆當日之所購❹，當可知任公此時已浸淫於大量傳統典籍，幼年除

---

❸　〈變法通議〉系列長文，作於清光緒二十二年，收入《飲冰室文集》（台北，中華書局，1983年12月台三版）之一。

❹　見丁文江、趙豐田編《梁任公先生年譜長編初稿》（台北，世界書局，1972年8月再版）頁12引文。

受教於祖父及父母之外，另有許多老師也指導他❺，由於他的聰敏捷悟，當時有「神童」之美譽❻，又轉益多師，已打下深厚而紮實的舊學根柢。

十七歲，任公中廣東鄉試舉人第八名，同時也決定了他的婚姻大事，主考官李端棻將其妹李蕙仙許配給任公。所以任公少年基本上仍是過著傳統十年寒窗苦讀的生活，婚姻也是在傳統制度下由長輩決定的。

二、康有為的影響（1890—1892）

光緒十六年春，任公十八歲，轉赴北京參加會試，他一生命運竟奇巧地決定在這一年。傳統中國之外，復有國際新世界，任公就在這一年大開眼界，同時與康有為的會面，更是決定未來走向改革運動的一員宣傳主力。

任公到北京參加會試，不幸落第，〈三十自述〉云：「下第歸，道上海，從坊間購得《瀛環志略》讀之，始知有五大洲各國，且見上海製造局譯出西書若干種，心好之，以無力不能購也」。關於西

---

❺ 同前引《曼殊室戊辰筆記》說任公六歲就外傅，啓蒙師為張乙星先生，十歲就學於邑城周惺吾先生，十三歲學於廣州呂拔湖先生，十四歲學於佛山陳梅坪先生，十五歲學於廣州石星巢先生。

❻ 任公少小才思敏捷，同註五引《曼殊室戊辰筆記》留下了一段詳實資料，照錄如下：十歲就學於邑城周惺吾先生，是歲始應童子試，當時內河輪船未通，赴廣州應府試者輒結伴買一舟，水程三日，同行皆父執，一日舟中共飯時，一人指舟中鹹魚為題，命伯兄吟詩，伯兄應聲曰「太公棄釣後，膠鬲舉鹽初」，滿座動容，神童之名自此始。

學的接觸與對世界的初步認識，發軔於此際。

這時，任公與學海堂同學陳通甫（千秋）相識，早已聽聞南海康有爲上書請言變法的事蹟：

> 康有爲以布衣上書，被放歸，舉國目爲怪。千秋、啓超好奇，相將謁之，一見大服，遂執業爲弟子，共請康開館講學，則所謂萬木草堂是也。❼

至於任公面見康有爲時，其內心之震撼與感受，在〈三十自述〉有極生動的描寫：

> 時余以少年科第，且於時流所推重之訓詁詞章學，頗有所知，輒沾沾自喜。先生乃以大海潮音，作獅子吼，取其所挾持之數百年無用舊學更端駁詰，悉舉而摧陷廓清之。自辰入見，及戌始退，冷水澆背，當頭一棒，一旦盡失其故壘，惘惘然不知所從事，且驚且喜，且怨且艾，且疑且懼，與通甫聯床竟夕不能寐。

由辰時入見，到戌時始出，共歷半日之久，「冷水澆背，當頭一棒，一旦盡失其故壘，惘惘然不知所從事」，可見其刺激是無以倫比的！結果是：

> 明日再謁，請爲學方針，先生仍教以陸王心學，而並及史學西學之梗概。自是決然舍去舊學，自退出學海堂，而間日請業南海之門，生平知有學自茲始。

---

❼ 《清代學術概論》頁69。

任公受教於康有爲門下，在眼界及胸襟大爲開展，所領受的學問是紮實而豐富的，其具體內容，有中國數千年來學術源流、歷史政治沿革得失、佛學、宋元明儒學案、二十四史、文獻通考等，比少年在學海堂就讀，更深邃而系統，其中佛學的接觸也在此時。《清代學術概論》云：

> 有爲不輕以所學授人，草堂常課除公羊傳外，則點讀《資治通鑑》、《宋元學案》、《諸子語類》等。又時時習古禮，千秋、啓超弗嗜也，則相與治周秦諸子及佛典，亦涉獵清儒經注及譯本西籍，皆就有爲決疑滯。

除了豐富的知識內容之外，任公也因康有爲的調教之下，深得治學的門徑，這對他一生學問事業實具有極關鍵的影響。任公編撰〈讀書分月課程〉，其中〈學要十五則〉所揭示的治學途徑與步驟，多是沿襲康有爲的觀點，茲摘錄要點以見其梗概：

> 言經學必以《春秋》爲本。
>
> 《春秋》尤以公羊爲歸。
>
> 經學繁重，莫甚於禮制，禮制之轇輵，由於今文與僞古文之紛爭，僞古文有意誣經，顚倒禮說，務與今文相反。
>
> 欲分眞僞辨古今，則莫如讀《新學僞經考》，其近儒攻僞經之書可並讀。
>
> 古人通經皆以致用，故曰不爲章句舉大義而已，又曰存其大體玩經文，然則經學之以明義爲重明矣。……康先生划除無用之學，獨標大義，故用日少而續德多，循其次第之續以治

經，一月可通《春秋》，半載可通禮學，天下便易之事，無有過此者矣。……治經之外，厥惟讀史，康先生教人讀史，仿蘇文忠公八面受敵，分爲六事，一曰政，典章制度之文是也；二曰事，治亂興亡之跡是也；三曰人，爲賢爲惡可法戒者是也；四曰文，或駢或散可誦習者是也；五曰經義，《史記》、《漢書》最多，而他史亦有；六曰史裁，《史記》、《新五代史》最詳而他史略及。學者可分此六事求之。

太史公最通經學，最尊孔子，其所編世家列傳，悉有深意，是編不徒作史讀，並可作周秦學案讀。《漢書》合本於劉歆之續《史記》，其中多僞古文家言，其分別觀之。後漢名節最盛，風俗最美，讀之令人有向上之志，其文字無史漢之模拙，亦無齊梁之藻繢，莊雅明麗，最可學亦最易學，故讀史當先《後漢書》。孔子之後，諸子並起，欲悉其源流，知其家數，宜讀《史記·太史公自序》中論六家要指一段、《漢書·藝文志》中九流一門、《莊子·天下篇》、《荀子·非十二子篇》，然後以次讀諸子。

入學之始，必爲義理是務。讀象山上蔡學案以揚其志氣，讀後漢儒林、黨錮傳、東林學案以屬其名節，熟讀《孟子》以悚動其神明，六本既立，然後讀語類及群學案以養之。

凡讀義理之書，總以自己心得能切實受用爲主，既有受用之處，則拳拳服膺，勿使偶失，以足自治其身，不必以貪多爲貴也。

讀西書，先讀《萬國史記》以知其沿革，次讀《瀛環志略》以審其形勢，讀《列國歲計政要》以知其富強之原，讀《西

國近事彙編》以知其近日之局，至於格致各藝，自有專門，此爲初學説法，不瑣及矣。

讀書莫要於筆記。……學者凡讀書，必每句深求其故，以自出議論爲主，久之觸發自多，見地自進，始能貫串群書，自成條理，經學子學尤要。無筆記則必不經心，不經心則雖讀猶不讀而已。

以上諸學，皆缺一不可，聚視似甚繁難，然理學專求切己受用，無事貪多，則未嘗繁也；經學專求大義，刪除瑣碎，一月半載已通，何繁之有？史學大半在證經，亦經學也，其餘者則緩求之耳。子學通其流派，知其宗旨，專讀先秦諸家，亦不過數書耳。西學所舉數種，爲書不過二十本，亦未爲多也。遵此行之，不出三年，即當卒業，已可卓然成爲通儒學者。❽

由此可大略窺知任公承襲其師治學門徑有一定之步驟，而其特色可簡括有六項：

一、經學以尊今文而抑古文，辨古籍眞僞今古，則以《新學僞經考》爲基點。

二、史學大半在證經，亦經學也。讀史當先讀《後漢書》，以其易於學文議論，其方法則仿蘇軾八面受敵之法，如前所引。

三、周秦諸子以悉別源流，知究家數爲先。

四、學問重在立身修己，故讀義理之書，總以自己心得能切實

---

❽　任公〈讀書分月課程〉一文，收入《國學研讀法三種》（台北，中華書局，1981年10月台十二版）。

受用爲主，拳拳服膺，勿使偶失，不以貪多爲貴。

五、西學之書在知地球萬國富強之原、沿革形勢，即今日之局也。

六、讀書要刻苦勤作筆記。

此外，任公對國事的責任感與熱情，也是其師啓憤發悱激勵而有所蹈揚蘊藉，在〈南海先生七十壽言〉有言：

> 抑先生雖以樂學教吾儕乎？然每語及國事扤隉，民生憔悴，外侮憑陵，輒慷慨欷歔，或至流涕。吾儕受其教，則振蕩怵惕，懍然於匹夫之責，而不敢自放棄自暇逸。每出則舉所聞以語親戚朋舊，強聒而不舍，流俗駭怪，指目之謚曰康黨，吾儕亦居之不疑也。

任公從師康有爲有三年之久，其學術見解不出其師的牢籠，如康有爲的《新學僞經考》，任公即參與其間。但也有若干紛歧異見，在戊戌之前即已顯現，可見兩人學術趨向與性格實有極微妙關係，如任公自言說：

> 引緯書，以神祕性說孔子，啓超亦不謂然。啓超謂孔門之學，復衍爲孟子、荀卿兩派，荀傳小康，孟傳大同。漢代經師，不問爲今文家啓超治僞經考，時復不慊於其師之武斷，後遂置不復道。其師好古文家，皆出荀卿。二千年間，宗派屢變，壹皆盤旋荀學肘下。孟學絕而孔學亦衰，於是專以紬荀申孟爲標幟。

戊戌變法失敗之後，康梁流亡海外，境遇截然相殊，其學術見解之

分歧，則已訴諸文字而針鋒相對了。

三、戊戌亡命日本後的歲月（1898—1912）

任公在戊戌政變（1898）亡命日本，直至辛亥革命（1912）推翻滿清帝制之後，方返歸中國，其間除了游歷美洲之外，其餘時間均在日本度過有十餘年之歲月，因此日本可說是任公的第二故鄉。任公初到日本，因勤讀日籍，思想學問大為進步，基本上已非其師康有為所能羈束，同時康梁分道揚鑣也是勢所必然也。任公與其師亡命初到日本，在日本人眼中的印象已不盡相同，不妨看當時日本政界人物對他們二人之印象，或許有助於理解師徒二人氣質之異同。據日本京都大學狹間直樹教授的研究：

> 戊戌政變後，一八九八年九月二十一日，梁啓超避難日本公使館；九月二十六日，梁與王照搭乘日本軍大島號赴日本；於十月二十一日以前到東京。接著，十月二十五日早晨，康有為於神戶登陸而立即赴東京。一八九九年三月二十二日，康有為坐船離開橫濱赴加拿大，同年秋十月二十三日再來日，由於日本政府不許其登陸，所以梁啓超於翌日上船訪問康有為，並密談了一些問題。其後，同年底十二月二十日，梁啓超也乘香港丸，離開橫濱赴夏威夷。❾

---

❾ 見狹間直樹〈初到日本的梁啓超〉（收入廣東康梁研究會編《戊戌後康梁維新派研究論集》一書中，1994年12月第一版）。另據王澄、李義興合編〈康有為梁啓超羅振玉鄭孝胥年表〉則以為康有為「八月初九，自天津搭

這使我們知道康有為被迫離開日本，展開周遊列國的流亡生活，其原因是日本根本不收容他❿。梁任公給當時日本人的印象是「有與支那不相稱的骨氣」，所以在梁任公游夏威夷、星加坡、澳洲等地後，於光緒二十七年（1901）四月復回日本，仍能在日本繼續進行他的辦報活動。據狹間直樹的研究，梁任公初到日本，對日本政界人士極力進行工作，與日本諸名流如大隈重信、犬養毅、高田早苗、平山周、志賀重昂、柏原文太郎、望月小太郎等人皆有來往。任公說他的彼時讀書生活是這樣的：「既旅日本數月，肆日本之文，讀日本之書，疇昔所未見之籍，紛觸於目，疇昔所未窮之理，騰躍於腦，如幽室見日，枯腹得酒」⓫。任公在家書也說：

> 吾在此乃受彼中朝廷之供養，一切豐盛，方便非常，以起居飲食而論，尤勝似家居也。⓬

另外〈蔡松坡遺事〉更明白揭示當時的心境：

乘重慶號輪船逃往上海，八月十二日，在英炮艦護送下，乘巴拉勒特號輪赴香港。九月初五，在宮崎寅藏、宇佐穩來彥陪同下，乘日輪河內丸去日，九月十一日至東京與梁啓超會合」，康梁二人在日本會合時間小有差異，主要是使用陰曆與陽曆不同所致。關於梁任公在日本十餘年之情況，另參看楊光鈞《梁啓超在日本》（黑龍江人民出版社，1997年第一版）一書有深入詳細探究。

❿ 康有為被迫離開日本，乃因清政府的壓力及日本本國的現實利益所致。另可參見李喜所、元青《梁啓超傳》（北京，人民出版社，1993年10月第一版）頁134。

⓫ 見《梁譜》頁86。

⓬ 見《梁譜》頁82引光緒二十四年十月十三日與蕙仙書。

我在日本小石川久堅町租了三間房子,我們十幾個人打地舖,晚上同在地板上睡,早上捲起被窩,每人一張小桌念書;那時的生活,物質方面雖然很苦,但是我們精神方面異常快樂,覺得比在長沙時還好。⓭

在光緒二十五年（1899）歲末首途往夏威夷,任公自言道:

昔人詩曰:客舍并州已十霜,歸心日日憶咸陽,無端更渡桑乾水,卻望并州是故鄉。吾於日本,真有第二個故鄉之感。……自居東以來,廣搜日本書而讀之,若行山陰道上,應接不暇,腦質爲之改易,思想言論,與前者若出兩人,每日閱日本報紙,於日本政界學界之事,相習相忘,幾於如己國然,蓋吾之於日本,真所謂有密切之關係,有許多之習慣印於腦中,欲忘而不能忘者在也。⓮

任公在日本大量廣泛搜讀日籍,并與日本政界學界諸名流交往,汲汲於思想的陶鑄,而形成自己的系統,如果說跟隨康有爲在萬木草堂三年是一生學問的奠基時期,那麼在日本自由自在的勤勉閱讀則是一生思想境界自我提昇的一個高峰期。

（一）思想瀠發恣揚

任公居日期間,在知識面的深度與廣度,均得到極致的鑄造,

⓭ 見《梁譜》頁93引民國十五年晨報〈蔡松坡十年周忌紀念特刊〉。

⓮ 《新大陸遊記節錄》（台北,中華書局,1957年10月台一版）附錄一〈夏威夷遊記〉頁150。

可以說是一生中極有光輝的階段，而他在思想的開拓，也達到多元的潑發恣揚，僅在西方學術思潮與偉人傳記的傳播予國人，以光緒二十七年（西元1901年）及光緒二十八年（西元1902年）爲例，就完成了〈霍布士學案〉、〈斯片挪莎學案〉、〈盧梭學案〉、〈近世文明初祖二大家之學說〉、〈天演學初祖達爾文之學說與其略傳〉、〈匈牙利愛國者噶蘇士傳〉、〈法理學大家孟德斯鳩之學說〉、〈論希臘古代學術〉、〈生計學學說沿革小史〉、〈義大利建國三傑傳〉、〈格致學沿革考略〉、〈民約論巨子盧梭之學說〉、〈樂利主義泰斗邊沁之學說〉、〈近世第一女傑羅蘭夫人〉、〈進化論革命者頡德之學說〉、〈亞里士多德之政治學說〉、〈近世第一大哲康德之學說〉、〈新英國巨人克林威爾傳〉、〈大哲斯賓賽略傳〉、〈政治學大師伯倫知理之學說〉、〈二十世紀之巨靈托辣斯〉等，所涉及之知識，以政治學、經濟學、法律學爲主，由以上的篇名，就足見西學輸入中國，除嚴復外，任公占有重要位置，亦不遑多讓。任公對於嚴復極爲推崇，他認爲西洋留學生以嚴復對中國思想界最有貢獻，其影響亦最顯著，他說：

> 獨有侯官嚴復，先後譯赫胥黎《天演論》、斯密亞丹《原富》、穆勒約翰《名學》、《群己權界論》、孟德斯鳩《法意》、斯賓賽爾《群學肄言》等數種，皆名著也，雖半屬舊籍，去時勢頗遠，然西洋留學生與本國思想界發生關係者，復其首也。⓯

⓯　見《清代學術概論》頁72。

對於新思潮之輸入中國，他不遺餘力、費盡心思地撰文介紹，以平均每日約四、五千言的驚人速度殫精竭慮，孜孜筆耕，其自評曰：

> 壬寅、癸卯間，譯述之業特盛，定期出版之雜誌不下數十種，日本每一新書出，譯者動數家，新思想之輸入，如火如荼矣。然皆所謂「梁啓超式」的輸入，無組織、無選擇，本末不具，派別不明，惟以多爲貴，而社會亦歡迎之。**⓰**

此段評論極爲客觀，頗能反映彼時之狀況，即此而論，任公實無愧於「思想界之陳涉」，本不必初始即大功厥偉，但求開風氣於先。

（二）中國傳統的新詮釋

任公旅日時期，除報刊政論之外，對於西方學術之引介做了不少成績，其例已略如前所述。他對中國傳統的研究，或受日本學人的影響，或受西人學說之啓發，加上自己舊學根柢紮實，敏銳而深刻的洞察能力，中國傳統學術在任公手筆之下，起了新的生命與活力，對傳統的重新詮釋，任公的成績是極爲驚人的！

任公受日本人影響爲何，頗難細究，其原因爲任公撰文乃隨讀隨寫，心有所感輒一發而瀉，如江水就下而不可扼止。比較可以確知的，近人研究任公深信地理環境與文明發展有直接的關係，此一觀念受日本地理學泰斗志賀重昂影響極大。日本在明治維新後，分爲全盤西化派，即主張徹底將日本改造成西歐型的國家，另一派爲「國粹保存」論者，以志賀重昂於一八九四年刊行《日本風景論》

⓰ 同前揭書，頁71。

最有名，該文強調日本秀麗的山水花木，溫暖適宜的氣候，造就樸實淳厚的風俗民情，其傳統文化絕不比西洋文明遜色，給予全盤西化論沈痛的打擊。戊戌政變後，任公亡命日本，十月廿六日與志賀重昂初次面晤，仍不通日語的任公，只好與之筆談，任公對志賀的《日本風景論》大爲稱賞，遂結交成爲文友。任公受志賀地理學說影響頗大，遂於一九○二年三月將志賀之文譯出，以〈亞洲地理大勢論〉爲題，發表於《新民叢報》第四號，深深稱美亞洲的地理形勢、氣候、物產、人口、種族、語言、文字、宗教、文化，以及歷史的悠久性，無不屈指於世界，志賀此文主要在批判福澤諭吉的〈脫亞論〉——擺脫亞洲的腐朽文化，如固陋的儒教思想，堅決主張日本應全面地西洋化——很能引起任公的共鳴，此後，任公自撰〈中國地理大勢論〉，發表於《新民叢報》第六、八、九號（一九○二年四、五月），亦是以地理環境觀點分析中國文化的特質與發展，以志賀重昂《日本風景論》中的開場白「江山洵美是吾鄉」對照任公〈中國地理大勢論〉之開頭「美哉中國之山河！美哉中國之山河」，顯然有類似之處。❶

　　任公大量吸收西方學術，充實其廣博知識之外，尤喜以西學觀念來整理、比較傳統的學術，不僅在命題方面新穎，同時其方法及觀點以今日眼光視之，仍不失爲一家之言。如〈論中國學術思想變遷之大勢〉將先秦學術分爲南派北派，又細分各旁支細流，明顯受地理環境學說的影響；又將先秦學術與希臘學術做比較，並評騭其優劣得失，實開後世中西學術比較研究法之先河也；又〈中國史敘

---

❶　同註9所揭書《戊戌後康梁維新派研究論集》頁178～182。

論〉談中國歷史的界說、範圍、命名、地勢、人種、紀年、時代之區別，乃是以西方史學觀念，來重新理解中國的歷史，以世界史的眼光，將中國歷史分爲上世史、中世史、近世史，並進一步解釋上世史爲中國之中國，即中國民族自發達自爭競自團結之時代，中世史爲亞洲之中國，即中國民族與亞洲各民族交涉繁蹟競爭最烈之時代，近世史爲世界之中國，即中國民族合同全亞洲民族與西方交涉競爭之時代，這種綜覽世界全史的目光，已突破傳統二十四史的以中國本位爲觀念的歷史，則爲其特識卓見，大有一刷「今世之著世界史界，必以泰西各國爲中心點」偏見的意圖。尤令人贊歎者，任公以爲將晚清乾隆末年以迄今日列爲近世史，「雖閱時甚短，而其內外之變動，實皆爲二千年所未有，故不得不自別爲一時代」云云，則具有史家犀利目光！再如〈中國史上人口之統計〉一文以瑪兒梭士（即今譯爲馬爾薩斯）的《人口論》云人口之蕃殖以幾何級數增加，每二十五年輒增一倍爲綱領，細密考察中國傳統史籍資料如《文獻通考》、《續文獻通考》、《皇朝通考》等所載之人口總數，以統計比較法研究結果，得知中國古來對於人口調查工作並不精密確實，這也是任公以西學研究中國的一大創獲結論。此外，如〈中國專制政治進化史論〉一文以西方政體分類之學說及其變遷發展情形，再與中國歷史實事比較之，而歸納出結論，文章頗多處採用中西學術比較研究法，任公在此文展現了卓越組織綜合材料的能力。

　　另外，值得注意者，任公以西方學術來重新詮釋中國傳統，其目的在鼓舞人心，激勵國人要有愛國情操與國家思想的觀念，非可以「爲學術而學術」視之。如〈論中國學術思想變遷之大勢〉總論云：

深山大澤而龍蛇生焉，取精多用物宏而魂魄強焉，此至美之
國至偉大之國民，其學術思想所磅礴鬱積，又豈彼崎嶇山谷
中之獷族、生息彈丸上之島夷所能蘿見者？故合世界史通觀
之，上世史時代之學術思想，我中華第一也，中世史時代之
學術思想，我中華第一也，惟近世史時代，則相形之下，吾
汗顏矣；雖然，近世史之前途，未有艾也，又安見此偉大國
民不能恢復乃祖乃宗所處最高尚最榮譽之位置，而更執牛耳
於全世界之學術思想界者！吾欲草此論，吾之熱血，如火如
燄，吾之希望，如海如潮，吾不自知吾氣燄之何以盆涌，吾
手足之何以舞蹈也！於戲！吾愛我祖國，吾愛我同胞之國民。

其激勵人心，宏揚民族自信自尊之意圖是很容易理解的！任公對於
彼時處於「過渡時代」的中國，輸入外國學術思想並不擔憂，所擔
憂是中國學術思想無以發明，所以他要除舊布新，啓發民智，而又
不願國人妄自尊大，尤不願國人完全崇洋媚外，所以任公不是一個
全盤西化論者。他很重視民族的特色，即一國的「特質」，是可以
斷言的。如〈論中國學術思想變遷之大勢〉總論又云：

凡一國之立於天地，必有其所以立之特質，欲自善其國者，
不可不於此特質焉，淬厲之而增長之，今正過渡時代蒼黃不
接之餘，諸君如愛國也，欲喚起同胞之愛國心也，於此事必
非可等閒視矣，不然，脫崇拜古人之奴隸性，而復生出一種
崇拜外人蔑視本族之奴隸性，吾懼其得不償失也。且諸君皆
以輸入文明自任者也，凡教人必當因其性所近而利導之，就
其已知者而比較之，則事半功倍焉，不然，外國之博士鴻儒

亦多矣，顧不能有裨於我國民者何也，相知而不習而是有所扞
格也，若諸君而吐氣本國學問不屑從事也，則吾國雖得百數
十之達爾文、約翰彌勒、赫胥黎、斯賓塞，吾懼其於學界一
無影響也。故吾草此論，非欲附益我國民妄自尊大之性，蓋
區區微意亦有不得已焉者爾。

任公此言已明示其無制限輸入外國思潮於中國，仍不忘本國之「特
質」，對於一個大量吸收西學之年輕人（此時任公三十歲），有此見解
是極為難得的，這種思想似保守而非保守，似新潮而非新潮，能在
吸收新學而不盡棄舊學，舊學因新學融匯而更新生命，與後輩學者
陳寅恪先生在〈馮友蘭中國哲學史下冊審查報告〉一文中可以互為
呼應，陳文云：

> 竊疑中國自今日以後，即使能忠實輸入北美或東歐之思想，
> 其結局當亦等於玄奘唯識之學，在吾國思想史上，既不能居
> 最高之地位，且亦歸於歇絕者，其真能於思想上自成系統，
> 有所創獲者，必須一方面吸收輸入外來之學說，一方面不忘
> 本來民族之地位，此二種相反而適相成之態度，乃道教之真
> 精神，新儒家之舊途徑，而二千年吾民族與他民族思想接觸
> 史之所昭示者也。

任公與寅恪二先生之言，對於西學入中國應有之態度，實揭示了健
全的方向，也指引出中西文化交流在中國思想史上的意義。任公此
言寫於一九○二年，寅恪先生此言寫於一九三三年，在今日讀之仍
不失為真知灼見。

另一點值得注意者，任公以西學研究中國學術，不乏作爲宣揚自己見解的意圖，因此其致用的色彩頗爲濃厚，如〈中國歷史上革命之研究〉一文，其方法取中國革命之歷史與西方革命之歷史比較研究，而歸結出中國革命有七大特色，此七大特色均根據於歷史上實例所推衍得之，可謂持之有故，言之成理，最後結論於主張革命者必先再避免形成前此七大禍害之一，故革命宜謹慎行之，以免造成中國更大的破壞與傷害。此文反對革命之意圖極爲明顯，其厭惡革命之思想呼之欲出，未可以尋常文字視之也，其自言「凡發言者不可不求其論據於歷史，凡實行者愈不可不鑑其因果於歷史」，以學術研究爲宣揚一己思想之手段，這是任公此時期之特色。又如任公先前擁護保皇，最後逐漸游移而放棄，在〈中國積弱溯源論〉一文已可嗅到轉變之機，因此文已有國家與朝廷當有所界限之思想，在〈中國史敘論〉一文則言：

> 以夏漢唐等名吾史，則戾尊重國民之宗旨；以震旦支那等名吾史，則失名從主人之公理；曰中國、曰中華，又未免自尊自大，貽譏旁觀。雖然，以一姓之朝代而污我國民，不可也；以外人之假定而誣我國民，猶之不可也。於三者俱失之中，萬無得已，仍用吾人口頭所習慣者，標之曰中國史，雖稍驕泰，然民族之各自尊其國，今世界之通義耳。我同胞苟深察名實，亦未始非喚起精神之一法門也。

其鼓舞國民喚起自覺獨立之精神，用心是深遠的，既以朝廷之名不足以代表中國，保皇也就失去了憑藉依托了，唯有喚起國民精神，激揚愛國情操，以進國家於富強。

（三）康梁分道揚鑣

梁任公流亡到日本後，大部分時間皆在日本，過著隨讀隨寫的生活，廣泛閱讀大量日譯歐洲思想名著，並以一支文采飛動的健筆，將這些新有所感的思想迅速爲文傳播給國人。但他的思想屢屢變遷異動，使人有種飄忽不定、「善變」的印象，他也並不諱言自己性格的缺點：

> 余生平愛根最盛，嗜欲最多，每一有所染，輒沈溺之，無論美事惡事皆然，此余愛性最短處也。**⓲**

又在〈答和事人〉一文也自承道：

> 見理不定，屢變屢遷，此吾生之所最短也。南海先生十年前即以流質相戒，諸畏友中亦頻以爲規焉，此性質實爲吾生進德修業之大魔降，吾之所以不能抗希古人，弊皆坐是，此決不敢自諱。且日思自克而竟無一進者，生平遺憾，莫此爲甚。**⓳**

由於「見理不定，屢變屢遷」的性格，對於採用孔子紀年，或用陰曆紀年，或遵從西曆紀年爲例，任公是頗爲猶豫，屢思屢變，其變化之快足以令人眼花瞭亂，難以想像。考任公最早談論紀年之文章，首於光緒二十年（1899年）之〈紀年公理〉，主張以孔子卒年或以堯舜紀年皆可，但地球各國交通之後，必有決定世界通用之紀年法，以取去繁就簡精義存焉。任公在光緒二十五年十二月始游美洲，每

⓲ 見梁任公〈夏威夷遊記〉頁150。
⓳ 見《飲冰室文集》之十一，頁47。

日所見所聞所行所感，夕則記之，而主張以西曆紀日，他的理由是
這樣的：

> 如彼太陽曆者，行之於世界既最廣，按之於學理亦極密，故
> 吾不惜舍己以用之。且吾今所遊者，乃行用西曆之地，吾若
> 每日必對繙中曆乃錄日記，雖此些少之腦筋，吾亦愛惜之也，
> 抑所謂愛國云者，在實事不在虛文，吾國士大夫之病，惟爭
> 體面，日日盤旋於外形，其國家之實力實權，則盡以予人而
> 不惜，惟於毫無輕重之形式與記號，則出死力以爭之，是焉
> 得爲愛國矣乎？吾則反是。❷⓿

在〈中國史敘例〉（1901年）一文中論紀年一節，以爲「吾中國向以
帝王稱號爲紀，一帝王死，輒易其符號，此爲最野蠻之法，於考史
者最不便」，而「惟以孔子紀年之一法，爲最合於中國」，定以孔
子生平爲紀。❷① 在〈新史學〉（1902年）一文論紀年中，則仍以爲以
孔子生平爲紀，其好處有四點：

> 符號簡，記憶易，一也。不必依附民賊，紛爭正閏，二也。
> 孔子爲我國至聖，紀之使人起尊崇教主之念，愛國思想亦油
> 然而生，三也。周史之繁密而可記者，皆在孔子之後，故用
> 之甚便，其在孔子前者，則用西曆紀元前之例，逆而數之，
> 其事不多，不足爲病，四也。有此四者，則孔子紀元，殆可
> 以俟諸百世而不惑矣。

---

❷⓿　同註18揭書，頁151。
❷①　見《飲冰室文集》之六，頁7～8。

可是，到了宣統二年（西元1910年）卻又推翻先前以孔子生平爲紀的主張，擬採用西曆紀年，他寫成了〈改用太陽曆法議〉一文，以爲陰曆間年置閏，將使國家行政及人民生計產生無量之窒礙，如財政預算、工商租稅、教師公司職員工資及銀行利息等核算，因有閏月而形成許多糾紛纏繞，不若西曆年年循環相續，對於全國各大事業之預算，較能收得整齊劃一而有秩序之效果也。❷

任公由於性格上的「流質易變」，所以極易受外界各種觀念所影響，其例已如前紀年一事之採擇、定奪與遷易。但不容否認的，任公精力過人，絕頂聰明，善於吸收模仿，且學問慾極爲熾烈，若饑渴然，所嗜之種類亦繁雜，「每治一業，則沈溺焉，集中精力，盡拋其他，歷若干時日，移於他業，則又拋其前所治者」，其特長在於「以集中精力故，故常有所得」，其短處則在於「以移時而拋故，故入焉而不深」。❷

再看其師康有爲之性格又是如何呢？他是一個最富於自信力的人，「其所執主義，無論何人，不能搖動之，於學術亦然，於治事亦然，不肯遷就主義以徇事物，而每鎔取事物以佐其主義，常有六經皆我注腳，群山皆其僕從之概」，故能在晚清發動全國舉人『公車上書』，掀起新舊世紀之交大變動的戊戌維新運動，足見其無撓不捨之志，殆非常人可擬。然而，以其太過於自信，並堅篤其所懷抱之主義，往往不易接受他人之異見，不免遭受或武斷、或執拗、或專制的譏評❷。任公則不然，「既日倡革命排滿共和之論，而其

---

❷　同前揭書之二十五下，頁1～2。

❷　《清代學術概論》頁66。

❷　《飲冰室文集》之六，頁87～88。

師康有爲深不謂然，屢責備之，繼以婉勸，兩年間函札數萬言」❷，且任公自三十以後，已絕口不談「僞經」，亦不甚談「改制」，而其師乃大倡設孔教會、定國教、祀天配孔諸義，國中附和者不乏人，任公不以爲然，屢起而駁之，〈保教非所以尊孔論〉云：

> 文明之所以進，其原因不一端，而思想自由，其總因也，歐洲之所以有今日，皆由十四、五世紀時，古學復興，脫教會之樊離，一洗思想界之奴性，其進步乃沛乎莫之能禦，此稍治史學所能知矣。我中國學界之光明，人物之偉大，莫盛於戰國，蓋思想自由之明效也，及秦始皇焚百家之語，坑方術之士，而思想一窒，及漢武帝表章六藝，罷黜百家，凡不在六藝之科者絕勿進，而思想又一窒，自漢以來號稱行孔子教二千餘年於茲矣，而皆持所謂表章某某罷黜某某者，以爲一貫之精神，故正學異端有爭，今學古學有爭，言考據則爭師法，言性理則爭道統，各自以爲孔教，而排斥他人以爲非孔教，於是孔教之範圍，益日縮日小，寖假而孔子變爲董江都何邵公矣，寖假而孔子變爲馬季長鄭康成矣，寖假而孔子變爲韓昌黎歐陽永叔矣，寖假而孔子變爲程伊川朱晦菴矣，寖假而孔子變爲陸象山王陽明矣，寖假而孔子變爲紀曉嵐阮芸臺矣，皆由思想束縛於一點，不能自開生面，如群猿得一果，跳擲以相攫，如群嫗得一錢，詬罵以相奪，其情狀抑何可憐哉？❷

---

❷　同註23揭書，頁63。
❷　同註24揭書，之九，頁55。

〈南海康先生傳〉亦云：

> 吾自從學以來，悉受斯義，及今既閱十餘年，驚心末學，久
> 缺研究，而瀏灠泰西學說以後，所受者頗繁雜，自有所別擇，
> 於先生前者考察各義，蓋不能無異同。❷❼

師生二人性格完全不同，其後思想與作爲亦迥然相異。近代心理學
家研究人的性格，有「性格決定一個人之一生」的觀點，看來是有
根據的。在西學觀念方面，兩人亦出現極大的分歧，即以對「自由」
觀念爲例，光緒二十六年四月一日任公有致南海先生書云：

> 來示於自由之義，深惡而痛絕之，而弟子始終不欲棄此義，
> 竊以爲於天地之公理與中國之時勢，皆非發明此義不爲功也。
> 弟子之言自由者，非對於壓力而言之，對於奴隸而言之，壓
> 力屬於施者，奴隸性屬於受者。中國數千年之腐敗，其禍極
> 於今日，推其大原，皆必自奴隸性來，不除此性，中國萬不
> 能立於世界萬國之間。而自由云者，正使人自知其本性，而
> 不受箝制於他人，今日非施此藥，萬不能愈此病，而先生屢
> 引法國大革命爲鑑，法國革命之慘，弟子深知之，日本人忌
> 之惡之尤甚，雖然，此不足以援以律中國也。中國與法國民
> 情最相反，法國之民最好動，無一時而能靜；中國之民最好
> 靜，經千年而不動，故路梭諸賢之論，施之於法國，誠爲取
> 亂之具，而施之於中國，適爲興治之機，如參桂之藥，投諸
> 病熱者，則增其劇，而投諸體虛者，則正起其衰也。而先生

---

❷❼　同註23揭書，之六，頁69。

日慮及此，弟子竊以爲過矣。……且中國數千年來，無自由二字，而歷代鼎革之慘禍，亦豈下於法國哉？然則禍天下者全在其人，而不能以歸罪於所記之名。且以自由而生慘禍者，經此慘禍之後，而尚可有進於文明之一日，不以自由而生慘禍者，其慘禍日出而不知所窮，中國數千年是也。苟有愛天下之心者，於此二者，宜何擇焉？……❷❽

南海與任公既有如此不同，「有爲太有成見，啓超太無成見，其應事也有然，其治學也亦然，有爲常言『吾學三十歲已成，此後不復有進，亦不必求進』，啓超不然，常自覺其學未成，且憂其不成，數十年日在旁皇求索中」❷❾，師徒二人遂分道揚鑣，乃勢爲必然。

四、曾國藩的影響──一個易被忽略的重要因素

梁任公早年求學過程中，接受其師康有爲的思想啓迪頗大，使他眼界更加開拓，他的許多畏友，如譚嗣同（復生）、夏穗卿（曾佑）、黃遵憲（公度）、湯覺頓、嚴復等人，對他也有諸多砥礪相勉，此爲中外學界多所論斷，而且世人皆知之事實，可無庸舊話重提；然則，曾國藩對梁任公一生之中，尤其在旅日期間到最後病逝於北京，起了極具關鍵性的作用，換言之，康梁亡命海外，分道揚鑣之後，曾國藩在德性修養方面的克己愼獨工夫，長隨伴任公左右，也因此使任公在幾次重大挫折與情感的激憤中，能很快地恢復平靜沈著，就

---

❷❽　引自《梁譜》頁125～126。
❷❾　《清代學術概論》頁66。

此而論，曾國藩對梁任公的無形影響，實甚於其師康有爲，此點鮮有人注意，迄今也尚未見任何專文討論，本節擬就此詳密考察，對於任公在克己困勉的修養，理解上不無小補，希勿等閑忽略之。

根據任公致師友信函及其家書，屢次提到曾國藩（文正），並以之作爲取法思賢之對象，最早可見於光緒二十六年，是年任公爲二十八歲，而在宣統年間及民國時期，仍有資料透露任公自言以曾文正之修養方法來自我鍛鍊，最晚在民國十七年，是年任公五十六歲，距離其逝世於民國十八年一月十九日，僅有半年多而已，可見在後半生的歲月之中，梁任公極力取法曾文正，曾文正的克己修養工夫已時時刻刻融入任公的日常生活，而形成任公的精神支柱！

光緒二十六年春夏間，任公旅居美洲檀香山，籌辦保皇會勤王事，在三月二十六日致其師康有爲信函，提到讀《曾文正公家書》之感想與內觀自省之愧疚：

> 弟子日間偶觀曾文正公家書，猛然自省，覺得不如彼處甚多，覺得近年以來學識雖稍進，而道心則日淺，以此斷不足以任大事，因追省去年十月、十一月間上先生各書，種種怨戾，無地自容，因內觀自省，覺妄念穢念，充積方寸，究其極，總自不誠不敬生來。……❸⓪

在同年四月二十一日寫信給友人葉湘南、麥孺博等，也提到以曾文正爲自己修養之圭範，並有意矢之終身：

> 弟日來頗自克屬，因偶讀曾文正家書，猛然自省，覺得非學

---

❸⓪　見《梁譜》頁122所引。

道之人，不足以任大事。自顧數年以來，外學頗進，而去道日遠，隨處與曾文正比較，覺不如遠甚！今之少年，喜謗前輩，覺得自己偌大本領，其實全是虛僞，不適於用，眞可大懼。養心立身之道，斷斷不可不講，去年長者來書，責以不敬誠，切中其病，而弟不惟不自責，乃至並不受規，有悻悻之詞色，至今回思，誠以狗彘不如，慚汗無極，其大病又在不能愼獨戒欺，不能制氣質之累也，故弟近日以五事自課：一曰克己、二曰誠意、三曰立敬、四曰習勞、五曰有恆，蓋此五者，皆與弟性質針對者也，時時刻刻以之自省，行之現已五日，欲矢之終身，未知能否？然習染已深，今力洗之，覺大費力。甚矣！弟近年之薄竊時名，眾皆悅之，自以爲是而不知其墮落，乃至如是之甚！近設日記，以曾文正之法，凡身過、口過、意過皆記之……。**❸❶**

任公少年即享有大名，而竟有「薄竊時名」、「墮落」的愧疚之言，誠屬不易。可惜，任公仿效曾文正的克己修持工夫，並沒有持續太長時日即失敗，光緒二十八年八月三日，友人黃公度有信給任公，對此提出規諫：

所商日課，公未能依行，謂叩門無時，難以謝客，我亦無以相難。今再爲公酌一課程，除晨起閱報，晚間治學，日日不輟外，就寢遲則起必遲，見光少則熱亦少，而身弱矣；於月火水木四曜日草文，於金曜日作函，於土曜見客，於日曜游

---

❸❶　同前揭書，頁120～122。

息，此實爲養生保身之第一善法，萬望公勉強而行，久則習慣矣。若興居無節，至於不克支持，不幸而生疾，棄時失業爲尤多，乃近於自暴自棄矣，烏得以自治力薄推諉哉？殺君馬路旁兒，戒之。**❸❷**

光緒二十九年十二月任公曾患寒疾數日，而各地噩耗紛至沓來，在致蔣觀雲先生的信中，頗寄其感慨，並提及素所從事「治心之學」的荒疏：

> 不如意事紛沓並接，心如轆轤，並文字亦不能成一稱意者，治心之學眞荒落，奈何！奈何！**❸❸**

光緒三十一年十一月，任公完成了《德育鑑》一書，觀此書之目錄分爲辨術第一、立志第二、知本第三、存養第四、省克第五以及應用第六，是知此書性質專言德性之陶冶鎔鑄，誠如任公在例言中所云：

> 惟有志之士，欲從事修養以成偉大之人格者，日置座右，可以當一良友。

尤可注意者，當是此書引曾文正之言頗多，而以曾氏之〈原才篇〉殿末，任公並加按語稱美道：

> 即曾文正生雍、乾後，舉國風習之壞，幾達極點，而與羅羅

---

❸❷ 同前揭書，頁162。
❸❸ 同前揭書，頁192。

山諸子，獨能講舉世不講之學，以道自任，卒乃排萬險冒萬難，以成功名，而其澤至今未斬，今日數踽踽敦篤之士，必首屈指三湘，則曾、羅諸先輩之感化力，安可誣也！由是言之，則曾文正所謂轉移習俗而陶鑄一世之人者，必非不可至之業，雖當舉世混亂之極點，而其效未始不可觀，抑正惟舉世混亂之極，而志士之立於此漩渦中者，其卓立而澜拔之，乃益不可已也。㉞

其忻慕景仰曾文正之心，溢於言表，殆非偶然尋常之筆也。

　　到了宣統年間，任公效法曾文正修養鍛鍊之方法，由許多書信中，即已見出端倪，任公受益良多。如在宣統元年七月二十四日致其弟啓勳的信件，提及他取法曾文正每日練字，書法進步神速，以致於其弟竟無法辨識其筆跡，以爲請人捉刀，其書曰：

　　　　來片有「孟哥代筆書」一語，可謂奇極，孟哥並不在日本，何從爲兄代筆，且兄致弟之書，亦何至倩人耶？兄三月以來，頗效曾文正每日必學書二紙，宜弟之不復能認吾墨跡也。……㉟

宣統二年二月晦致友人徐佛蘇先生的信中，則透露出生活在極端困頓之下，猶能心境不受拂逆干擾，常保舒泰平和，實是拜曾文正的修養鍛鍊方法之賜，任公之精神能與之相契冥合，於此概見，足徵曾氏之影響實非淺薄也。其書曰：

㉞見《德育鑑》頁101～102。

㉟見《梁譜》頁301所引。

今每日平均作文五千言內外，殊不以爲苦……，文大率以夜間作，其日間一定之功課，則臨帖一點鐘、讀佛經一點鐘、讀日文書一點半鐘、課小女一點鐘，此則自去年七月初一日至今未歇者也（原注：從是日起每日用日記，誓持以毅力，幸至今未間斷），心境常泰，雖屢遇拂逆（原注：弟生平於事雖盡力謀所以應之，然力已盡而無如何者，則惟聽之，若以憂傷生，弟斷不肯爲此愚舉），未嘗以攖吾胸，精神尤充足，過於前此（原注：湘鄉言精神愈用則愈出，此誠名言，弟體驗而益信之），吾兄勿爲我多慮矣。……㊱

具體言之，任公每日有定課，且能持續以恆，一直維持到晚年，仍然力行不輟，由宣統三年他覆信給台灣名士林獻堂先生，論及學詩與治學方法云：

爲公之計，宜將此有限之晷刻，用其三之二於他學，學詩則最多勿過三分之一。治學宜分專精、涉獵二途，非有所專精，則不能實有之於己，非有所涉獵，則無以博遠而旁通也。涉獵固無事指定，專精之書則宜先以四史、通鑑，乃及孟、荀、莊、列、管、韓諸子，謂宜先熟精漢書，次後漢，次三國，次史記，次通鑑，當研朱點之，字字勿放過，此其所需時日已不少矣。讀書必須窗明几淨，神志清澈，宜有定課，勿作輟，宜常用筆記。公宜在萊園潔一室，每日以定時入此室，既入，則百事勿問也，必所定之課既畢，乃出焉，每日能四點鐘以上則大善矣。㊲……

㊱　同前揭書，頁311。
㊲　見《梁啓超研究》第六期（廣東新會梁啓超研究會編，1989年10月），頁45。

所謂每日定時定課，當是任公躬自實踐，深造有得的經驗之言。另外，有一位曾聽過任公在南京講學的學生回憶道：

> 他治學勤懇，連星期天也有一定日課（工作計畫），不稍休息。他精神飽滿到令人吃驚的程度──右手在寫文章，左手卻扇不停揮，有時一面在寫，一面又在答復同學的問題。當他寫完一張，敲一下床面，讓他的助手取到另室，一篇華文打字機印稿還未打完，第二篇稿又擺在桌面了，無怪梁啓超是一個多產作家。其實還不止此，他每天必得看完「京滬日報」和一本與《新青年》等齊厚的雜志，還得摘錄必要材料。每天固定要讀日文和中文書籍，縱在百忙中也全不偷懶。❸❽

這段回憶，是值得採信的。我們可以再找一段材料，說明任公「縱在百忙中也全不偷懶」的自我修養的工夫。民國四年底，任公與其弟子蔡鍔（松坡）由天津南下從事倒袁運動，密謀發動護國之役，由滬赴港轉桂，在諸多不便之下，乃於民國五年三月十六日抵達海防，擬為偷渡之舉，歷盡煎迫與險巇之境，他致其女兒的家書中，屢屢可見「每日讀書作文甚多」的話❸❾，茲引一九一六年（民國五年）二月

---

❸❽　見黃伯易〈憶東南大學講學時期的梁啓超〉一文，收入《文史資料選輯》第九十四輯。梁任公有五官並用的本領，他可以做到手不停筆，耳聽旁人說電話和信的內容，腦子思考回覆的事。甚至早餐的安排，而眼看紙上的字體。詳見姜亮夫〈憶清華國學研究院〉一文，收入《學術集林》卷一（上海，上海遠東出版社，1994年8月），頁241～242。

❸❾　如《梁啓超未刊書信手跡》（北京，中華書局，1994年11月出版），頁402，頁403及409，皆有類似的話。

八日的家書云：

> 每日約以三、四時見客治事，以三、四時著述，餘晷則以學
> 書（近專臨帖，不復摹矣），終日孜孜，而無勞倦，斯亦憂患之
> 賜也。❹

因此，吾人可總結曾文正給予任公的一個重大影響，是克己克勤，無論每日在極度忙碌之中，仍不忘讀書寫文。

曾文正給予任公另一重大影響，是以身作則，建立良好風氣，以爲後世之典範。以宣統二年發表的〈臺諫近事感言〉云：

> 湘鄉曾子曰「風氣也者，起於一二人心術之微，而極夫不可
> 禦者也」，可謂知言。此次全臺一致爛然開千古未有之名譽，
> 五十八人舉皆朝陽鳴鳳，固不俟論，然度其動機，亦未始不
> 發於少數最賢者若江侍御，則盡人所能知矣。……是以聲氣
> 所感，如響斯應，不期然而然，於闇無天日之京師宦海中，
> 乃能放此大光明，而雷霆所昭蘇，且將及於全國，一二人之
> 心力，不可謂不偉也，吾是以知君子之道，在知其不可而爲
> 之，爲之不已，將有可時，若其不爲，則天下事固無一可也，

---

❹ 同前揭書，頁412。另外有任公臨孔宙碑、孔子廟碑合訂墨跡本，梁啓勛跋
語提供一段絕好材料，其言曰：洪憲之役，蔡松坡以孤軍苦戰于川南，久
不得進展，伯兄冒萬難，間道由滇南入桂，起桂軍以作聲援，迨南粵獨立，
袁氏之亡，兄乃急流勇退，以示無何爭，陽曆五月廿四日由粵北遄行至上
海，聞父喪，亦閉戶謝客，日臨漢碑以自遣，此當日之書錄，亦伯兄學隸
之始業也。十八年七月二十三日啓勛記（見《中國嘉德95春季拍賣會目錄》
古籍善本474圖）

夫豈必御史臺能獨爲君子哉？**❹**

及〈說國風〉一文明《國風報》所以命名之意，屢引曾文正之言以申己意，是任公已有踵武曾文正一往無反顧之氣概：

> 吾聞諸曾文正公之言矣，曰「先王之治天下，使賢者皆當路在勢，其風民也皆以義，故道一而俗同，世教既衰，所謂一二人者不盡在位，彼其心之所嚮，勢不能不騰爲口說而播爲聲氣，而眾人者勢不能不聽命而蒸爲習尚，於是乎徒黨蔚起，而一時之人才出焉」。吾又徵諸史而有以明其然也，昔五季之俗至敗壞也，而宋振之，元之俗至敗壞也，而明振之，宋明之君未聞有能師光武者也，而其所以振之者，則文正所謂不在位之一二人者播爲聲氣，而眾人蒸爲習尚也。夫眾人之往往聽命於一二人者，蓋有之矣，而文正獨謂其勢不能不聽者何也？夫君子道長，則小人必不見容而無以自存，雖欲不勉爲君子焉而不可得也；小人道長，則君子亦必不見容而無以自存，雖欲不比諸小人而不可得也。此如冠帶之國有不衣褌而處者，人必望而卻走，被氅冕而入裸國，其相驚以異物，亦猶是也，是乃所謂勢也，而勢之消長，其機則在乎此一二人者心力之強弱，此一二人者如在高位，則其勢最順而其效最捷，此一二人者而不在高位，則其收效雖艱，而其勢亦未始不可以成。**❹❷**

---

❹　見《飲冰室文集》之二十五上，頁90。

❹❷　同前揭書，之二十五下，頁10。

民國七年一月十二日，張君勱致一信予梁任公，內容大略談到要發起松社，並以曾文正與羅羅山講學轉移風氣期許於任公，希望有為者亦當如是，由此可推知任公平素服膺曾文正之舉，其摯友多能知悉甚詳，並以之相期：

> 別又數日，良念。晨間唐規嚴來談松社發起事，以讀書養性、敦品勵行為宗旨，規嚴之意，欲以此社為講學之業，而以羅羅山、曾文正之業責先生也。聞百里前在津曾亦為先生道及此舉，今日提倡風氣舍吾黨外，更有何人？蓋政治固不可為，社會事業亦謂為不可為，可也，苟疑吾自身亦為不可為，則吾身已失其存在，復何他事可言？❹❸

同年五月十日致友人蹇季常書信提及起居生活的規律，可見晚年任公仍自律不稍鬆懈，若無光緒年間效法曾文正克己工夫，豈能如此呢？其書曰：

> 弟頃早起已成新習慣，每日起居規則極嚴，惟晚飯之酒，亦隨而成習，頗自知不可，未自克也。所著書日必成二千言以上，比已然巨帙，公來時可供數日消遣也。字課則大減矣。❹❹

同年十二月十日致其女兒的信，有「吾入京半月，一昨方歸檢點行裝，且須趕作多數文字，無寸晷暇，昨夜已通宵不寐，一年中養成之良習慣，忽遂破壞，可歎也」的話，再對照配合前封致蹇季常的

信，更能顯示任公刻苦自持，效法曾文正的心情，以四十六歲盛年，養成之習慣忽遭破壞，內心是極為介意的！

任公晚年，學識與智慧已臻於成熟圓融，在給其孩子們的書信中，談到做學問的進境，很客觀靜氣地說他一生受到曾文正的助益非淺：

> 我生平最服膺曾文正兩句話「莫問收穫，但問耕耘」，將來成就如何，現在想他則甚，著急他則甚？一面不可驕盈自慢，一面又不可性弱自餒，盡自己能力做去，做到那裏是那裏，如此則可以無入而不自得，而於社會亦總有多少貢獻。我一生學問得力專在此一點，我盼你們都能。❹

民國十六年夏，任公偕清華國學研究院學生為北海之遊，講了一段很長的話，其中談到他對學生的期望及如何改造社會風氣的豪情，頗有以曾文正自況：

> 現在時事糟到這樣，難道是缺乏智識才能的緣故麼？老實說，甚麼壞事不是智識分子才能做出來的，現在一般人根本就不相信道德的存在，而且想把他留下的殘餘根本去剷除。我們一回頭看數十年前曾文正公那般人的修養，他們看見當時的社會也壞極了，他們一面自己嚴厲的約束自己，不跟惡社會跑，而同時就以這一點來朋友間互相勉勵，天天這樣琢磨著，可以從他們往來的書札中考見，一見面一動筆，所用以切磋觀摩規勸者，老是這麼樣堅忍，這麼樣忠實，這麼樣吃苦有

---

❹　同前揭書，頁723～724。

恆負責任，……這一些話，看起來是很普通的，而他們就只
用這些普通話來訓練自己，不怕難，不偷巧，最先從自己做
起，立個標準，擴充下去，漸次聲應氣求，擴充到一般朋友，
久而久之便造成一種風氣，到時局不可收拾的時候，就只好
讓他們這般人出來收拾了。所以曾、胡、江、羅一般書獃子，
居然被他們做了這偉大的事業，而後來咸豐以後風氣居然被
他們改變了，造成了他們做書獃子時候的理想道德社會
了。……我們讀曾氏的〈原才〉，便可見了，風氣雖壞，自
己先改造自己，以次改造我的朋友，以及朋友的朋友，找到
一個是一個，這樣繼續不斷的努力下去，必然有相當的成功，
假定曾文正、胡文忠遲死數十年，也許他們的成功是永久
的。……我對於諸同學很抱希望，希望甚麼？希望同學以改
造社會風氣爲各人自己的責任。❹

這段話，除了明白揭示以曾文正改造社會風氣同學生相勉之外，有
一點值得注意者，乃是再度提到曾文正的〈原才〉一文，吾人再以
省察任公在光緒三十一年發表的《德育鑑》也是以曾氏此文殿末爲
總結，可以更清楚在中間二十多年的光陰，曾氏人格修養的影像及
轉移社會風氣的作爲，實際上已深深烙印在任公的腦海中。同年八
月二十九日的家書，透露了一段話，可以證明如此看法：

我國古來先哲教人做學問的方法，最重「優遊涵飫，使自得
之」，這句話以我幾十年之經驗結果，越看越覺得這話親切

---

❹　同前揭書，頁736～738。

有味。凡做學問總要「猛火熱」和「慢火燉」兩種工作，循環交互著用去，在慢火燉的時候，才能令所熱的起消化作用，融洽而實有諸己。

這與曾文正所謂的「先須用猛火煮，然後用慢火溫」，幾乎是翻印而來。由此可見，任公效法踵武曾氏非僅是德性修養方面，即以做學問的方法而言，亦是達到亦步亦趨、形神畢肖的境界！在此後（民國十七年五月十三日）致其女兒的信，其中談到在德性修養方面的成功，則已經是與曾文正結合爲一了：

> 我關於德性涵養的工夫，自中年來很經些鍛鍊，現在越發成熟，近於純任自然了，我有極通達、極健強、極偉大的人生觀，無論何種境遇，常常是快樂的，何況家庭環境，件件都令我愉快，你們弟兄姊妹個個都爭氣，我有什麼憂慮呢？家計雖不寬裕，也並不算窘迫，我又有什麼憂慮呢？❹

梁氏自言中年以來，德性涵養鍛鍊，透過前列諸條材料，則益發呈顯曾文正對其產生鉅大影響，當無疑也。

> 本章第四節「曾國藩的影響──一個易被忽略的重要因素」曾以〈困勉志大人之學──曾文正對梁任公的影響〉爲題，發表在《鵝湖》月刊第263期（1997年5月）
> 本章於二〇〇〇年元月卅一日修訂完成

---

❹　同前揭書，頁763所引。

第二章　梁任公目錄學思想研究

一、中國傳統圖書分類簡述

（一）從七略到四部

　　自劉向、劉歆父子校理群書，勒成目錄是爲《七略》，班固著《漢書·藝文志》採其說，是爲中國圖書有系統分類之始。《漢書·藝文志》對中國圖書的分類，可以下圖簡示之：

輯　略

六藝略—易十三家。書九家。詩六家。禮十三家。樂六家。春秋二十三家。論語十二家。孝經十一家。小學十家。

諸子略—儒家。道家。陰陽家。法家。名家。墨家。從橫家。雜家。農家。小說家。

詩賦略—賦。雜賦。歌詩。

兵書略—兵權謀。兵形勢。陰陽。兵技巧。

數術略—天文。曆譜。五行。著龜。雜占。形法。

方技略—醫經。經方。房中。神僊。

　　到了晉武帝太康二年，荀勗因魏《中經》，更著新薄，分甲乙

丙丁四部，子部在史部之前，後世書分經史子集四部，蓋源於此也。經過五胡兵禍，書籍散亂遺佚，東晉李充作《晉元帝書目》，仍以甲乙丙丁四部為順序，史部卻置於子部之前，於是經史子集四部代表中國傳統圖書分類法遂成為定式。可惜，以上諸書均已亡佚。

　　現在所見最完整的正史官錄書目，以前列《漢書·藝文志》最早，其次殆為《隋書·經籍志》，往後《舊唐書·經籍志》、《新唐書·藝文志》、《宋史·藝文志》、《明史·藝文志》，一直到《清史稿·藝文志》，皆是採用四部分類，每部又細分若干類，間有類別順序參差，但大體上是按照經部、史部、子部、集部排列的。為便於明瞭，先繪製比較表示之，再申說其間之差異。

經 部 比 較 表

隋志	舊唐志	新唐志	宋志	明志	清志
易一	易一	易一	易一	易一	易一
書二	書二	書二	書二	書二	書二
詩三	詩三	詩三	詩三	詩三	詩三
禮四	禮四	禮四	禮四	禮四	禮四
樂五	樂五	樂五	樂五	樂五	樂五
春秋六	春秋六	春秋六	春秋六	春秋六	春秋六
孝經七	孝經七	孝經七	孝經七	孝經七	孝經七
論語八	論語八	論語八	論語八	*四書九*	*四書八*
河圖九	讖緯九	讖緯九			
小學十	小學十二	小學十一	小學十	小學十	小學十
	經解十	經解十	經解九	*諸經八*	*經總義九*
	訓詁十一				

史 部 比 較 表

隋志	舊唐志	新唐志	宋志	明志	清志
正史一	正史一	正史一	正史一	正史一	正史一
古史二	編年二	編年二	編年二		編年二
					紀事本末三
					別史四
雜史三	雜史四	雜史四	別史三	雜史二	雜史五
					詔令奏議六
雜傳十	雜傳八	雜傳八	傳記七	傳記八	傳記七
			史鈔四	史鈔三	史鈔八
					載記九
					時令十
地理十一	地理十三	地理十三	地理十二	地理九	地理十一
職官七	職官七	職官七	職官六	職官五	職官十二
					政書十三
簿錄十三	目錄十一	目錄十一	目錄十		目錄十四
					金石十五
					史評十六
儀注八	儀注九	儀注九	儀注八	儀注六	
刑法九	刑法十	刑法十	刑法九	刑法七	
譜系十二	譜牒十二	譜牒十二	譜牒十一	譜牒十	
霸史四			霸史十三		
起居注五	起居注五	起居注五			
舊事六					
	僞史三	僞史三			
	故事六	故事六	故事五	故事四	

子 部 比 較 表

隋志	舊唐志	新唐志	宋志	明志	清志
儒家一	儒家一	儒家一	儒家一	儒家一	儒家一
道家二	道家二	道家二	道家二		
法家三	法家三	法家三	法家三		法家三
明家四	明家四	明家四	明家四		
墨家五	墨家五	墨家五	墨家五		
從橫家六	從橫家六	縱橫家六	縱橫家六		
雜家七	雜家七	雜家七	雜家八	雜家二	
農家八	農家八	農家八	農家七	農家三	農家四
小說九	小說家九	小說家九	小說家九	小說家四	小說十二
兵　十	兵書十二	兵書十二	兵書十四	兵書五	兵書二
天文十一	天文十	天文十	天文十	天文六	天文算法六
曆數十二	曆數十一	曆算十一	曆算十三	曆數七	
五行十三	五行十三	五行十三	五行十一	五行八	
醫方十四					
	雜藝術十四	雜藝術十四	雜藝術十五	藝術九醫書附	藝術八
	事類十五	類書十五	類事十六	類書十	類書十一
	經脈十六	明堂經脈十六	醫書十七		醫家五
	醫術十七	醫術十七			
			蓍龜十二		
				道家十一	道家十四
				釋家十二	釋家十三
					術數七
					譜錄九
					雜家十

集 部 比 較 表

隋志	舊唐志	新唐志	宋志	明志	清志
楚辭	楚辭類	楚辭	楚辭		楚辭
別集	別集類	別集	別集	別集	別集
總集	總集類	總集	總集	總集	總集
			文史	文史	
					詩文評類
					詞曲類

　　由以上四表，可知經部、集部之類目，由隋代迄清代，大體鮮少更易，史部及子部類目之變動極大。同時細勘內容，有同名實異者：如史部《新唐志》起居注類含起居注、實錄及詔令，《宋志》編年類含編年及實錄，《明志》卻把編年劃入正史類；子部則更複雜，如《明志》藝術類有醫書附後，《清志》藝術類則分書畫之屬、篆刻之屬、音樂之屬及雜技之屬；集部由類目表面上看來，《明志》消失了楚辭類，在深入通覽內容，才知混入總集類，與《隋志》、《舊唐志》、《新唐志》、《宋志》及《清志》的總集類、楚辭類劃然爲二，就不是相同的；亦有異名實同者：如子部《清志》術數類含數學之屬、占候之屬、相宅相墓之屬、占卜之屬、相書命書之屬、陰陽五行之屬及雜技之屬，此類在《隋志》迄《明志》皆畫入五行類。

　　其次，有些典籍的歸類屬別頗不一致，如《相馬經》、《相牛經》及《相鶴經》，《隋志》歸入子部五行類，《舊唐志》及《新

唐志》皆歸入子部農家類，又陸羽《茶經》與張又新《煎茶水記》，
《新唐志》歸入子部小說家類，而《宋志》則歸入子部農家類；再
如先秦諸子九流十家（如此分類是否允當，可暫不論），《明志》以前皆
依次著錄，《明志》卻消失了法家、名家、墨家、縱橫家等，解釋
爲「前代藝文志列名、法諸家，然廖廖無幾，備數而已，今總附雜
家」云云，此則以數量多寡爲分類取舍，是已失辨章學術、考鏡源
流之意義矣。

（二）追求完備的分類理論

　　對於分類如此不一致之現象，明代祁承爜《澹生堂藏書目》之
〈藏書訓略〉有主張不必求同之意見：

> 要以一人聞見有限，既不能究覽載籍，一時之意見難憑，又
> 未必盡當，古今即不欲同矮人之觀場，亦終似盲者之說日，
> 爾輩能知品別甚難，博詢大方，參考同異，使井井不謬於前
> 人，亦聚書一快事也。❶

分類既有現實上的困難，又有無法齊於一的共同觀念，祁氏主張「博
詢大方，參考同異，使井井不謬於前人」，應是深得其中三昧的經
驗之談。至於具體的實踐方法，祁氏提出了「因、益、通、互」四
種分類的通則。❷

---

❶　明祁承爜《澹生堂藏書目》之〈藏書訓略〉節，收入袁詠秋、曾季光主編
　　《中國歷代圖書著錄文選》（北京，北京大學出版社，1995年10月第一版）。

❷　所謂『因』，就是沿襲四部的分類定例；所謂『益』，就是「似經似子之
　　間，亦史亦玄之語，類無可入，則不得不設一目以彙收」；所謂『通』可

清代章學誠著《校讎通義》,對於實際從事分類的編目工作,比祁氏更加精密地提出許多的處理方式,比較重要的理論有六項:

(一)書有屬兩類皆可歸入,可兼收並載,不以重複互注為嫌,目的在便於稽檢。❸

(二)書有時可裁其篇章,補苴部次,別出門類,以辨著述源流。❹

(三)有時門類相似,欲防編次一書兩入之錯謬,先作成長編,可將作者及書名,按韻編之,詳注一書源委於其韻下,至分部別類之時,按韻稽之,可使疑似之書一無犯複;至於一書兩名或數名,必當歷注互名於卷帙之下,一人有多字號者,亦當歷注其字號於姓名之下。❺

(四)分類編次之際,自不免牴牾參差,不妨賅而存之,俟成書之後,別為考異一編,庶幾無罅漏。❻

細分為四種:(1)古書註解有分別於本書之外者,合併集刻,可以收得以簡通繁之效也;(2)有古詳而今略之制度,附注標示於各類目下,可以收得因繁以攝簡之效也;(3)另古人文集包羅萬象,惟各摘其目,列之本類,使人知所考求,可以收得因少以會多之效也;(4)如瑣記、稗史、小說、詩話之類,各自成卷,不行別刻而附見於本集之中者,應悉為分載,特明注原在某集之內,可以收得按目簡閱之效也。所謂『互』,就是互見,一書部分篇卷各歸不同歸類,應各標其目,毋使淆淆。以上俱見明祁承㸁《澹生堂藏書目》之〈庚申整書略例〉節,收入同前揭書。

❸ 見章學誠《校讎通義》之〈互著第三〉節及〈論修史籍考要略〉節主張經部宜通、子部宜擇、集部宜裁與方志宜選。

❹ 同前揭書,〈別裁第四〉節及〈焦竑誤校《漢志》第十二〉節。

❺ 同前揭書,〈辨嫌名第五〉節及〈論修史籍考要略〉節主張「嫌名宜辨」條。

❻ 同前揭書,〈論修史籍考要略〉節主張「考異宜精」條。

（五）著名板本異同、校對者、刊刻年月、款識及題跋若何、有無缺訛遺佚等。**❼**

（六）有違礙書籍，宜注明違礙應禁之故，不分類例，另爲編次。**❽**

章氏這些方法，在今日看來，仍不失爲很好的觀念，如前整理第（一）項將某種書歸爲不同類別，「不以重複互注爲嫌」，就很能兼顧到讀者的立場，也可看出其人不拘泥於則例，能深得書籍分類檢索的精髓；又如第（三）項所謂「一書兩名或數名，必當歷注互名於卷帙之下，一人有多字號者，亦當歷注其字號於姓名之下」，當是深得編目三昧之言；在第（六）項有關查禁圖書的處理，能另外自編爲一類，並說明「違礙應禁」理由，就是一種忠於職守的態度，同時也能爲後世留下當時政治空氣訊息，顯然是史學家史識卓越的表現，比起現代某些圖書館許多禁書不做編目或推諉未收藏，觀念要先進得多，值得今人省思而取擇也。

二、西學輸入對傳統圖書分類法的衝擊

圖書分類的概念，關係到對知識門類的看法。中國傳統既以四部分類法畫分圖書，一切學問均統攝其間，難以越過其樊籬，自隋代以迄於清代，整個知識門類都在此框架之下發展；然而，晚清西學輸入中國，傳統圖書分類法受到極大的挑戰，中國知識分子既肯

---

❼　同前揭書，〈論修史籍考要略〉節主張「板刻宜詳」條。

❽　同前揭書，〈論修史籍考要略〉節主張「禁例宜明」條。

定西學之特長，在轉引推介與學習過程中，自不能不考慮西方知識門類當放置在傳統四部分類法於何種地位。

梁任公早年粗具中西知識素養，而在報業生涯中，對中西知識門類的比較研究與西學書目的刊布，是屬於開風氣之先的拓荒者。降及民國之後，杜威十進位圖書分類法的盛行，大爲中國知識界所樂於採用與參考，均可見傳統四部分類法的適用性受到極大的考驗。梁任公既了解西學的特長，對中國傳統也不乏深湛的研究，他深知中國引用西學以求國富民強，本是無可迴避的現實，但中國最終需要能夠自我發展學術❾，杜威十進位圖書分類法雖好，並不能整套完全硬搬進來駕馭中國的典籍，何況中國傳統圖書分類法及歷代各私人收藏家由實踐中所體現的整理圖書方法，也有不容忽視的特色，並非毫無是處，所以他主張引進杜威的十進位分類法，並根據中國傳統圖書分類整理的經驗，建立起一套合乎現代中國人需要的圖書分類法，即是「中國的圖書館學」。然而，任公提出建立「中國的圖書館學」這一萃取中西所長的命題以後，未見後人認眞試驗執行，以後圖書分類的方法也未能採用他的構想，於是新的圖書分類法雖

---

❾　如在《中國學術思想變遷之大勢》總論及云：「自今以往二十年中，吾不患外國學術思想之不輸入，吾惟患本國學術思想之不發明。……凡教人必當因其性所近而利導之，就其已知者而比較之，則事半功倍焉，不然，外國之博士鴻儒亦多矣，顧不能有禆於我國民者何也，相知不習，而是有所扞格也，若諸君而吐棄本國學問不屑從事也，則吾國雖多得百數十之達爾文、約翰彌勒、赫胥黎、斯賓塞，吾懼其於學界一無影響也」；又如〈西學書目表後序〉亦云：「今日非西學不興之爲患，而中學將亡之爲患」。可見任公以中國學術的發展爲念，輸入西學不過是達此目的之權宜措施而已。

方法簡易，但傳統中國圖書整理的特長也在逐步消逝中，因此，重新檢驗任公此一命題之有效性，或許仍有些意義。

（一）梁任公早年對中西知識的看法與分類

　　光緒十九年，任公講學於廣東東莞，撰有〈讀書分月課程〉以訓門人，除傳統的經學、史學、子學、理學之外，另有西學一門，觀其次第，仍以中學爲主，西學所占份量不過爲五分之一❿。光緒二十二年，〈西學書目表後序〉仍以爲傳統經學、子學、史學三者相須而成，缺一不可，並主張「舍西學而言中學者，其中學必爲無用，舍中學而言西學者，其西學必爲無本」，所以中學西學並重是任公的歸結點。

　　〈變法通議〉系列長文的發表，可以略見任公對中國追求現代化的全盤構想，西學的肯定，是以求中國富強爲目的，即是實用主意甚於爲學問而學問的求知態度，如〈學校總論〉云：

> 吾所欲言者，采西人之意，行中國之法，采西人之法，行中國之意，其總綱三：一曰教、二曰政、三曰藝。其分目十有八：一曰學堂、二曰科舉、三曰師範、四曰專門、五曰幼學、六曰女學、七曰藏書、八曰纂書、九曰譯書、十曰文字、十一曰藏器、十二曰報館、十三曰學會、十四曰教會、十五曰遊歷、十六曰義塾、十七曰訓廢疾、十八曰訓罪人。

〈學校餘論〉云：

---

❿　見《讀書分月課程》之「讀書次第表」部分。

故今日欲儲人才，必以通習六經經世之義、歷代掌故之跡，知其所以然之故，而參合之於西政，以求致用者爲第一等。……今中國而不思自強則已，苟猶思之，其必自興政學始，宜以六經諸子爲經，而以西人公理公法之書輔之，以求治天下之道，以歷朝掌故爲緯，而以希臘羅馬古史輔之，以求古人治天下之法，以按切當今時勢爲用，而以各國近政近事輔之，以求治今日之天下所當有事，苟由此道，得師而教之，使學者知今日之制度，何者合於古，何者戾於今，何者當復古，何者當變古，古人之制度，何者視今日爲善，何者視今日爲不善，何者可行之於今日，何者不可行於今日，西人之制度，何者可行於中國，何者不可行於中國，何者宜緩，何者宜急，條理萬端，燭照數計，成竹在胸，遇事不撓，此學若成，則眞今日救世之良才也。

〈論譯書〉云擇當譯之西書，有章程之書、學堂定課之書、法律之書、歷史之書、歲計政要、農書、礦學之書、工藝之書、商務之書、希臘羅馬名理詩書等。〈西學書目表序例〉乃示門人「應讀之西書及其讀法先後之序」，則將西學分爲三大類：一是西學之屬 — 包括算學、重學、電學、化學、聲學、光學、汽學、天學、地學、全體學、動植物學、醫學、圖學，他認爲「有形有質之學，皆從無形無質而生也，故算學、重學爲首，電化聲光汽等次之，天地人（謂全體學）、物（謂動植物學）等次之，醫學、圖學全屬人事，故居末焉」。二是西政之屬 — 包括史志、官制、學制、法律、農政、礦政、工政、商政、兵政、船政，他認爲西政「以通知四國爲第一義，故史志居首，官制、學校，政所自出，故次之，法律所以治天下，故次

之，能富而後能強，故農礦工商次之，而兵居末焉，農者，地面之產，礦者，地中之產，工以做之，作此二者也，商以行之，行此三者也，此四端之先後也，船政與海軍相關，故附其後」。三是西教之屬 ─ 任公不認爲對中國切於適用，故不錄。此外，游記、報章、格致三種，任公以爲無可歸類，總曰西人議論之書。由此可知，任公對西學的分類，以實用爲主，並不是合乎科學的分類法，他也自知這樣的分類不是理想的：

> 西學各書，分類最難。凡一切政皆出於學，則政與學不能分，非通群學不能成一學，非合數政不能舉一政，則某學某政之各門不能分，今取便學者，強爲區別，其有一書可歸兩類者，則因其所重，如行軍測繪，不入兵政，而入圖學，御風要術，不入天學，而入船政，化學衛生論，不入化學，而入醫學是也；又如電氣鍍金、電氣鍍鎳等書，原可以入電學，脱影奇觀、色相留眞、照像略法等書，原可以入光學，汽機發軔、汽機必以、汽機新制等書，原可以入汽學，今皆以入工藝者，因工藝之書無不推本於格致，不能盡取而各還其類也；又如金石識別，似宜歸礦學類，又似宜歸地學類，而皆有不安，故歸之化學；海盜圖説，似宜歸地學類，又似宜歸海軍類，而皆有不安，故歸之船政。此等門目，亦頗費參量，然究不能免牽強之誚。顧自七略七錄以至四庫總目，其門類之分合，歸部之異同，通人猶或訾之，聚訟至今，未有善法，此事之難久矣。海內君子惠而教之，爲幸何如！**⓫**

⓫　見〈西學書目表序例〉。

　　光緒二十四年，任公撰有〈萬木草堂書藏徵捐圖書啓〉一文，向各地募捐中西書籍圖器，按年刻一清冊，書目仍以七略分類；光緒二十八年，任公居日本寫成〈東籍月旦〉，將日人著作一一作簡明之提要，以爲讀日人論著之入門塗徑，「如某科當先，某科當後，欲學某科必不可不先治某科，一科之中，某書當先，某書當後，某書爲良，某書爲劣」，這是相當於傳統的書目解題，與西學圖書分類是不相干的，且目的亦不在此。

　　由上列材料，可知任公早年對中學與西學的知識，沒有很嚴格的分類概念，如有圖書分類的概念，仍以不脫中國傳統七略法或四部法爲主。

（二）西學輸入後的圖書分類

　　上節已言任公早年對西方圖書分類的概念沒有嚴格的需求，中國引進西方圖書分類法，以美國杜威（Melvil Dewey）的十進法最爲普遍。蓋以方法簡單而有伸縮性，易於領會記憶，故在中國能很快地流行採用。近人蔣元卿對杜威的十進法有極高的評價：

> 杜氏之法，不但易於記憶運用，即其類目之順序，亦有相當的意義。如世界先有宇宙，而復始有萬物；故以「一」代表哲學，以表示萬物之始之意。有了哲學思想，而復始有宗教，故以「二」代表宗教，蓋宗教爲哲學之一種定論也。原始時代先有宗教之信仰，然後社會能團結，故用「三」代表社會科學。社會成立，人與人之間發生關係，而言語漸趨於統一，故以「四」代表語文學。有語文，然後能研究自然科學，故

用「五」代表自然科學。先有科學之理論，然後始能發生科學的應用，故用「六」代表應用科學。人生必要的科學有了基礎，生活始有了秩序，而後始可以餘力從事於藝術和文學，故以「七」和「八」代表藝術與文學。歷史爲人類一切成績的總清賬，故用「九」代表歷史。至於普通書籍，不能納入九類之中者，則以「○」字代表，成爲總類，位於九類之首。又如「一」爲哲學，370.1 即教育哲學，「九」爲歷史，370.9 亦即教育史等，此最足見杜氏每列一號碼，皆有其相當之意義也。❷

蔣氏之言，簡明扼要，又能深中肯綮，是客觀而合乎實情的。今將杜威十進分類法（Dewey Decimal Classification, DC/DDC）之大綱迻錄如次：

000	總類	100	哲學	200	宗教
010	總目錄	110	玄學	210	自然神學
020	圖書館科	120	玄學問題	220	聖經
030	百科全書	130	心身	230	教理神學
040	總論集	140	哲學派別	240	實際神及信仰
050	雜誌	150	心理學	250	傳道牧師
060	會報	160	論理學	260	教會寺院
070	新聞報紙	170	倫理學	270	宗教史
080	特別藏書	180	古代哲學家	280	基督教寺院教會

---

❷ 見蔣元卿《中國圖書分類之沿革》（台灣，中華書局，1983年4月台三版）第五章第三節〈杜威十分法之輸入〉。

090	珍藏	190	近代哲學家	290	非基督教
300	社會學	400	語言學	500	自然科學
310	統計學	410	比較語言學	510	數學
320	政治學	420	英語	520	天文學
330	政治經濟	430	德語	530	物理
340	法律	440	法語	540	化學
350	行政	450	意大利語	550	地質學
360	團體社會	460	西班牙語	560	古生物學
370	教育	470	拉丁語	570	生物學
380	商業及交通	480	希臘語	580	植物學
390	風俗習慣	490	其他	590	動物學
600	應用技術	700	美術	800	文學
610	醫學	710	庭園	810	美國文學
620	工學	720	建築	820	英國文學
630	農學	730	雕刻	830	德國文學
640	家政	740	圖案	840	法國文學
650	交通及商業	750	畫	850	意國文學
660	化學工藝	760	雕版	860	西班牙文學
670	製造	770	照相	870	拉丁文學
680	手工業	780	音樂	880	希臘文學
690	建築	790	娛樂	890	其他

900　史地

910　地理及遊記　　　960　非洲史

920　傳記　　　　　　970　北美洲史

930　古代史　　　　　980　南美洲史

940　歐洲史　　　　　990　大洋洲及兩極史

950　亞洲史

　　西方圖書分類方法的輸入，尤其是杜威十進分類法的利便與科學，使學者更堅定中國傳統四部法必得改弦更轍的信念。其實，就中國圖書分類的發展史看來，由七略、七錄到四部分類法，是一大變革，而四部法的粗疏籠統也未嘗不可更易，何況早有學者提出意見，並有實在的修正改良，所以愈到末期（近代），諸家提出改良的做法，也形成一種遏不可止的趨勢。

　　然而，問題出在杜威十進分類法的產生，畢竟是在西方知識系統之下的一套體系，而中國的四部法雖須變革改良，但終究是千餘年來根據中國古籍文獻的實際情況積累衍生的圖書分類，並結合學者治學方法的心得，自有其文化內涵，亦是中國人自己思維方式的展現：圖書典籍因抄寫者的無心筆誤或翻印刻板時地的不同，而形成不同版本，學者對版本良窳的考究與文字異同的校勘，而深化成所謂的『版本學』以及『校勘學』；考訂圖籍文獻、金石器物款識文字的真偽及其年代的鑑定，而演化成所謂的『辨偽學』；學者對書卷裝潢與紙質墨色的講究，並對某門學問的理解或某種典籍的流傳，有時在扉頁空白處或書尾留下文字題跋與鈐蓋收藏印記，藉以「辨章學術，考鏡源流」，或示後世學人或「子子孫孫永寶之」的敬慎惜書觀念，而演化成藏書題跋文化的傳統；傳統中國學者揭示

讀書次第門徑的「解題」或者不必原書一一皆通讀而後已的「書目
提要」，其優點就不是西方那一套圖書分類法所及的……。這一整
套自成系統的典籍文化傳統，應是中華民族獨步於世的文化特色，
就絕對不是杜威十進分類法所能完全取而代之的；然而，爲了適應
時代知識門類之專業與多元化，傳統四部法不敷所需，是完全顯而
易見的，如何體現中西的特長，不必邯鄲學步地喪失本我，就成爲
不可迴避的需求了。

中國最早引進杜威十進分類法爲孫毓修，於清宣統二年（西元 1910
年）在《教育雜誌》發表❸。其後，查修有〈杜威書目十類法補編〉、
桂質柏有〈杜威書目十類法〉、王雲五有〈中外圖書統一分類法〉、
錢亞新有〈補充杜威制之革命文庫分類法〉、陳普炎有〈增修杜威
氏十進分類一部分之商榷〉等，「其類目雖異，其目則一，皆在求
中文書籍歸納於杜威十類法內，其杜法之不足者，則酌量增補之，
或用各種符號以擴充之」❹，然而，諸家之作法，仍未能完整把握
前述中國傳統之優點，不免令人有削足適履之憾。以後的學者試圖
在做努力，較著名的有四大新圖書分類法系統：一是新舊法混合，
以沈祖榮爲主要代表，二是增改杜威法，以劉國鈞爲主要代表，三

---

❸　孫毓修於宣統元年十月二十五日起，在《教育雜誌》發表〈圖書館〉一文，
　　共分七次跨三年不定期登完，其中系統介紹杜威的十進分類法，在次年第
　　十期《教育雜誌》出現。大百科全書也說「中國早在一九一〇年就開始翻
　　譯介紹DC，並陸續出現了一批仿照DC體系並結合中國特點進行補充、修改
　　的分類法」。見《中國大百科全書‧圖書館學、情報學、檔案學》（北京，
　　中國大百科全書出版社，1993年1月第一版）頁105。
❹　詳蔣元卿《中國圖書分類之沿革》頁204。

是採用杜威法，以洪有豐爲主要代表，四是中外統一制，以杜定友爲主要代表❺。以上各家皆有所長，然依舊未能得到學界一致的採納接受，是知發展出一套同時統馭中外圖書、又能兼顧傳統特色的圖書分類法，似仍成爲學界亟待解決的一大難題。

（三）一個待解決的命題──建立「中國的圖書館學」

1.建立「中國的圖書館學」命題的提出

民國十四年四月廿二日中華圖書協會在上海召開成立大會，通過協會章程，推舉蔡元培、梁啓超、胡適、丁文江、沈祖榮、鍾叔進、戴志騫、熊希齡、袁希濤、顏惠慶、余日章、洪有豐、王正廷、陶行知、袁同禮等十五人爲董事，協會下設圖書館教育、分類、編目、索引、出版等五個委員會❻。梁任公在中華圖書協會成立大會發表演說，提到兩個要點，一是中國沒有條件辦美國式的群眾圖書館，這誠然是極可悲的現象，總得努力改變，不妨懸爲將來的目的，而中國今日圖書館事業只能先提供少數對學術研究有興趣的人利用；二是建設「中國的圖書館學」及「養成管理圖書館人才」。關於建設「中國的圖書館學」，他說：

---

❺　詳蔣元卿《中國圖書分類之沿革》第五章〈西學輸入後的圖書分類〉第四節。

❻　見鄔華享、施金炎編《中國近現代圖書館事業大事記》（長沙，湖南人民出版社，1988年12月第一版）1925年（民國十四年）4月22—25日條。另9月條云：「中華圖書館協會列五個委員會：圖書館學教育委員會，洪有豐、胡慶生爲正副主任；分類委員會，梁啓超、徐鴻寶爲正副主任；編目委員會，傅增湘、沈祖榮爲正副主任；索引委員會，林語堂、趙元任爲正副主任；出版委員會，劉國鈞、杜定友爲正副主任。」

　　圖書館學裡頭主要的條理，自然是在分類和編目。就分類論，
呆分經史子集四部，窮屈不適用，早已為人所公認，若勉強
比附杜威的分類，其窮屈只怕比四部更甚，所以我們不能不
重新求出一個分類標準來。但這事說來似易，越做下去越感
困難，頭一件，分類要為「科學的」（最少也要近於科學的），
第二件，要能把古今書籍的性質無遺，依我看，這裡頭就包
含許多衝突的問題，非經多數人的繼續研究、實地試驗，不
能決定。就編目論，表面上看，像是分類問題決定之後，編
目是迎刃而解，其他如書名、人名的便檢目錄，只要採用外
國通行方法，更沒有什麼問題，其實不然，分類雖定，到底
那部書應歸那類，試隨舉十部書，大概總有四、五部要發生
問題，非用極麻煩工夫將逐部內容審查清楚之後，不能歸類，
而且越審查越覺其所跨之類甚多，任歸何類，皆有偏枯不適
之處；章實齋對於這問題的救濟，提出兩個極重要而繁難的
原則，一曰「互見」，二曰「裁篇別出」，這兩個原則，在
章氏以前，惟山陰祁家《澹生堂編目》曾經用過，此後竟沒
人再試，我以為中國若要編成一部科學的利便的圖書目錄，
非從這方面下苦功不可。**⑰**

這是很明白把建設「中國的圖書館學」所面臨分類有偏枯不適的困
難指出。任公並提出「編纂新式類書」的構想 — 使讀者對任何問
題著手研究，立刻可以在圖書館得著資料，而且館中所設備可以當

---

⑰　梁任公民國十四年六月二日〈中華圖書館協會成立會演說辭〉一文，收入
　《飲冰室文集》之四十二，頁42～49。

他的顧問。這個觀念，其實就是現在的專題書目與期刊論文分類索引，是各科學術研究的入門鑰匙，現代學者做研究檢溯前人文獻所習以為常，也是必備的工作。至於中國傳統有那些資源可以作為建設「中國的圖書館學」的參考運用呢？任公指出「中國從前雖沒有『圖書館學』這個名詞，但這種學問卻是淵源發達得很早，自劉向、劉歆、荀勖、王儉、阮孝緒、鄭樵以至近代的章學誠，他們都各有通貫的研究，各有精到的見解，所留下的成績，如各史之藝文志、經籍志，如陳振孫、晁公武一流之提要學，以至近代之四庫總目，如佛教之幾十種經錄，如明清以來各私家藏書目錄，如其他目錄學專家之題跋和札記，都能供給我們以很豐富的資料和很複雜的方法」。而且他相信「中國現代青年對於外國圖書館學得有根柢之後，回頭再把中國這種目錄學（或用章學誠所定名詞叫做校讎學）加以深造的研究，重新改造，一定能建設出一種『中國的圖書館學』來」。❽

　　任公的最終目標是希望將「中國的圖書館學」建立成功之後，不但為中國學術界開出新發展的途徑，「無論何國的圖書館關於中

---

❽　梁任公民國十四年六月二日〈中華圖書館協會成立會演說辭〉一文，收入《飲冰室文集》之四十二，頁42～49。另在民國十五年三月《圖書館學季刊》發刊辭上則更進一步重申此意，其言曰：「學問天下公器，原不以國為界，但各國因其國情不同，有所特別研究貢獻，以求一科學中支派內容之充實，此則凡文化的國民所宜有事也。圖書館學之原理原則，雖各國所從同，然中國以文字自有特色故，以學術發展之方向有特殊情形故，書籍之種類及編度方法，皆不能悉與他國從同，如何而能應用公共之原則，斟酌損益，求美求便，成一『中國圖書館學』之系統，使全體圖書館學之價值緣而增重，此國人所宜努力者又一也」。該發刊辭收入《飲冰室文集》之四十三，頁8～9。

國書的部分，都能享受我們所建設的成績，凡屬研究中國文化的人，都可以免除許多困難，所以這種工作，可以名爲世界文化工作之一部」。❶

　　任公所揭示的方向雖有一試的價值，但由於西方知識一日千里，彼時中國出外留學者，對於西方圖書館學雖有深入研究，但對於中國傳統典籍卻未必有長時期摩挲的經驗，因此這個理想雖好，但始終沒有嘗試的機會。往後隨著中華文化受海外學者之重視，漢學研究成爲世界顯學之後，各種文獻類目索引及研究專門書目完成所帶來的便捷性，使吾人更加肯定任公之見解是超越時代的！

　2.有否可能建立「中國的圖書館學」

　　如果承認中國書籍的發展自形成一系統，從書籍雕板印刷、版本文字異同的校讎、學者辨僞考訂及經眼始末的題跋、書籍保護裝潢等觀之，在世界文化史上，的確稱得上民族文化的一大特色，加以中國典籍豐富，歷代累積成卷帙難以勝估的數量，儘管世界知識日趨發達進步，知識門類也分化爲多元與專精的傾向，對研究中國文化工作者而言，如何以現代知識及嶄新眼光再對傳統有所認識與新解，首先必得對歷代所累積的史料做一番歸類與整理。面對浩如煙海的史料，如何進行這項工作呢？從實際的情況看來，如果現在我們到圖書館查閱某項研究參考資料，就可從目錄卡片找到許多相關的資料，但我們還是對這一堆資料毫無所知，倘若由目錄卡片能直接讀到每種資料的提要，就可使我們當下決定這些資料的取捨，

---

❶　梁任公民國十四年六月二日〈中華圖書館協會成立會演說辭〉一文，收入《飲冰室文集》之四十二，頁42～49。

省卻不少時間與精力；然而，現代許多圖書館的編目工作，只是依書名或作者名字，按照拼音或筆畫順序編列在目錄卡片上，表面上分類子目很細，實際卻把傳統的書目解題或提要喪失掉了，所謂「買櫝還珠」，本末倒置，莫此爲甚！其次，現代圖書館館員僅知圖書管理制度，缺乏各項專業知識的訓練，不如傳統圖書收藏家，本身對於經手圖書非但詳細研讀，並做了題跋與編目，因此只要閱讀書目題跋，即可大略知悉所有藏書數量、種類、版本、內容大概，所以現代圖書館館員「只編書目而不讀書」，基本上已失去過去有學問的專家自己從事圖書編目工作的傳統。

由此看來，要建立「中國的圖書館學」，必得有以下五個條件：

（甲）發揚傳統特長 — 前述現代許多圖書館的編目工作，只是依書名或作者名編序在卡片上，已失去了傳統解題或提要特色云云，尤其是新出版書籍更是如此。文化水平的低落與退化，觀此可知矣！著名版本學者鄭振鐸先生說了一個令人沮喪的故事❷：

> 有一位外國專家到北京圖書館參觀。
>
> 問道：「你們館裏藏了多少冊書？」
>
> 「有四百萬冊上下」，館長答道。
>
> 「有多少冊已經上架了呢？有多少整理編目，可供讀者們閱讀的呢？」
>
> 館長答道：「有二百二十多萬冊已經上架，已經整理、編目，

---

❷　見鄭振鐸〈漫步書林〉一文（原載1956年7月23日至11月25日『人民日報』），談整書條。現此文收入鄭爾康選編《鄭振鐸書話》（北京，北京出版社，1996年10月第一版）。

可供讀者們的借閱，其餘一百八十萬冊還沒有整理。」

「那麼，」那位專家說道：「你館的藏書數量，只能説是二百二十萬冊，不能説是四百萬冊。」

鄭先生對此很有感觸説道：

這是很尖鋭的批評，也是很正確的意見。不能流通使用的書，的確難於統計到圖書館的藏書數裏去的。更慘的是，有的書，因爲長久擱在箱裏，十多年不見天日，有一次偶然開出幾箱出來看看，箱裡的書卻已經碎成紙屑，沒法收拾的了。這是多麼大的損失呢！

有書不上架，不分類編目，聽任蝕毀煙滅，更甭提寫書錄解題或提要了。

（乙）專家學者分工撰寫提要 — 爲解決館員但知「編書目而不讀書」的缺失，現代的圖書館實有必要聘請各科學有專精的學者，就新出版圖書撰寫提要，能夠簡明扼要條列一書之內容大要，使讀者一看目錄卡片或透過電腦查閱，即能解決該書是否合於自己的需要。

（丙）利用電腦檢索系統爲輔助 — 圖書資料貴在流通運用爲學術研究，利用全球各大圖書館電腦網絡連線系統，可以將分散各國圖書館的古籍資料聚攏在一起，館際的交流合作，最終是讀者受益，促成了學術的進步。

（丁）利用現代科技保護圖書文獻 — 文獻資料的損毀有天然及人爲因素造成，天然氣候高溫及潮溼，對書籍保存將造成不利的影響，其次書蟲啃嚙亦是書籍一大損失，而戰爭兵禍的焚毀，更是

人為因素最主要部分；現代科技已能製造調控溼度、溫度的密閉儲藏箱櫃，將圖書文獻作最完善的保護；再者，將珍貴文獻拍成微縮膠卷（片），使用微縮機器閱讀，或輸入激光軟盤（光碟），使用電腦螢幕閱讀，皆是可避免讀者直接以手翻閱、留下汗漬污損文獻的有效措施。古人收藏珍本圖籍，有的視為枕中秘笈，不肯輕易示人，有的觀念稍開通者，「父兄藏書，惟恐子弟不讀，讀無所成，猶勝腐爛篋笥，從致蠹魚之變」**㉑**。現代圖書館透過電腦網絡交流複製，互通有無，文獻資料已打破傳統「海內子遺孤本」之現象，閱讀古籍已不必如古人逐行逐頁抄寫或長途跋涉方能借閱，實是拜科技進步之賜。

（戊）分類不妨先編「類書式」的資料 ── 前言中國典籍資料繁夥，浩如煙海，與其爭論於分類部次的多寡，不如先編纂新式類書，使資料能集中保存，為未來分類作準備。關於資料的整理，鄭振鐸先生有段話說：

> 古書的分類編目，大可不必『中外統一』，那是王雲五的壞方法。《史記》、《漢書》固然應該歸到『歷史類』去，但像占古書裡份量很大的《夢溪筆談》、《西溪叢話》、《紫桃軒雜綴》、《分甘餘話》等等，應該歸到那一類去？我的想法，古書的分類，還是不要多生枝節，老老實實地照『四庫』編目，先行編出，供給需要使用這些書的人應用為是。不必老在『分類法』上兜圈子、想主意，而總編不出『書目』來。**㉒**

㉑ 見宋周煇《清波雜志》（北京，中華書局，1994年9月第一版，劉永翔校注），卷第四〈藏書〉條。

㉒ 見鄭振鐸〈漫步書林〉一文，談整書條。收入鄭爾康選編《鄭振鐸書話》。

鄭先生的話是有道理的。現代科技的進步，已能將古籍完整掃瞄或輸入儲進電腦，不必再靠人工抄寫作分類，比鄭先生當時的想法更前進了一大步。未來所有古籍全部完成電腦檢索系統工作後，「類書式」資料的分類，就可隨之而水到渠成了。許多研究機構已嘗試運用現代科技整理古籍，將各種資料輸入電腦，再依需要進行『關鍵詞』的檢索，比古人手抄卡片，再做成長編式資料的排比分類，既省時間精力，又達到極高的效率。如台北中央研究院歷史語言研究所將傳統二十五史輸入電腦，同門師兄研究清代學術，利用那一套檢索系統竟能在很短時間內得出如此結論：《清史稿》使用「樸學」一詞達十次以上，而「漢學」一詞最為史家所樂用，達五十次以上，可唯獨無一次用「考證學」及「考據學」的例證❷。又如中國社會科學院計算機室在短短七年即完成了《全唐詩》、《先秦漢魏晉南北朝詩》、《全上古三代秦漢三國六朝文》、《十三經》、《諸子集成》、《全唐文》、《全宋詞》、《全金元詞》等多部古籍的計算機處理及數據系統的建構，其總字數已達到二千五百萬字，比起從前葉聖陶先生率家屬六人編制《十三經索引》，歷時一年半，「寒夜一燈，指僵若失，夏炎罷扇，汗溼衣衫」，以及今人耗十年工夫做成數萬張《永樂大典》的子目分類卡片，真是不可同日而語❷。

---

❷ 見漆永祥《乾嘉考據學研究》（北京大學中國語言文學系古典文獻專業九三級博士論文，1996年5月10日）頁11。

❷ 見田奕〈古籍整理與研究的電腦化〉一文，發表於《中國文化》（北京，1994年2月）第九期，頁85～89。

三、梁任公對目錄學的貢獻

（一）揭示治學之鑰的解題

　　任公治學極注重學術流派淵源及方法，他常說治學不應只看古人的結果，而更應看古人的方法，尤其是治學次第及入門的途徑，是他晚年講學最愛向學生津津樂道的。

　　考任公早年從康南海先生治學，即受南海先生影響，本文第一章已述及，茲不再贅敘。任公晚年示治學次第，主張專精及博涉並重，基本上亦是南海康先生的見解㉕。任公早年撰〈讀書分月課程〉依序有經學書、史學書、子學書、理學書，加上西學書，仍不脫以四部法歸類中國書籍，而晚年所著的〈國學入門書要目及其讀法〉，係應「清華週刊」記者之邀所撰寫的，所分五類次第──（甲）修養應用及思想史關係書類（乙）政治史及其他文獻學書類（丙）韻文書類（丁）小學書及文法書類（戊）隨時涉覽書類──基本上，已有自己的獨到見解，以為中國的學問有兩種，即德性的學問和文獻的學問，而德性的學問（即中國人生哲學）比文獻的學問（即整理國故方面）更為重要，表面上似已跳脫傳統按經史子集四部之順序，而實質上仍以為儒家思想佔中國人生哲學最主要部分，所以將《論語》、《孟子》、《易經》及《禮記》列在最前端，可以看出他的思想傾

㉕　任公〈讀書分月課程〉有云：「學者每日不必專讀一書，康先生之教特標專精、涉獵二條，無專精則不能成，無涉獵則不能通也」。在〈國學入門書要目及其讀法〉有（戊）隨意涉獵書類，任公案語云「學問固貴專精，又須博涉以輔之」，則知任公受康先生影響極大。

向，再來列了《老子》、《墨子》、《莊子》、《荀子》、《尹文子》、《慎子》、《公孫龍子》、《韓非子》、《管子》及《呂氏春秋》，如果配合任公另一著作《先秦政治思想史》對讀，則能看出其用意矣。接著，任公依序開列《淮南子》、《春秋繁露》、《鹽鐵論》……等思想史名著。比較值得玩味的是，列了同時代的學者有康有為《大同書》、章炳麟《國故論衡》、梁漱溟《東西文化及其哲學》、胡適《中國哲學史大綱上卷》及梁啓超《先秦政治思想史》與《清代學術概論》，也就是說在任公的心目中，康有為、章炳麟、梁漱溟、胡適及他本人，應是代表民國以來思想界的重鎮。其他各類之書，同時代的學人，任公列了梁啓超《中國歷史研究法》、黃遵憲《人境廬詩集》、鄭文焯《樵風樂府》、馬建忠《文通》、葉德輝《書林清話》、康有為《廣藝舟雙楫》及王國維《宋元戲曲史》，均可見他不薄今人亦愛古人的治學態度。

其次，任公治學注重方法，所以在開列書目之後，不忘揭示治學方法，如研讀《論語》，主張模仿焦循的《論語通釋》，「將全部論語拆散，標準重要諸義，如言仁、言忠恕……等，列為若干目，通觀而總詮之，可稱治《論語》之一良法，且可應用其法以治他書」；又如對於二十四史卷帙極多，主張有三種讀法：（1）為練習寫文章的讀法，以四史列傳全數瀏覽一過，仍摘出若干篇稍為熟誦，以為作文章之資助，此外《明史》亦宜詳讀，因以其時代較近也。（2）為寫專史的讀法，就通史各志摘讀，如欲研究經濟史、財政史，則讀平準書、食貨志，欲研究學術史，則讀藝文志、經籍志，附以儒林傳，「每研究一門，則通各史此門之志而讀之，且以文獻通考之此門合讀，當其讀時，必往往發見許多資料散見於各傳者，隨即跟

蹤調查其傳以讀之，如此引申觸類，漸漸便能經濟史、宗教史……
之長編，將來薈萃整而理之，便成著述矣」。（3）為增長智慧與
志氣的讀法，每史宜擇二、三十篇偉大人物之傳讀之。另外，任公
對於開列每本書目亦有簡單數語評騭特色，使讀者深知其意而心領
神會矣。如對《資治通鑑》有如下之評語：

> 此為編年政治史最有價值之作品，雖卷稍繁，總希望學者能
> 全部精讀一過。若苦乾燥無味，不妨仿〈春秋大事表〉之例，
> 自立若干門類，標誌摘記作將來著述資料（吾少時曾用此法，雖
> 無成書，然增長興味不少）。王船山《讀通鑑論》，批評眼光，
> 頗異俗流，讀通鑑時取以並讀，亦助興之一法。

至於版本方面，任公鮮少措意，蓋其所注重者，乃在一專門學問如
何有效登堂入室，故所舉書名往往為該門專業學術著作，如欲知古
人語法文法，任公列舉了王引之《經傳釋詞》、俞樾《古書疑義舉
例》及馬建忠《文通》，欲知魏晉六朝詩風，任公主張宜讀曹子建、
阮嗣宗、陶淵明、謝康樂、鮑明遠及謝玄暉六家之詩，但若無單行
集子，「可用張溥漢魏百三家集本或王闓運五代詩選本」。

　　其後，任公將在清華大學學期講演十餘部要籍，整理成〈要籍
解題及其讀法〉出版，觀其內容，因列了《論語》、《孟子》（附《大
學》、《中庸》、《孝經》及其他）、《史記》、《荀子》、《韓非子》、
《左傳》、《國語》、《詩經》、《楚辭》、《禮記》、《大戴禮
記》附《爾雅》，共十多種著作，且每種皆按成書時代及作者行歷、
內容及其價值、研讀方法、相關注釋及參考書之順序而下，鉅細靡
遺，簡易明白，實較〈國學入門書要目及其讀法〉列了五類一百四

十三種，浮光掠影提過，顯得泛濫無歸，令人望而生畏，來得簡易多了。

　　任公書目解題及其讀法的著作，是延續宋代晁公武《郡齋讀書志》及陳振孫《直齋書錄解題》以來的傳統，即使是早年提倡西學最力而有〈西書提要〉、〈西學書目表序列〉、〈東籍月旦〉等示讀西學之次第途徑的著作，仍不脫舊瓶新酒之意。

（二）求索中國圖書分類法的改良

　　前述任公在中華圖書協會成立大會演說，提出建立「中國的圖書館學」的構想，在〈漢書藝文志諸子略考釋〉一文對劉向、劉歆父子將先秦戰國時期思想界分爲九流十家有諸多批評，以爲司馬談論六家要指分爲陰陽、儒、墨、名、法、道六家，頗能代表當時的思想界潮流，有相當的價值，而益以縱橫、雜、農、小說家，是爲編錄方便起見，「後之學者，推挹太過，或以爲中壘洞悉學術淵源，其所分類，悉含妙諦而衷於倫脊，此目論也，反動者又或譏其鹵莽滅列，全不識流別，則又未免太苛」。接著又說：

> 夫書籍分類，古今中外皆以爲難，杜威之十進分類法，現代風靡於全世界之圖書館，繩以論理，掊之可以無完膚矣，故讀漢志者，但以中國最古之圖書館目錄視之，信之不太過，而責之不太嚴，庶能得其眞價値也。❷❻

在〈司馬談論六家要指書後〉一文亦云：

---

❷❻　見梁任公〈讀書藝文志諸子略考釋〉一文，收入《諸子考釋》（台灣，中華書局，1976年9月台五版）。

分類本屬至難之業，而學派之分類，則難之又難。❷

可見任公既不愜意杜威的十進分類法，對中國傳統的圖書分類，也不滿意，所以他對佛家經錄的闡揚及圖書大辭典的編纂，即是他對中國未來圖書目錄編列的探索做了準備工作。

1.佛家經錄的闡揚

任公對傳統分類法既不滿意，〈佛家經錄在中國目錄學上之位置〉一文的撰述，可以說是他對中國目錄學今後的走向，提出了基本的看法。

在該文中，任公總論指出佛家經錄所採用的方法，有勝於普通目錄之書者五項優點：

> 一曰歷史觀念發達──凡一書之傳譯淵源、譯人小傳、譯時、譯地，靡不詳敘。
> 二曰辨別真偽極嚴──凡可疑之書皆詳審考證，別存其目。
> 三曰比較甚審──凡一書而同時或先後異譯者，輒詳為序列，勘其異同得失；在一叢書中抽譯一二種或在一書中抽譯一二篇而別題書名者，皆一一求其出處，分別注明，使學者毋惑。
> 四曰蒐采遺逸甚勤──雖已佚之書，亦必存其目以俟采訪，令學者得按照某時代之錄而知其書佚於何時。
> 五曰分類極複雜而周備──或以著譯時代分，或以書之性質分，性質之中，或以書之函義內容分，如既分經律論，又分大小乘，或以書之形式分，如一譯多譯、一卷多卷等等，同一錄

---

❷　此文亦收入《諸子考釋》一書中。

中，各種分類並用，一書而依其類別之不同交錯互見動至十
數，予學者以種種檢查之便。

任公該文之寫作方法亦有足資取法之處，彼將佛家經錄之所有眞僞
記載先予辨識鑑定，使史料之眞確性立於可靠地位，此與講述「中
國歷史研究法」等專章討論史料之蒐集與鑑別，主張是一貫的；其
次，闡述佛家經錄發展歷史，脈絡極爲清晰，有文字說明，也配有
圖表標示，而申論某人在目錄學史上之地位，往往有憑據引證說明，
使人易於檢索查閱原文。

任公以歷史發展順序，對歷代有卓越貢獻之拔尖人物，一一引
介及評價，依僧祐、道安、李廓、法經、費長房、道宣、智昇、王
古、慶吉祥諸人著作，推挹其特色，今統綜合整理，吾人以爲可供
目錄學研究之參考有七項，即是（一）一經有數譯本，備舉以資比
較；（二）廣搜經序，令學者雖未窺原書，讀序可窺知涯略，著書
足以備學者顧問，實目錄學家最重要天職；（三）詳述列傳，於知
人論世最有神益（以上爲論僧祐、道宣）；（四）年表之製作（以上爲論費
長房）；（五）抱殘守缺，實目錄學家應有態度（以上論道宣）；（六）
子注詳細，文簡意賅，儼成提要之形（以上論智昇及王古）；（七）漢
藏對照，勘其異同（以上論慶吉祥）。

任公對於各家侷限缺失亦不諱言指出，可見他有一己見解，絕
不迷信往古，眞能好學深思，深造有得者也。

2.編纂圖書大辭典

如果說任公研究佛家經錄若干長處是理論的闡述階段，那麼對
中國圖書大辭典的編纂，則是將研究心得付諸實踐的具體呈現。

　　任公編纂中國圖書大辭典，其始末詳見下節，今僅略談其內容大要及特色。由中國圖書大辭典·簿錄之部前言，可知他原先打算完成五大類，即是一爲官錄及史志、二爲跋釋及鑑別、三爲藏目及徵訪、四爲部分別錄、五爲載籍掌故；關於寫作之序例亦有如下說明：

> 各類之中，或以時代，或以內容性質，復各釐爲若干子目焉。其分類之指意及標準，則於各類小序中發其凡。某書之入某類或互見某類，其有疑問者，則於各本書條下附說之。書之主要者或特有其短長宜評騭者，則爲之解題，其普通者及未經眼者，蓋闕如也。

任公編纂中國圖書大辭典·簿錄之部是有使命感驅策的，而且也有意突破傳統窠臼：

> 隋志刱簿錄類，以附史部之末，其時此類著述實稀，不能獨立成部，此如七略及漢志以史乘之書入六藝春秋家，附庸未能特達，位置宜爾也。今簿錄之書，存佚單附合計，數且盈千，泱泱乎一大邦矣。揆其性質，實總函四部而筦其鑰，指爲史籍枝屬，名實未安，故今別建一部，用冠群集，俾凡犖治任何部類之遺典者，皆於此問津焉。

觀此，則知任公擘畫規模宏遠，氣象不凡，若可照原計畫完成，當能爲古籍簿錄之學開創新的一頁。

　　關於已完成「官錄及史志」部分，由小敘及內文可知任公對於體例及資料別裁工夫，確是苦心經營，今通讀歸納其特色有五：

（一）以正史之志爲中樞（清代除外），而以官錄及近世學者或歷代學者補志等先後疏附其間，使人對二千年來典籍流傳代謝之故實，略可睹記矣。

（二）注重歷史上載籍沿革之變遷，官錄諸書，不問存佚，按書名以年代爲次雜廁於各史志間，藉以察史志取材官錄之淵源所自及去取得失。

（三）私人著述爲各志先驅而甄採者，若阮孝緒《七錄》之於《隋志》、毋煚《古今書錄》之於《唐志》、黃虞稷《千頃堂書目》之於《明志》等，悉附各本志前，以明淵源之跡也。

（四）以朝代分爲六子目，每目皆有小序，若爲便省時間計，將各小序依次通讀，即是一簡明中國目錄學史。

（五）每部書名以下，均有作者名號、爵里、成書年代及版本，次行低兩格介紹其內容、傳授統緒，並評騭短長與在歷史上所占之位置。有自敘、題跋者，加以標明。如有疑問者，則附按語考證之。

任公注重歷史觀念之特點，尤側重淵源流變與時代脈絡，在此表現極爲突出。

除此之外，任公對於近代典籍流傳之掌故，留下了珍貴史實材料，在行文之中，往往融注感情於其間，信筆拈來，足令後人生無限感慨！如在明代《文淵閣書目四卷》及《內閣藏書目錄八卷》後加案語云：

> 今京師圖書館藏書，其大部分即宣統己酉由內閣大庫發出者，
> 以現存目校正統、萬曆兩目，觀其次第散亡之跡，足發無限
> 感慨。大抵集部書亡者最多，志乘亡者較少，其爲歷代典守
> 者選擇盜取，證跡顯然。又數年前有閣庫舊檔冊一大堆，政

府官吏認爲廢紙，欲予摧燒，旋經羅氏、李氏輾轉購得者，其中宋元板書殘本不少，持以與《京師圖書館善本書目》對勘，尚可配補多種，此由明、清以來閣吏弁髦官物，凌亂棄置，致宋、金、元、明、清五代遞傳祕笈，蕩析一至於此，眞是痛歎！因著錄楊、張兩目，輒將最近所睹聞之掌故與此目有連者，略記如右。

在清代《天祿琳琅書目十卷》及《天祿琳琅書目後編二十卷》後加案語云：

> 合兩編所載，天府祕籍雖已什得八九，然今故宮《宛委別藏》中間，尚有爲目中失收之善本不少，或是嘉慶三年後續得本也。又目中各書，在辛亥前大致保存未損，末帝在宮中當民國七、八、九年間，以賞賜乃弟溥傑名義盜出者頗多，其間所謂「供奉南齋之遺老」，巧取偷換，時復不免，今所殘留，已損其舊，亟盼故宮圖書館詳慎點檢，重編一目，結此公案也。❷⑧

考任公與近代圖書館淵源頗深，民國十二年十一月松坡圖書館成立，

---

❷⑧　任公在《天祿琳琅書目十卷》後加案語介紹類別及卷數云「卷一至卷三爲宋板，凡七十一種，附金板一種，卷四爲影宋鈔，凡三十種，卷五、卷六爲元板，凡八十六種，卷七至卷十爲明板，凡二百五十一種，通計四百二十九種」，與今人影印《天祿琳琅書目十卷》（收入《清人書目題跋叢刊十》，北京，中華書局，1995年8月第一版）之統計稍有出入——一至三卷爲宋版，著錄七十種，附錄金版一種；四卷爲影宋鈔本，著錄二百零八種；五至六卷爲元版，著錄八十一種；七至十卷爲明版，著錄二百五十一種——細觀兩者皆謂據光緒十年長沙王氏刊本，而竟有如斯差異，姑附記，待考。

任公爲館長，民國十四年四月中華圖書館協會成立，任公被推舉爲
董事部部長，同年年底就任京師圖書館館長，民國十五年春間，爲
中華教育文化基金會另籌辦之北京圖書館館長，以嗜學博聞兼掌國
家圖書館業務，對於書籍流布傳遞必是其所關切之焦點，前引兩段
案語，當是任公心境實然寫照，未可以尋常文字視之也。

關於中國圖書大辭典金石書畫部，完成了金石門叢帖初稿，按
現可見之原著凡例，則知內容大要。全卷分二大屬，一帖刻本之屬，
二帖考釋之屬。第一屬專記載搨本，以時代爲次，特詳宋代，先以
帖刻性質分類，每類中再分時代先後，俾閱者得以考知其源流系統，
明代亦略分性質，清代則除首列官帖外，餘皆以刻年先後排次；第
二屬爲普通書籍，略分專帖釋文、專帖考證、群帖總數三目，但各
書性質有不甚分明者，只得從其所重。另帖刻存佚界限極難確定，
爲將其難得之存本可考見者，間注於各條下，其原石確知存地亦標
示之。任公在此稿序言：

> 獨怪有宋一代，自淳化、元祐、大觀、淳熙四官帖，以逮私
> 家之潭、絳、汝、越，鴻製巨帙以百十計，宋志既創此一目，
> 乃於此等烜赫盛行之刻悉從舍棄，而僅錄清勤、臨汝等劣麻
> 之本以充數，爲事至不可解，豈脩史時僅據中祕所有，而諸
> 名帖乃竟無一拓片入史官之目耶？昔人詆《宋史》蕪猥疏漏，
> 此亦其一端矣。今衰錄宋、明、清三朝帖刻及關於帖之考釋
> 等著作，都爲一卷，在目錄學中實爲創造。

其爲之四顧、爲之躊躇滿志，可見任公對此作之自負。以任公研習
書法之歷程考察，他對碑帖搜羅精讀，可以追溯到一九○九年，是

年三十七歲，如果由他身後捐贈給北京圖書館的圖書文物統計，任
公所收藏的金石拓本就有一二八七種之多，時代最早可到商代之遙。
他所做的碑帖題跋有一百二十餘種，絕大多數集中於民國十四年，
題跋有八十二件之多，其餘民國六年、七年、十二年、十三年、十
六年、十七年各有題跋若干❷，所以任公對碑帖的知識是極為豐富
的，使他有足夠的條件完成叢帖類初稿，其稱心得意是可想像的！

四、《梁氏飲冰室藏書目錄》初探

（一）《梁氏飲冰室藏書目錄》的編撰始末

民國十五年（1926 年）春季，梁任公就任北京圖書館館長一職，
在次年一月二十六日的家信中提到他的著述計畫：

> 現在我要做的事，在編兩部書，一是中國圖書大辭典，預備
> 一年成功；二是中國圖書索引，預備五年成功。兩書成後，
> 讀中國書真大大方便了。關於編這兩部書，我要放許多心血
> 在裏頭才能成，尤其是頭一年訓練出能編纂的人才，非我親
> 自出馬不可。……❸

民國十六年七月下旬，中國圖書大辭典編纂處致函北京圖書館，

---

❷　今人對任公拓本收藏之來源及題跋內容之類型，以吾所見，當以劉濤〈梁
　　啓超的拓本收藏、題跋及書法〉一文最具功力，本文所引述即其統計之
　　一部分。該文收入《梁啓超題跋墨跡書法集》（北京，榮寶齋出版社，1995
　　年3月第一版），頁1～10。

❸　《梁任公先生年譜長編初稿》（台北，世界書局出版，1972年8月），頁721。

商擬編纂事宜，同年八月又有函至北京圖書館，報告其工作概況云：

> 敝處此二月工作，係編纂梁任公先生飲冰室藏書目錄。梁先
> 生家藏書籍，宋元善本書雖少，而普通書至十餘萬卷之多，
> 故編其目錄，於編輯圖書辭典工作上有下列五項之幫助：（一）
> 訓練分類方法。（二）訓練版本知識。（三）實驗原書，可
> 以免去誤會，於將來圖書辭典編輯上，可以減去多數危險。
> （四）編輯成書，可以爲將來圖書辭典之雛形，對於手續上、
> 經驗上有很大之準備。（五）編輯成書，可於將來正式編輯
> 辭典時予以參考之便利。因上列五項理由，故決議先編飲冰
> 室書目，現已編成經史二部及子部之四分一，約已成二十餘
> 卷，書片已在八千七、八百以上，惟因幾於每書實驗原書，
> 故耗費時間較多，然得實益頗不少。……**㉛**

這使我們知道梁任公先生編纂中國圖書大辭典，所需要訓練助手的
能力，係先以編寫其飲冰室所收藏之書籍目錄爲始點，換言之，飲
冰室藏書目錄實爲任公編纂中國圖書大辭典的先前預備工作。可是，
任公的健康狀況在主持編纂中國圖書大辭典時，已處在不穩定之中，
因此在一年內所作的成績，由致胡適的信件，則知僅完成一小部分，
由原定「預備一年成功」的計畫，即使改爲兩年成書的計畫，亦沒
有太大的把握：

> 僕自去秋受北京圖書館屬託編纂中國圖書大辭典，一年以來，
> 督率門人數輩，昕夕從事，雖審定之稿未及什之一，然頗感

㉛ 同前揭書，頁746～747。

斯業之有益，興味引而彌長。竊不自揆，意欲使此書成後，
凡承學之士欲肄治某科之學，一展卷即能應其顧問，示以資
料之所在，及其資料之種類與良窳，即一般涉覽者，亦如讀
一部有新系統的四庫提要，諸學之門徑可得關也。……其中
簿錄之部：官錄及史志一冊，史部：譜傳類年譜之屬一冊，
金石書畫部：叢帖之屬一冊，史部雜史類：晚明之屬一冊，
比較可算已成之稿，雖應增改者仍較多，自謂其組織記述批
評皆新具別裁，與章實齋所謂橫通者迥別，將來全書即略用
此例。公視似此作法能達前所期之目的否耶？此等工具之書
編纂備極繁雜，非有一人總攬全部組織不可，卻絕非一人精
力所能獨任，現在同學數輩分功合作，寫卡片四萬餘紙，叢
稿狼藉盈數匧，幸得董事會之助，使諸人薄得膏火之資，等
于工讀，現在第一期工作已過（原注：以經驗之結果，知初枉費之
工作極多），下半專從事於整理寫定，原定兩年成書之計畫，
雖未必能完全實施，要可得十之七、八耳。……❸❷

由此可見，任公編纂中國圖書大辭典之宏大理想以及所投注心血之
鉅。兩個月以後，由於健康的惡化，任公在民國十七年（1928 年）八
月廿四日不得不辭去主持這項工作的職務，直到逝世。今人所能見
到的中國圖書大辭典，僅存有簿錄之部（官錄及史志）與金石門叢帖類
初稿❸❸，而其助手所編飲冰室書目，前引信件稱「已編成經史二部

---

❸❷　同前揭書，頁764～765。

❸❸　台灣中華書局曾在1958年6月出版單行本（臺一版），名曰《圖書大辭典·
　　簿錄之部》。

及子部之四分一，約已成二十餘卷」，是否繼續編寫，抑或中輟？殊不易確知。

筆者頃近在北京圖書館館長任繼愈教授的協助下，得以細覽梁氏助手所編飲冰室書目原稿以及梁氏身後北京圖書館編印的完整飲冰室目錄，因此得以深入研究此段公案，現在有必要將之公諸於世，提供目錄學同好參考云。

前述梁任公先生由助手編寫飲冰室藏書目錄作爲編纂中國圖書大辭典之先前預備工作，主要由侄子梁廷燦及門生吳其昌董其事，原件手稿線裝本（原爲十六冊）以毛筆恭楷書寫，裝潢成一函八冊，現收藏在北京圖書館分館（原爲京師圖書館，位於北京市文津街），書名標爲《飲冰室藏書目初編》，首冊首頁有「飲冰室藏書目總目錄」，僅列了經部目錄，其餘付諸闕如。在閱竟全帙初編手稿，則知此編之著述體例先列書名，依作者時代先後爲序，並註明其版本，如爲輯本或叢書本，亦標明之，如經部卷四禮類有

深衣考一卷　　清 黃宗羲撰 借月山房彙鈔本 南菁書院叢書本

如有僞作本，則亦標示之，如經部卷八四書類有

中庸古本一卷　　僞造 說郛本

由首冊首頁經部目錄及筆者閱竟整理之目錄合併，《飲冰室藏書目初編》的完整目錄應是如後所示：

經部

卷一 易　類

卷二 書　類

卷三 詩　類　　以上第一冊

卷四 禮　類　　一周禮 二儀禮 三禮記 四大戴禮記 五三禮總義

　　　　　　　　六禮制專考　七通禮　八雜禮

卷五　樂　　類

卷六　春秋類　　一經　二左傳　三公羊　四穀梁

卷七　孝經類　　以上第二冊

卷八　四書類　　一大學　二中庸　三論語　四孟子　五總

卷九　經總類　　一經解　二讖緯

卷十　小學類　　一總　二訓話　三爾雅　四字書　五說文　六辭書
　　　　　　　　七音韻　八古韻　九切韻　　以上第三冊

史部

卷十一　正史類　　一正史　二編年　三紀事本末

卷十二　別史類　　一別史　二雜史　三載記　　以上第四冊

卷十三　傳記類　　一傳記　二系牒　三譜狀　四疑年錄

卷十四　專史類　　一古史　二學史　三戰史

卷十五　政史類　　一典章　二儀制　三職官　四法律　五邦記　六軍政
　　　　　　　　七考工　八貢舉　九記典　十官箴　十一邦交　十
　　　　　　　　二時令　十三年曆　　以上第五冊

卷十六　史料類　　一實錄　二詔令　三奏議　公牘附　四檔案　五日記
　　　　　　　　六筆記　七稗史

卷十七　地理類　　一郡志　二外記　三峒猺　四雜志　五旅程　六山川
　　　　　　　　七邊防　八水利　九方物　十風俗　十一建築　十二
　　　　　　　　名勝十三考古　十四地圖　　以上第六冊

卷十八　目錄類　　一書目　二書錄　三書考　四附錄

卷十九　金石類　　一目錄　二金文　三石文　四考釋　五題釋　六通論
　　　　　　　　七雜品

卷二十 史學類　　一史學 二史評 三史鈔 四史考 五史表　　以上
　　　　第七冊

子部

卷二十一 儒家類　　一古子 二性理 三倫理 四教育 五格言 六考
　　　　證　　以上第八冊

由此可知，此初編未完成，僅編完了經部及史部，而子部則編完了
儒家類，所謂「已編成經史二部及子部之四分之一，約已成二十餘
卷」，今由原稿展讀之下，確是如此。可見梁任公因健康惡化辭去
編纂中國圖書大辭典職務後，其助手將《飲冰室藏書目初編》的編
寫工作中輟，以後也未見繼續。所以今日所見之稿本僅是未完成的
書目，梁任公藏書的總數也就無法依此「按圖索驥」了。

　　梁任公逝世後，其家屬按遺願將所有飲冰室藏書捐寄存北京圖
書館，於是有《梁氏飲冰室藏書目錄》之編撰，龍游余紹宋爲此目
錄題籤，並爲之作序云：

> 六年前，予避亂居天津，與任公梁先生過從最密。時任公方
> 撰諸家書目提要，陳數十百種簿錄於案頭，朝夕探討。予則
> 從事於書畫、書錄解題，彼此趣舍雖異，指歸則同。予以行
> 篋無書，輒就借閱，所喜其家典籍充陳，細鉅賅備，遂得恣
> 搜飽覽，以饜所需。大約間日必相見，相見不及他事，即各
> 舉兩日間探討所得，相與商榷而便難之，時檢所藏書以爲佐
> 證，如是者年餘，因得盡窺飲冰室之所藏。任公素服膺亭林
> 先生，予偶舉其鈔書目序所引祖訓書，但求其有字之言，任
> 公慨然謂世之顓愛宋、元板本者，直是骨董家，數許爲予書

作序以張其說，故其所藏但期切於實用，不必求其精槧，上自典冊高文，下逮百家諸子，旁及東瀛海外之書，無不殫事收集，其意非徒廣己於不可畔岸之域，謂先哲之庋藏之意無所不賅，故如是也。嗚呼！詎之別未半年，吾書未成，而遽以下世聞也。（中略）自明季以來，士習空疏，每喜竄改古籍，又迭經喪亂，舊帙放失，於是深識之士，乃始搜訪遺書，講求善本，內府所儲，珍若琳琅，流風所備，精槧日出，百宋千元，競事著錄，影鈔讎校，頓還舊觀，其有裨於後學之考訂，與夫補亡收佚之功，誠有足多者。顧其末流，則專斤斤於鐫刻之精粗，傳本之多寡，而不審其書之是否有切於實用，徒徵印識，刻意裝潢，小語叢殘，祖同鴻寶，偶有著錄，非是弗稱，點賈乘之而作偽者，緣以興焉，骨董之譏誠所難免，獨任公能見其大，以紹復古人藏書之恉。今觀所遺之書，普博周悉，則其序吾書之意亦略可觀矣。其殁也，公子葷仰體遺意，悉舉所藏寄存北平圖書館，以供來者無窮之求，而館長袁君守和之欲求其永傳也，乃屬館員編纂斯目，以予知其事較詳，命爲之序，輒就平昔所感而論述之如是。亦以天下洶洶，內鬨不息，其文物圖書之墮失，有若李易安之序金石錄，而致慨於聚散之無常者何限，則是舉也，亦猶李公擇置書廬山僧舍，而蘇子瞻稱爲仁者之心，以古徵今，又何多讓？所恨余自近歲以來，伏處南中，憂患之餘，亦稍稍有所譔著，而朋儕落寞身世之感彌殷，欲求如往日之接席長譚，從容商討，以是正其取舍者，蓋邈焉未之有遇，則此序之作，豈勝黃壚腹痛之情，非徒悵任公之不及序吾書也已。

二十二年冬至後四日龍游余紹宋序於寒柯堂

此序讀來沈痛感人，同時任公藏書之深慨概可得見。今北京圖書館分館珍藏《梁氏飲冰室藏書目錄》有兩部：一部是手寫本，凡三冊一函；另一部是鉛印本，凡四冊一函，封內題爲「民國二十二年十月國立北平圖書館印」，首頁有梁任公全身脫帽著長袍馬褂黑白照片乙幀，神采俊逸，高額凸頂，雙目炯炯有神，右下角並有「任公五十六歲像，戊辰三月自題」之字樣。關於梁任公之飲冰室藏書捐寄存北京圖書館之始末，除了前引余紹宋先生之序言外，另《梁氏飲冰室藏書目錄》（以下簡稱《梁錄》）在任公黑白像片次頁有〈梁氏飲冰室藏書寄存本館經過〉一文的說明，由於此文鮮見後人引述，同時在丁文江、趙豐田所編撰的《梁任公年譜長編初稿》亦未將此有清楚的交待，因此有必要將此文抄錄於後，其文曰：

> 新會梁任公先生去世之明年，其遺族仲策、述任、思順、思成、思永諸先生仰體遺意，擬將梁先生歷年之書籍寄存於本館，其議發於十八年之春，至十九年二月始經天津黃宗法律師代表梁氏親屬會具函，正式移交，其來函云：
>
> 逕啓者，關於梁任公先生口頭遺囑，願將生平所藏書籍借與貴圖書館一事，前荷
>
> 惠寄善本閱覽室規則、普通閱覽規則、借書規則暨收受寄存圖書簡章各一份，比即抄送任公先生之繼承人。茲受該繼承人等之委託，正式函達
>
> 貴圖書館，對於前述章則表示同意，並按貴館收受寄存圖書簡章第十條，內開各項聲明如下：

（一）藏書人之姓氏爲梁啓超，廣東新會人。其代表爲該氏之連續繼承人所組織之梁氏親屬會。住所在天津義租界西馬路二十五號

（二）關於寄存圖書之卷數，擬俟點交接收時確定之

（三）永遠寄存以供眾覽

（四）關於公開閱覽及出貸之辦法，悉願遵照前述各項章則辦理。但上述之梁氏親屬會對於寄存書籍願保留自行備用之優先權，並願遵守一切有關係之規則

（五）關於庋藏之條件（一）所有寄存書籍擬請圖書館代爲保險，所需各項保險費亦請圖書館代爲擔任。（二）除去前項所開之請求，五十年內梁氏親屬會不另請求其他任何條件，五十年以後，遇有必要時，梁氏親屬會得向圖書館商訂相當條件。

以上所開各節，即請

查照見覆，如荷

讚許，並希

剋日派員來津點收，至紉公誼，此致

國立北平圖書館

　　　　　律師黃宗法敬啓十九年二月廿四日

本館接函之後，即復函照准，並派員赴津點收，運送來平，計梁氏飲冰室全部藏書，刻本、鈔本共三千四百七十種，四萬一千八百十九冊。此外，尚有金石墨本及梁先生手稿、私人信札等，均重要史料也。本館接受此項書籍後，於二十年六月新館落成之日，特闢梁氏紀念室陳列先生平日所用書桌

文具，四壁度置金石書畫以資紀念，其書籍入藏書庫，並爲
編訂目錄。今當目錄發刊伊始，用誌其經過於簡端。

這是首次將梁任公先生飲冰室藏書的確實數量統計❸，也是僅有的
一段材料，筆者將之原文照錄，藉以明梁任公身後飲冰室藏書的去
向，或使後人研究梁啓超不無小補也。

（二）《梁錄》編撰的體例與書籍題跋的類型

《梁錄》的編撰始末，已略如上節所述。至於其體例，茲介紹
於後：

*此編以任公寄存之中文書籍及日文書籍爲限，其碑帖字畫及任公先
　生未刊稿本、私人信札不在內。

*每書先卷數、次撰述者時代姓名，次版本，次冊數，不分卷者稱不
　分卷，殘缺者稱存若干卷若干冊。

---

❸ 另鄒華享、施金炎所編《中國近現代圖書館事業大事記》1929年（民國十
　八年）1月19日條云：「原國立京師圖書館、北京圖書館館長、時任松坡圖
　書館館長梁啓超逝世，其遺言全部圖書捐贈國立北平圖書館，計130箱，
　有中文書2,421種，42,185冊，日文書433冊」，統計數字
　稍有異同。梁任公所收藏的金石拓本數量，據冀亞平、賈雙喜等編《梁啓
　超跋墨跡書法集》（北京，榮寶齋出版社，1995年3月北京第一版），頁254
　起〈梁啓超藏金石拓片目錄〉顯示商代五件，周代十四件，秦代四件，西
　漢十三件，東漢一二五件，三國十三件，西晉五件，東晉九件，十六國三
　件，南朝十七件，北朝四三四件，隋代九十三件，唐代三九三件，五代五
　件，十國二件，北宋二十六件，南宋十八件，遼一件，金五件，西夏一件，
　元代三件，明代五件，清代七十三件，民國四件，無紀年十六件，合計
　一二八七件，現均藏於北京圖書館善本部。

*凡書內有任公先生題跋者，錄刊原書目之下，其經批校者亦加註明。

*分類依四庫例，分經、史、子、集四部，各類以類相從，期於簡明。

*彙刻書籍別爲叢書部，有雖係叢刻書而義有專屬者，則仍依其性質分類，如初唐四傑集、盛唐四傑集，列唐別集末，金石叢書列金石類末，餘類推。

*朝鮮、日本各家撰述，殿其類之末。

*坊間出版書籍，其體與四庫例不甚相符者及日文書籍，附錄編末。

　　梁任公秉賦聰穎，讀書極爲勤快。據有位上過他課的學生回憶道：

> 他每天必得看完「京滬日報」和一本與「新青年」等齊厚的雜志，還得摘錄必要材料。每天固定要讀日文和中文書籍，縱在百忙中也全不偷懶。**❸❺**

大量閱讀及勤寫筆記，是任公治學方法極強調的一個步驟，在飲冰室藏書四萬一千餘冊，有許多書籍任公作了題跋，將這些題跋綜合歸納，大略可整理爲八種類型：

　　(1)名家稿本　　任公先生對於名家著撰原稿手跡，往往有題記說明，以示該稿本流傳始末及經手因緣。如有

　說文解字句讀稿本　　存二卷

　　清王筠撰　　原稿本　　存六冊

任公跋云：「王菉友自校說文句讀稿本，乙卯四月游九江，謁朱先

❸❺　見黃伯易〈憶東南大學講學時期的梁啓超〉一文，收入《文史資料九十四輯》（中國文史出版社出版）。

生祠堂，於其家敝麓中得之，萊友與九江交誼至篤，著書時多所商榷，九江遺集可稽也。丁巳四月重裝題記。」又如：

筠清館金石文字　　五卷殘存三　卷一卷二缺

　清吳榮光撰　　吳氏原稿本　六冊

任公題封面：「筠清館金石文字原稿，飲冰室藏。」卷末題：「款識皆荷屋自摹者，矯健樸茂，得未曾有也。丁巳六月，印昆爲余購自廠肆。啓超題藏。」

(2)著名學者批注校閱者　如宋羅泌《路史》，任公收藏爲明代萬曆喬可傳刻本，此書曾經清代學者惠棟（定字）經目批校，任公得此書欣喜之情狀，觀其題跋可知：「羅長源《路史》取司馬子長所謂縉紳先生難言者而言之，嗜博而荒之譏，信所不免，然其比類鉤索之勤，不可誣也。其國名記之一部條貫綿密，實史界創作，且其時古本《竹書記年》及皇甫安士輩所著書皆未亡佚，其所取材者多今日所不及睹，故可寶也。此本爲元和惠勢舊藏，每冊咸有定字先生名字小印，全部圈點，且有手批一百六十條，校補文字十三處，雖未署名，觀其考證之精審與書法之樸茂，則爲定字手澤無疑也。手批有朱墨兩種，墨筆手跡亦有十餘異書勢者，惠家累代傳經或其父子祖孫所經讀耶？得此如捧手與二百年前大師晤對，所幸何極！癸亥二月十五日梁啓超跋。」又如明崇禎四年嘉定馬氏遵宋本繕寫翻刻本《夢溪筆談》，任公在首冊（全十冊）第二頁空白處題跋：「民國三年在廣州得舊書數十種，此其一焉。頃偶翻讀，書中有校識若干條，圈點若干處，其識語一望而辨爲東塾先生遺墨，至足寶也。十年十一月啓超識。」又在清道光八年刻本《絕妙好詞箋》（宋周密編，清查爲仁註）跋云：「此東塾先生早年評點之本，爲王耕伯所得，

歸諸先生，先生即以贈耕伯，題一詩腠焉。五、六年前汪柏廬同年得諸海王村破書攤中，以余私淑先生也，持以見貽，全書除續編外，字字皆經筆圈評不多，而壹皆精絕，所批抹嚴於斧鉞，可謂一洗凡馬；推崇蘇、辛，而於草窗所錄稼軒三首深致不滿，可見先生宗旨所在矣。先生詩詞皆散佚不傳，讀此可窺其詞學一斑，又得遺詩一首，深足幸也。甲子十月後學梁啓超補跋。」

(3)有特殊意義者　任公對於同宗先人極爲敬重，如在明刻本梁斗輝撰《十三經繹》題跋云：「吾宗忠璇公斗輝著經繹九卷，胡石青得之坊肆以歸余。……此書不脫明人談經窠臼，自是時代使然，惟公之大節醇德藉此以傳，則吾子孫所宜永寶耳。辛丑三月三十日族孫啓超敬識。」又如任公之子梁思成曾聽任公講四書，所用教本爲

四書章句集註　　十六卷 附考四卷 定本辨一卷 讀本句讀一卷

宋朱熹撰　清吳英辨並句讀　吳志忠附考　清嘉慶十六年璜州

眞意堂影宋校刊本　八冊

任公題籤函面：「影宋本四書，飲冰授思成讀。」

在第二冊封面題云：「此書爲王文敏所藏，有潘文勤題籤，在今已成瑰寶矣。思成方將就學於外，懼其荒國學而隳大本也，以此授之，俾終身誦焉。壬子十一月啓超。」

任公對其長女梁思順極爲疼愛，有陳三立贈送

烈女傳集註　　八卷附補遺

蕭道管撰　　清光緒十八年刻本　四冊

以爲梁思順結婚賀禮，任公題封面云：「烈女傳得吾家無非孺人端校注，謂觀止矣。蕭氏斯本集諸家，益便籀讀，蕭爲陳石遺室，石

遺於吾嫻兒結縭日贈此助粧，意至可感，吾兒其襲藏之，且以自勵也。甲寅二月飲冰。」

此外，人事滄桑，不勝今昔之感，任公往往有眞情流露，如

散原精舍詩　二卷　續集二卷

陳三立撰　民國十一年上海商務印書館鉛印本　四冊

任公在封面題云：「與伯嚴別二十五年，今歲講學秣陵，始復合并，吾年五十而伯嚴且七十矣，九月晦同人集科學社爲伯嚴壽，而滬上適以此書至，俯仰離合，不能已於懷。」

任公題跋又有傷逝悼念之作，如麥孟華庵化，任公悲痛不已，在

半塘塡詞定稿　一卷　賸稿　一卷

清王鵬運撰　清光緒十年刻本　一冊

跋云：「漚尹刻鶩翁詞成，以初印本贈蛻庵，蛻庵攜赴日本，與余同客須磨之雙濤園，蛻庵歸，此本遂實我篋中十七年，蛻庵墓木亦拱矣，摩莎籤題，悵感無已。乙丑五月啓超。

(4)友朋贈送者　任公名滿天下，交游廣闊，由任公題跋之書可知贈者有蔣慰堂、周叔弢、唐士行、歐陽竟無、羅叔韞、趙堯生、錢念劬、陳叔通、余越園、戴循若、何澄一、吳印丞、徐仲可等人。如有

遺山樂府　三卷　附校記

金元好問撰　民國二年朱彊村據明弘治高麗刊本校刻　一冊

任公題封面云：「遺山樂府三卷，朱彊村所刻，甲寅浴佛日牡丹盛放時，吳印丞在崇效寺見贈。飲冰記。」

(5)作者贈送者　有時作者贈送書籍給任公，任公輒做題記，以

誌因緣，如有

樵風樂府　　九卷

　鄭文焯撰　民國二年仁和吳氏雙照堂刻本　一冊

　任公題封面云：「樵風樂府九卷，癸丑六月著者贈。飲冰室藏。」
又如

悔明軒稿　　不分卷

　楊守敬撰　清光緒間鄰蘇園刻本　一冊

　任公題封面云：「悔明軒稿，宜都楊守敬撰。楊君水地之學，
並世第一，此冊所存，皆釋地之文，精覈固無待言，吾方讀禹貢，
參考繹水、衡山、碣石諸篇，歎其獨到，書爲楊君手賜，瘉可寶也。
戊午六月啓超。」

　(6)重要版本者　任公書籍題跋，有時屬於重要版本者，任公不
忘特標明誌之，如有

大明會典　　二百二十八卷

　明申時行等重纂　明萬曆十五年刻本　六十冊

　任公加按語云：「大明會典有弘治、嘉靖、萬曆三次纂修之本，
四庫僅著錄弘治一百八十卷本，此部二百二十八卷即四庫未見之本，
乃萬曆四年敕修、十五年成書者，今缺第四十四至四十七冊。」又
有

野香亭集　　不分卷

　清李孚青撰　聚珍版印本　六冊

　卷端任公題云：「此書若非後人重印，則康熙間聚珍版矣，實
亦藏書家一掌故也。癸亥二月啓超記。」

　(7)獨抒疑問者　任公治學勤敏，常能自出心裁，獨抒己見，決

不人云亦云，拾人牙慧。如在清張潮編《昭代叢書》（道光十三年世楷堂刻本與昭代叢書別集合刻一百六十冊）之《約喪禮經傳》（海虞吳卓信著）跋云：「此書合儀禮、戴記經文注疏而序次之，於極複雜中得其條貫，洵善於治經者，若用此法施諸群經，並及子史，其省後學心力之勞，豈有量哉！卓信有漢書地理學補注，宏博爲斯學冠，其經學亦通粹乃爾，而清儒不甚推挹之，何耶？」又在《仁恕堂筆記》（長汀黎士宏著）跋云：「無甚獨到之處，其記隴西風土，頗可觀耳。錄西夏一碑文，可見當代文化之觳，而鳴沙石室藏異書頗多，何耶？」

（8）考鏡學術源流與評騭短長者　任公治學尤重學問路數淵源之考索，並能客觀地評騭短長得失，不阿其所私好或帶成見批評。如對清葉昌熾《語石》（清宣統元年刻本，四冊）跋云：「前清乾嘉以降，金石特盛，其派別亦三四，王蘭泉、孫淵如輩廣搜碑目，考存源流，此一派也，錢竹汀、阮雲臺輩專事考釋以補翼經史，此又一派也，翁覃谿、包愼伯輩特詳書勢，此又一派也，近人有顓校存碑、浮畫、石痕、別拓本之古近者，亦一派，其不講書勢，專論屬文義例者，亦一派也。此書專博不及諸家，而頗萃諸家之成，獨出己意，有近世科學之精神，可以名世矣。戊午正月二十七日購得，窮一日之力讀竟記之。」此對清代金石學家數派別，有明晰之歸納，同時對葉氏著作亦有公平之論列。又如對清鄭珍《巢經巢詩鈔》（清宣統間刻本，四冊）跋云：「鄭子尹詩時流所極宗尚，范伯子、陳散原皆其傳衣，……時流咸稱子尹詩爲能自闢門戶，有清作者舉莫能及，以余觀之，吾鄉黎二樵之疇匹耳。立格選詞有獨到處，惜意境狹。」再如對宋周密《草窗韻語》（影宋本，一冊）跋云：「草窗詞名掩其詩，然詩實清麗，無西江之生硬，無四靈之寒儉，不愧晚宋一名家也。此刻字體

亦挺秀可喜。甲子十二月十六日啓超題藏。」這些都可看出任公治
學能自出機杼的一個側面。

（三）《梁錄》書籍題跋與《文集》書籍題跋之比較

梁任公先生爲書籍作題跋的類型，大略可分爲如上節所列之八
種，然而由林志鈞所編的《飲冰室文集》（以下簡稱《文集》）之四十
四下書籍跋類與《梁錄》書籍題跋相互對勘，則知《梁錄》收錄任
公的題跋共有九十七則，而《文集》收錄任公的題跋僅有四十四則，
其中兩者重覆（皆有收錄者）者有十八則，因此今日吾人所能確知任公
對書籍作題跋的總數應爲一百二十三則。另外，由於《梁錄》的存
在，使吾人得知《文集》之四十四下書籍跋類所列之書名失之太簡
略，且未能標明卷數及版本，如任公題跋「梁忠璇經繹」（見《文集》
之四十四下頁 10），對照《梁錄》，才知爲

十三經繹　　九卷

明梁斗輝撰　　明刻本　　十二冊

又如任公題跋「南宋六陵遺事」（見《文集》之四十四下頁 8），對
照《梁錄》，才知此書爲清人鄞縣萬斯同所撰，卷數爲一卷，收錄
在清人張潮編的《昭代叢書》（清道光十三年世楷堂刻本與昭代叢書別集合
刻）第五十八冊內。其次，《梁錄》與《文集》的對照校讀，也使二
者瑕瑜互見、各有得失之現象彰顯出來，如以相同的十八則書籍題
跋視之，《梁錄》有二則題跋文字缺脫嚴重，其一爲經部宋羅泌《路
史》（明萬曆間樵可傳刻本）之題跋，缺脫一百零八字，茲據《文集》
引錄如次：

第一冊目錄下有稽瑞樓小印，知嘗歸常熟陳氏，續檢稽瑞樓
書目，云路史二十四冊，惠半農閱本，然則批點又出定宇前
矣，今此本正二十四冊，則襯紙亦惠氏之舊也。半農先生提
學廣東，吾粵人知有漢學，實先生導之，吾家有半農手書立
軸，當與此書同寶也。二月十六日再跋。

此則文字價值有二，一可得知任公再次題跋與前次題跋僅差一日，
二可得知惠半農爲廣東漢學之先驅，任公以爲是同鄉廣東之光寵，
並提及收藏其人手書，任公心情之愉悅躍然活現！另一則爲史部陳
子礪《勝朝粵東遺民錄》（民國五年刻本）之題跋，缺脫有七十四字，
亦據《文集》引錄如次：

吾二十六、七年前，習與子礪游，見其人溫溫若無所試，於
帖括外亦並不甚治他學，未嘗敬之也，不意其晚節矯然不淬
如此，且盡力鄉邦文獻，巍然不媿古作者之林，不讀此書，
幾失吾友矣，又識。

此則文字，任公與作者交遊及對此書推崇備至，給我們留下一個深
刻印象，同時也顯示任公惜才之情。至於《梁錄》子部之

瀛舟筆談　十二卷

清阮亨撰　原刻本　六冊

任公在第一冊封面題云：「阮中嘉瀛舟筆談十二卷，甲子臘不
盡三日粗讀一過，爲作提要。」

僅此寥寥二十五字，對照《文集》，方知此「提要」雖不在《梁
錄》，卻在《文集》之中（見頁16）：

瀛舟筆談十二卷，儀徵阮仲嘉亨所著，用以紀述其伯兄文達公元事業、學術、文章、行誼、家世、交遊者，文達於嘉慶四年撫浙，十二年奉代入覲，旋移督吾粵，其在浙也，於節署之後園，茸屋三楹，榜曰瀛舟，故仲嘉以名其書焉。其所記亦以文達去浙之年爲斷，卷一至卷三記文達平海賊蔡牽事，卷一總敘始末，卷二、卷三用日記體，頗多有益之史料，卷四、卷五記文達治浙其他政績，卷六記文達先德及其夫人事，卷七記文達重要著作，及其與當時諸經師之交誼，卷八、卷九、卷十記文達與師友倡和之詩，及當時交界雜事，卷十一錄文達所著四庫未收書目提要，卷十二記積古齋中金石。仲嘉以文達爲之兄，又師事焦理堂，故其學富於常識，以頗有別裁，此書實一種別體之年譜，以子弟記其父兄，故纖悉周備；惜所記有年限，文達在粵之遺聞逸事，吾儕所最欲知者，不可得見也。書中記其他掌故，亦多有關係，如顧亭林嘗更名圭年，謝蘊山曾輯史籍考（與畢秋帆似不相謀），談階平曾著疇人傳（文達似未見其書），皆他書所未見也。甲子十二月二十七日夜，榻上流覽，翌晨記之。

此題跋寫來鏗鏘有力，虎虎生風，既有文采，又具條理，評斷極爲明晰契要，不媿任公得意之手筆。我曾將《梁任公先生年譜長編初稿》與《梁啓超未刊書信手跡》互爲校讀，寫下感言道：

在校讀的過程中，吾人赫然發現《梁譜》保存了許多家信的原始文字風貌，而《手跡》因有《梁譜》的存在而得知佚失部分文字的內容，……於是《手跡》與《梁譜》合併互相補

充所缺之部分，形成「珠聯璧合」，此封殘缺不全的家信，就能重新恢復初始首尾內容齊全的樣子，《梁譜》也因有《手跡》影印本而知所遺漏或錯別字，可說明是收得相輔相成之效也。**㊱**

現在《梁錄》與《文集》之關係，亦可作如是觀之。

梁任公在《昭代叢書》第十二冊內跋云：

> 西藏考一卷，不著撰人名氏，趙之謙謂雍正初身至其地者，隨筆記錄之冊也，中紀里程頗詳覆，所錄唐盟碑全文尤可寶。戊午六月啓超記。

復跋云：

> 唐盟碑殆我國與他國為國際上平等條約，傳世最古者。

在《文集》則將之合而為一，其「西藏考一卷」條云：

> 不著撰人名氏，趙之謙謂雍正初身至其地者，隨筆記錄之冊也，中紀里程頗詳覈，所錄唐盟碑全文，尤可寶，唐盟碑殆我國與他國為國際上平等條約，傳世最古者，戊午六月。

由《梁錄》可知任公為〈西藏考〉作題跋兩次，如果僅由《文集》則無以顯示此一事實也。《梁錄》與《文集》互校，有少數文字稍

㊱ 見吳銘能〈學術的良知和嚴謹──梁啓超《年譜》和《手跡》校讀感言〉一文，收入《北京大學學報》哲學社會科學版第3期（北京，北京大學出版社，1996年5月）。現見於本書下篇。

有異同，不妨先列表書於附錄，至若查閱任公原跡手稿以定其是非，則俟諸來茲。

（四）《梁錄》對研究梁啓超的價值

清代孫詒讓著有《墨子閒詁》一書，史家評價極高，「精深閎博，一時推爲絕詣」[37]。孫氏逝世後，由《梁錄》之題跋，則知任公曾爲孫氏撰寫墓誌銘[38]。

根據《梁譜》記載，任公自民國十一年八月起赴南京、上海、蘇州等地講學，迄於民國十二年元月中旬因病始返天津寓所，前後約有半年之久。在此期間，任公頗爲用功，演講之餘，每星期還到支那內學院聽歐陽竟無講佛學三次，每次二小時，風雨無阻。《梁錄》的題跋爲吾人提供任公此階段研讀佛經的線索，經由題跋，則知任公研讀過的經典有

佛地經論　十卷

　親光菩薩等造　唐玄奘譯　民國五年金陵刻經處刻本　二冊

　封面任公題：「民國十一年十一月在金陵讀。啓超記。」

成唯識論　十卷

　法護等菩薩造　唐玄奘譯　清光緒二年金陵刻經處刻本　二冊

　封面任公題：「民國十一年十月以後在金陵所讀本。啓超記。」

解深密經疏　三十四卷

　唐釋圓測撰　民國十一年金陵刻經處刻本　十二冊

---

[37]　《清史稿》卷四百八十二列傳二百六十九儒林三。

[38]　梁任公在孫詒讓《墨子閒詁》叟封面手題云：「墨子閒詁，仲容先生之子來乞銘墓，以此爲贄，吾家所藏，此爲第五本矣。壬戌十月啓超記。」

第一冊封面任公題：「初印本解深密經圓測疏十二冊，歐陽竟無大師所贈。癸亥元旦啓超記。」

又跋：「此經有真諦，今因圓測去範四疏，餘三皆佚，測疏存日本續藏中，金陵刻經處於壬戌重刻成，其年除夕，竟翁寄到此本，實饋歲之良品也，謹記因緣如右。」

瑜珈師地論菩薩地真實品　附倫記

　唐遁倫集撰　歐陽漸彙集　民國十年金陵刻經處刻本　四冊

　第二冊封面任公題：「瑜珈真實品遁倫記，歐陽大師所贈，癸亥元旦啓超記。」

　又跋：「瑜珈倫記卷佚浩瀚，未能刻成，嘗此一臠，慰情聊勝，此第一次印本，尤可貴也。」

成唯識論述記講義　存二卷

　北京法相研究會編　鉛印本　存一冊

　封面任公題：「成唯識論述記講義第一冊。」

大唐大慈恩寺三藏法師傳　十卷

　唐慧立撰　彥悰箋　清宣統元年常州天甯寺刻本　三冊

　按：編者云有任公批校。

　另外，由家信則知任公講學南京時，基本上已戒酒，一切宴會邀請嚴格謝絕，然而唯一一次例外是「陳伯嚴老伯請吃飯，拿出五十年陳酒來吃，我們又是二十五年不見的老朋友，所以高興大吃」❸❾，結果任公大醉而歸。而任公的心境，年譜沒有明示，《梁錄》的一則題跋卻泄露了任公的感慨；

散原精舍詩　　二卷　續集二卷

　　任公題封面云：「與伯嚴別二十五年，今歲講學秣陵，始復合
　　并，吾年五十而伯嚴且七十矣，九月晦同人集科學社爲伯嚴壽，
　　而滬上適以此書至，俯仰離合，不能已於懷。壬戌十月一日啓
　　超手記。」

考任公在戊戌維新變法時期，陳伯嚴、黃公度、譚嗣同、唐才常等
人在長沙創辦時務學堂，聘任公爲總教解，又設南學會，出版報刊，
使湖南爲「全國最富有朝氣的一省」❹⓪，曾幾何時，戊戌失敗，任
公亡命海外十餘年，志士被捕處決或流放；二十五年後，任公與陳
伯嚴「始復合并」，而青春已去，「吾年五十而伯嚴且七十矣」，
人生之境遇，恍如夢寐，「俯仰離合」，任公「不能已於懷」，因
此破戒痛飲而醉，悲喜交加！

　　年譜說民國七年八、九月間任公「以著述過勤，致患嘔血病甚
久，而通史之作也因以擱筆」❹❶，復引陳叔通致任公書，以戒酒及
少看書二事相規勸❹❷，但似乎是沒有效果的，任公「惟鶩多聞」，
「乃至病中一離書卷，遽如猢猻失樹」❹❸，由《梁錄》題跋，則知
任公病中仍放不下書：

　　大方廣覺經大疏　　十六卷

---

❹⓪　湯志鈞《戊戌變法史論叢》（台北，谷風出版社，1986年10月），頁318。
　　　以及左舜生〈記梁任公〉一文，收入沈亦薇編輯《名作家筆下的名作家》
　　　（台北，落花生出版社，1970年10月）。
❹❶　年譜頁541。
❹❷　年譜頁546。
❹❸　年譜頁546引民國七年九月二十九日梁任公致林宰平居士書。

唐宗密述　清宣統元年金陵刻經處刻本　四冊

封面任公題：「圓覺經大疏都四冊，戊午九月點讀一過。啓超
記。」

在《昭代叢書》第五十八冊跋「庚申君遺事」條，有「戊午八月六
日病榻讀一過記此」，及第六十二冊跋「淥水亭雜識」條，有「戊
午八月病中讀竟記」之語，均可以作爲直接的證明。

案：《梁錄》題跋爲吾人提供任公研讀佛經的線索，除了以上
數種之外，近人屈萬里編撰《普林斯敦大學葛思德東方圖書館中文
善本書志》（台北，聯經出版公司，1984 年 7 月初版）卷三子部爲吾人留下
一條記載，則知任公飲冰室藏書有流落海外者（見原書頁 384），姑錄
下如次。

禪宗永嘉集註解　二卷　四冊　一函

明釋鎭澄註

明萬曆十五年刊本

卷內有「飲冰室」印記

梁任公著《清代學術概論》，與另一部著作《中國近三百年學
術史》，均是不朽之篇什，是研究清代學術史必備的參考書。由《梁
錄》可知，梁氏《清代學術概論》在當時至少有兩種日譯本（均爲日
本大正十一年鉛印本），一是渡邊秀方譯，另一是橋川時雄譯，可見任
公在彼時受日本學界之重視。

夏穗卿過世後，梁任公曾撰有〈亡友夏穗卿先生〉一文，其中
提到：

　　穗卿是晚清思想界革命的先驅者，穗卿是我少年做學問最有

力的一位導師。穗卿既不著書，又不講學，他的思想只是和
心賞的朋友偶然講講，或者在報紙上隨意寫一、兩篇——印
出來的著作，只有十幾年前商務印書館出版的一部中國歷史
教科書，也並非得意之作——他晚年思想到怎樣程度，恐怕
除了他自己外，沒有人知道。但我敢說，他對於中國歷史有
嶄新的見解——尤其是古代史，尤其是有史以前；他對於佛
學有精深的研究——近世認識「唯識學」價值的人，要算他
頭一個❹。

這是夏氏死後六日，任公所寫下的部分文字，迄至今日，吾人對夏
氏之學術仍理解有限，主因在於「既不著書，又不講學」，今人所
知也僅如任公所言一部中國歷史教科書，《梁錄》爲我們提供另一
認識，即夏氏曾與人合編有

京師圖書館善本簡明書目　　不分卷
　夏曾佑等編　民國五年鉛印本　四冊
僅寥寥數言，卻可補充任公所言及近現代圖書館史資料❹。
　　臺灣曾於民國五十九年影印《梁錄》成一冊，係以民國二十二

---

❹　《文集》之四十四上，頁18。
❹　據《北京圖書館館史資料匯編》（１９０９～１９４９）（北京，書目文
　　獻出版社，1992年10月第一版）上冊，〈１９１６年８月２１日教育部指
　　令第３２號同意送呈京師圖書館善本書目稿並印行流播〉條之文件，再配
　　合此處飲冰室收藏有「民國五年鉛印本四冊」，則知當時行政效率頗佳，
　　時京師圖書館館長爲夏曾佑。另鄒華享、施金炎編《中國近現代圖書館事
　　業大事記》（長沙，湖南人民出版社，1988年12月第一版），則缺此條資
　　料，再版時宜補入。

年十月國立北平圖書館鉛印本爲底本，由進學書局出版，古亭書屋
經銷，可惜缺了子部及集部書目，因此完整的《梁錄》當是現存北
京圖書館分館的手寫本，凡三冊一函，是研究任公目錄學思想的重
要資料。

五、本章小結

綜合以上各節之論述，可總結有以下五點：

1.中國圖書之分類有經、史、子、集四部法，每部各細分若干子
目，已有千餘年的傳統。明代祁夷度及清代章學誠對於實際從事分
類的編目工作，提出了許多重要的理論（見第一節第二部分）。任公對
他們二人極爲推崇，以爲可以作爲今後圖書分類的重要參考原則；
西方杜威十進位圖書分類法雖方便，卻不能完全比附來做中國圖書
的分類。這是充分肯定中國傳統圖書分類自成體系，有自己民族的
文化特色。

2.任公指出中國傳統正史之藝文志、經籍志，私人著錄如陳振孫、
晁公武之書錄提要，四庫總目及佛教的經錄，以及藏書家之題跋札
記，均可以提供豐富的資料及複雜的方法。他撰寫〈佛家經錄在中
國目錄學上之位置〉一文，以及編纂中國圖書大辭典，即是對自己
主張的實踐，嘗試提出建設「中國的圖書館學」，作爲研究中國文
化的入門鑰匙，可見這一項工程是總結中國傳統圖書分類的各項優
點。

3.任公最喜示後學治學門徑，從早年〈西書提要〉、〈東籍月旦〉
示讀西書次第，到晚年講「中國歷史研究法」及撰寫〈要籍解題及

其讀法）等，是延續宋代陳振孫書錄解題以來的傳統，不脫舊瓶新酒之意，他也肯定這是治學極要的途徑。

4.任公指導學生將其書齋飲冰室藏書編目，由今日所見稿本觀之，則知只完成經史二部及子部之四分之一，共二十一卷，其中經部分十類，史部亦分十類，每類再細分若干目，仍然遵循傳統四部分類法的原則。可見任公對自己藏書之編目，在實際運作仍以傳統爲宗尚。任公身後，其助手將編寫飲冰室藏書目完全中輟，以後也未繼續；另外，由近人屈萬里編撰《普林斯敦大學葛思德東方圖書館中文善本書志》卷三子部爲吾人留下一條記載，則知任公飲冰室藏書有流落海外者。

5.由《梁氏飲冰室藏書目錄》所錄書籍題跋，本章整理出任公爲其藏書所作題跋共有八種類型，其題跋文字與今文《飲冰室文集》校讀，則知《飲冰室文集》所列之書名失之太簡略，且未能標明卷數及版本，而文字脫缺，二者各有所短。另外，經由題跋的文字線索，本章亦提供了任公晚年治佛學及生活狀況的一個參考視度，補充了《梁任公年譜長編初稿》所未及之處。

附錄一　《梁錄》與《文集》書籍題跋文字異同對照表

書名	梁　　錄	文　　集
一	則公下獄	則公之下獄
	藉此以傳	藉此以傳一二
	辛酉三月三十日族孫啓超	（缺）
	壬寅萬曆三十年	壬寅爲萬曆三十年
	（缺）	辛酉三月三十日

二	皇甫 *安士*	皇甫 *士安*
	手批一百六十條	手批一百六十 *餘* 條
	校補文字十三處	校補文字 *十餘* 處
	墨筆 *手跡* 亦 *有* 十餘條	墨筆亦十餘條
	（此一〇八字缺）	第一冊……二月十六日再跋
三	子礦在清	子礦在 *晚* 清
	而粵顧 *黯* 然	而粵顧 *闇* 然
	（此七十字缺）	吾二十六、七年前……又識
四	*影* 刊其首	*景* 刊其首 *葉*
	殘本 *亦影* 其所殘之葉	殘本 *則景* 其所殘之葉
	久恐爲大力者負之以趨	*非* 久恐爲大力者負之以趨
五	金石特盛	金石 *之學* 特盛
	阮 *雲臺* 輩	阮 *芸臺* 輩
	存碑、*浮畫*、石痕、別拓	存碑 *之字畫*、石痕、別拓本、專
六	抑亦運會 *與* 降然耶	抑亦運會 *升* 降然耶
七	*詳* 加考證	*謹* 加考證
八	爲前 *世* 未聞之慘劇	爲前 *史* 未聞之慘劇
	羅 *銑*	羅 *銳*
	會通而 *疏證* 之	會通而 *證疏* 之
	啓超記同日	*戊午八月六日*
九	可爲 *俗* 儒闢異端者當頭一棒	可爲 *僧* 儒闢異端者當頭一棒
十	宋史藝文 *略* 俱著錄	宋史藝文 *志* 俱著錄
	蓋皆奉敕	蓋皆奉敕 *撰也*
	戊午六月 *梁啓超記*	戊午六月
十一	戊午六月 *梁啓超* 讀竟記	戊午六月讀竟記

十二	戊午六月啓超記	（缺）
十三	浙江仁和人	*濟*，浙江仁和人
	戊午六月*啓超記*	戊午六月
十四	*令*惟附管子以傳耳	今惟附管子以傳耳
	戊午六月*啓超記*	戊午六月
十五	死守*瀚*洲	死守*蜯*洲
	晚明忠義之*氣*	晚明忠義之*盛*
	戊午六月*啓超記*	戊午六月
十六	亦有可*探*者	亦有可*看*者
	癸亥十二月*啓超*	癸亥十二月

書名說明

一、十三經繹　九卷

　　明梁斗輝撰　明刻本　十二冊

二、路史　四十七卷

　　宋羅泌撰　明萬曆間喬可傳刻本　二十四冊

三、勝朝粵東遺民錄　四卷 附錄一卷

　　陳伯陶輯　民國五年刻本　四冊

四、留眞譜初編　不分卷

　　楊守敬輯　清光緒二十七年宜都楊氏刻本　十二冊

五、語石　十卷

　　葉昌熾撰　清宣統元年刻本　四冊

六、青邱高季迪先生詩文集　大全集十八卷 補遺一卷 詩餘一卷

　　附錄一卷 鳧藻集五卷　明高啓撰　清金檀輯注　清雍正六

年桐鄉金氏文瑞樓校正精刻本　六冊

七、昭代叢書

清張潮編　清道光十三年世楷堂刻本與昭代叢書別集合刻一
百六冊　第五十八冊庚申君遺事　一卷　鄞縣萬斯同輯著

八、昭代叢書第五十八冊南宋六陵遺事　一卷

清鄞縣萬斯同撰

九、昭代叢書第六十二冊淥水亭雜識　一卷

滿州納蘭成德著

十、仰視千七百二十九鶴齋叢書　五集三十七種七十四卷

清趙之謙編　清光緒六年原刻本　三十冊

第九冊景祐六壬神定經　二卷

宋楊維德奉敕撰

十一、鶴齋叢書第十冊天問閣集　三卷

明李長祥撰

十二、鶴齋叢書第十二冊西藏考　一卷

不著撰人名氏

十三、鶴齋叢書第十三冊讀史舉正　八卷

清張熷撰

十四、鶴齋叢書第十五冊弟子職注　一卷

清孫同元撰

十五、鶴齋叢書第十五冊餘生錄　一卷

明張茂滋撰

十六、鶴齋叢書第二十六冊憶書　六卷

清焦里堂撰

附錄二　以北京圖書館收藏梁啓超碑帖題跋墨跡校勘今本《飲冰室文集》之四十四（上）碑帖跋類文字

名　　稱	《飲冰室文集》文字	墨　跡　原　文
漢萊子侯殘石	以嘉慶二十二年出土	以嘉慶廿二年出土
漢昆弟六人買山地記	距刻時凡千七百四十八年延熹五年眞道冢碑	距刻石時凡千七百四十八年 延熹五年眞道冢地碑
漢郙閣頌	（銘能按：此跋前半與墨跡一致，後半在另頁著錄。編者將此跋割裂爲二，太不愼矣！）	
魏高貞碑	丁巳臘矣	丁巳臘半
阮芸臺先生畫像	乃以其私衷籲軍吏 又豈余所計也	乃以其私衷籲軍吏 又豈余所能計也
晉李苞潘宗伯閣道題字	以木牛運糧大破司馬懿	以木牛運大破司馬懿
魏鄭道忠志	諸體雜出而皆歸於正	諸體雜出而皆軌於正
魏李謀志	當是初出拓也	當是初出土拓也
薛稷書張元隱眞庵記	（銘能按：此跋初次題記闕錄）	石墨鐫華卷五著錄宋于眞菴記一種，云此徽宗爲道士，于元隱羽化作都轉運使。仕諒撰記而集唐歐虞褚薛顏柳李陽冰諸書者也，其書歐虞褚居十之七，顏柳薛才間出，集刻俱善，但書而百衲殊不足觀，存之以備一種。此本剝顓舛，文不能盡讀，然中屬有歐陽詢書四字，且細審筆法，確多歐虞，且確雜有顏柳趙子，函百衲之說似非全無據，然碑首明云有唐張先生，碑末云儀鳳元年，且元隱姓張不姓于，篇中亦不見任諒撰記語，豈趙氏所見別有一本耶？姑錄此，俟他日再考。 戊辰清明　梁啓超跋
	欲密處不通風，宜學圭峰。 至於用筆纖瘦，結子疏	欲密處不通風，宜學道因。 至於用筆纖瘦，結字疏通，又自別爲

	通,又自別爲一家。	一家。
雙鉤本褚書隨清娛墓志	特末**知**刻石酋在何處耳云云。 雖非孤本,恐亦不可多得矣。	特末**審**刻石酋在何處耳云云。 雖非孤本,恐亦不可**別**多得矣。
魏馬鳴寺碑	(銘能按:此跋後數語,文集闕錄)	如而通用經傳釋詞詳舉其例, 不意六朝時尙有此。
東陽本蘭亭 褚臨禊序	(銘能按:此帖任公有初跋、再跋,文集將此截別爲二,殊不 知爲一帖二跋,無此墨跡校勘,幾爲文集所欺蒙也!)	
泰泰山刻石殘字	泰山刻石二十九字	泰山刻石**卄**九字
晉孫夫人碑	舊**跋**至可寶	舊**拓**至可寶
宋拓爭坐位帖	(銘能按:此跋文集闕 錄部分文字)	程易疇致僅鈐印而不署名,必其家藏 也。殆出程氏,即入筠清館耳。跋題 於嘉慶十年乙丑,距今恰花甲再周矣 乙丑正月十七日啓超記
明搨雁塔聖教 序記	七百**年**前俊物也 末葉治字尙如舊**拓**,近 則兩口悉封矣	七百前俊物也 末葉治字尙如舊,近**拓**則兩口 悉封矣
唐顏魯公書金天王神祠 碑	爲宰相所厭,出**刺**蒲州, 又爲御史唐旻**劾誣**,貶 饒州	爲宰相所厭,出**判**蒲州,又爲 御史唐旻**誣劾**,貶饒州
唐顏魯公書李玄靖碑	然其氣骨實無不從篆隸來 顧不得善搨,亦終未有入	然其氣骨實無一不從篆隸來 顧不得善搨,亦終未有**所**入
魏元倪墓志	眞如萬壑爭流,使人目**眩**	眞如萬壑爭流,使人目**駭**
魏兗州刺史張滿志	孝**王**自題籤云	孝**五**自題籤云
唐道因法師碑	是師於丱年已精擘**攝 論**,又云攝論維摩,仍 出章奏。 此**石**即其一,又不徒以 書之工見重而已	是師於丱年已精擘**攝大乘論,了達法 相,故得與慈恩譯場十二人之列也。 碑又稱**攝論維摩,仍出章奏。 此**碑**即其一,又不徒以書之工 見重而已
隋蜀王美人董氏墓志	用**志**美人,愈增其**好**	用**誌**美人,愈增其**妍**

魏劉懿志	史傳及*他*碑版所未見也	史傳及*其它*碑版所未見也
魏汝南縣主簿周哲志	然泐文不在和字下而在十字*下*，何耶？ 果爾，則魏墓志當以韓顯宗爲最古	然泐文不在和字下而在十字下，何耶？ 果爾，則魏墓志當以韓顯宗爲最古*矣*
魏李璧墓志	當時曾武斷*與*張猛龍、賈思伯同出一人手	當時曾武斷*爲*張猛龍、賈思伯同出一人手
魏高湛志	尚不失高曾*矩矱*耳	尚不失高曾*矱矩*耳
魏元萇振興溫泉頌	其北碑中之魯男子也與	其*斯*北碑中之魯男子也與
周驃騎將軍韋賓墓志	（銘能按：文集闕錄此段）	別有銅梁王氏舊藏本，此近拓不足貴
魏江陽王妃石婉墓志	（銘能按：文集闕錄此段）	妍媚而飛動，似美人而擅武舞者，盛魏駿品也。　丁卯三月晦　　任公再記
漢曹全碑	（銘能按：此跋文集闕錄後半段文字）	銘能按：任公收有經朱竹垞、翁覃谿遞藏漢曹全碑拓本，竹垞原跋已被揭去，任公依本集補錄（文長不具錄），故有跋云「據翁覃谿稱竹垞原有手跋爲其家人揭去，故依本集補錄於此。乙丑正月廿八日　任公」
漢武氏石闕銘	（銘能按：此碑拓本任公曾三次題跋，文集僅錄末跋，前二跋闕焉。）	筠清館舊藏武氏石闕銘，今歸飲冰室。乙丑正月　啓超記漢碑皆不著書者之名，而每詳紀石工，張遷之孫興、嶽廟之杜遷、此闕之孟季孟卯皆是也。師子之彫刻，未審有前乎此否？此爲藝術史上一重要掌故，宜細考。關及師子所直，爲研究漢代物價工價一資料。 　　　乙丑立春後三日　啓超記
漢劉平國紀功摩	此拓二印 蓋當*時*戍邊將校歸裝所載耶	此拓*有*二印 蓋當戍邊將校歸裝所載耶

漢鄭季宣碑陰	第二行故孟二字，第三行內字，皆完好，乾嘉升碑前舊拓也。	第二行故孟二字，第三行內字，**第四行方字**，皆完好，乾隆升碑前舊拓也。
漢趙王上壽刻石	除鼓存疑外	除**石**鼓存疑外
漢陳德殘碑	陳德殘碑之雄傑厚重，漢分**書**中罕比	陳德殘碑之雄傑厚重，漢分中罕比
漢右扶風丞犍爲武陽李士休表殘字	李君之諱或爲禹，猶不如字下士休二文晰。	李君之諱或**犀**爲禹，猶不如字下士休二文**之**晰。

本章第四節「《梁氏飲冰室藏書目錄》初探」曾以〈梁任公先生與飲冰室收藏書籍題跋〉爲題，發表於《國家圖書館館刊》（台北，國家圖書館，1997 年 6 月）。又本節撰寫期間，承蒙吳栢青先生惠賜古亭書屋影印出版《梁氏飲冰室藏書目錄》，盛情可感，特表謝忱。

本章於二○○○年一月廿四日修訂完成

第三章　梁任公的古書辨僞學

一、梁任公古書辨僞與疑古學派之關係

　　自顧頡剛提出了「層累地造成的中國古史」假說，對傳統上古史提出了強烈懷疑，掀起了學術界著名的古史辨運動之後，梁任公也講「古書眞僞及其年代」，以爲對疑古學派的回應。但任公的辨僞與疑古學派是有極大不同的，這其間的差異，根源在於雙方對傳

統文化的認知不同。

（一）疑古學派的興起

錢穆《兩漢經學今古文平議》自序云：

> 康長素、廖季平……惟其先以經學上門戶之見自蔽，遂使流
> 弊所及，甚至於顛倒史實而不顧，凡所不合其所欲建立之門
> 戶者，則胥以僞書僞說斥之。於是不僅群經有僞，而諸史亦
> 有僞，輓近疑古辨僞之風，則胥自此啓之。❶

錢氏之言，頗能道出民國疑古學風興起之根源。然而，胡適由西方
帶回「實驗主義」的科學口號，高唱入雲，更起了拉枯摧朽的作用。
因此，可以這麼說，康有爲繼承了中國傳統疑古辨僞的思潮，以《新
學僞經考》及《孔子改制考》的面目作爲一己宣傳維新的政治主張，
其影響是鉅大的：

第一、清學正統派之立腳點，根本動搖。

第二、一切古書，皆須重新檢查估價，此實思想界之一大颶風
也❷。

而胡適介紹西方的實驗主義和個人主義，攻擊『孔家店』與不
合時宜的陳腐道德，改革傳統繁文褥節的喪禮，宣揚民主自由、科
學精神，並親手整理「斷爛朝報的中國哲學史，澄清了浮夸淫瑣的
文字障，創立了新式標點」，在短短幾年之間，中國社會掀起了朝

---

❶　錢穆《兩漢經學今古文平議》（台北，東大圖書公司，1978年7月臺再版），
　　自序。

❷　梁啓超《清代學術概論》頁56。

氣蓬勃的活力，整個思想界活活潑，熱鬧非凡❸；顧頡剛由康有爲著作得到了古書有許多都是不可靠的啓示，但他並不盲目接收，只同意諸子託古改制及六經中參雜了許多儒家的託古改制，並不信服孔子作六經之觀點，同時對今文家也極度不滿❹，在上了胡適新方法洗禮的課後，提出了「層累地造成的中國古史」之假設，不僅是大膽的，而且也是空前所未有之議論，實較康有爲更跨進了一大步，因此所引起之爭論，乃較前爲大。

顧頡剛致書與錢玄同討論中國上古史問題，提到對崔述《考信錄》極爲欽佩，但不滿意之處有兩點：

> 第一點，他著書的目的是要替古聖人揭出他們的聖道王功，辨僞只是手段。他只知道戰國以後的話足以亂古人的眞，不知道戰國以前的話亦足以亂古人的眞。……所以他只是儒者的辨古史，不是史家的辨古史。第二點，他要從古書上直接整理出古史蹟來，也不是妥穩的辦法，因爲古代的文獻可徵的已很少，我們要否認僞史是可以比較各書而判定的，但要承認信史便沒有實際的證明了。崔述相信經書即是信史，拿經書上的話做標準，合的爲眞，否則爲僞，所以整理的結果，

---

❸ 李敖《胡適研究》（台北，文星書店，1964年3月初版），頁2～4。

❹ 顧頡剛《古史辨》（台北，藍燈文化事業公司，1987年11月初版），第一冊自序云：我覺得他們拿辨僞做手段，把改制做目的，是爲運用政策而非研究學問。他們的政策，是第一步先推翻了上古，然後第二步說孔子託古作六經以改制，更進而爲第三步把自己的改制引援孔子爲先例，因爲他們的目的只在運用政策作自己的方便，所以雖是極鄙陋的讖緯也要假借了做自己的武器而不肯丟去。

他承認的史蹟亦頗楚楚可觀。但這在我們看來，終究是立腳不住的，因爲經書與傳記只是時間的先後，並沒有截然不同的眞僞區別，假定在經書之前還有書，這些經書又要降做傳記了。我們現在既沒有「經書即信史」的成見，所以我們要辨明古史，看史蹟的整理還輕，而看傳說的經歷卻重，凡是一件史事，應當看牠最先是怎樣的，以後逐步逐步的變遷是怎樣的。❺

顧頡剛並提出他對上古史的看法，以爲從《詩經》中可推知東周只有禹，而從《論語》中可知東周末年有堯舜，更在禹之前，戰國到西漢又創造了許多古皇、帝，「時間越後，知道的古史越前；文籍越無徵，知道的古史越多」。於是，他提出「層累地造成的中國古史」假說，並解釋此說有三個意思：

> 第一、可以說明「時代愈後，傳說的古史期愈長」……周朝人心目中最古的人是禹，到孔子時有堯舜，到戰國時有黃帝神農，到秦有三皇，到漢以後有盤古等。
>
> 第二、可以說明「時代愈後，傳說中的中心人物愈放愈大」如舜，在孔子時只是一個「無爲而治」的聖君，到堯典就成了一個「家齊而後國治」的聖人，到孟子時就成了一個孝子的模範了。
>
> 第三、我們在這上，即不能知道某一件事的眞確的狀況，但可以知道某一件事在傳說中的最早的狀況。我們即不能知道

---

❺　顧頡剛〈與錢玄同先生論古史書〉，收入同前揭書，第一冊，頁59～60。

東周時的東周史，也至少能知道戰國時的東周史；我們即不
能知道夏商時的夏商史，也至少能知道東周時的夏商史。❻

錢玄同對此大表贊揚，並希望他能以此方法，「常常考查，多多發
明」，同時也提醒顧頡剛，從前學者對於古書疑點，並不是毫無懷
疑，「如唐之劉知幾、柳宗元，宋之司馬光、歐陽修、鄭樵、朱熹、
葉適，明之宋濂、梅鷟、胡應麟，清之顧炎武、胡渭、毛奇齡、姚
際恆、閻百詩、萬斯大、萬斯同、袁枚、崔述等人都是。不過那些
時代的學術社會處於積威的迷信之下，不能容受懷疑的批評，以致
許多精心的創見不甚能提起社會的注意，就是注意了也只有反射著
厭惡之情」❼。

顧頡剛提出「層累地造成的中國古史」之假設，最先表示反對
的是劉掞藜，同時胡堇人也對顧氏「附會周納」無法苟同，並要其
拿出充分證據來❽。顧頡剛對劉、胡二人的反駁，發表了〈答劉、
胡兩先生書〉回應，提出了八個小題目做為討論的重點：

(1)禹是否有天神性？

(2)禹與夏有沒有關係？

(3)禹的來歷在何處？

(4)〈禹貢〉是什麼時候做的？

(5)后稷的實在性如何？

---

❻　同前揭書，頁60。

❼　顧頡剛《古史辨》第一冊，自序。

❽　劉掞藜及胡堇人的意見，俱見《古史辨》第一冊，頁83～89及頁93～96。

(6)堯舜禹的關係如何？

(7)〈堯典〉、〈皋陶謨〉是什麼時候做的？

(8)現在公認的古史系統是如何組織而成的？

　　由此項目觀之，可知非僅是考據某一書篇之眞僞，亦牽涉到重新整理上古信史之標準，故非少數一二人即可以完成，亦非短時期即能有所結論。

　　錢玄同也發表了〈研究國學應該首先知道的事〉文章爲顧氏聲援❾。之後，顧頡剛和劉掞藜皆有長篇文字討論，雙方在同樣之典籍上，各有不同詮釋，在無出土文物驗證下，孰是孰非，殊難判定。其後，柳詒徵以顧氏不知《說文》誼例駁之，引起顧頡剛、錢玄同、魏建功等人的不同意見，古史辨運動於焉展開。今由《古史辨》七大冊，收錄了民國九年十一月至民國二十七年一月止，整整跨越了近十八年之久，共計三百二十七篇的辨僞文章，可以知道這個運動的盛況！

　　古史辨運動興起，在學術上的影響是深遠的，至少表現在兩個方面：

　　（一）把一切經典都當作歷史的文獻（document）來處理，就此而言，已超越過清代乾嘉考據學家的眼光，而且也比崔述和康有爲更跨進了一大步。❿

　　（二）以歷史進化論的觀點來看經書，走入史學研究的領域，

---

❾　同前揭書，頁102～105。

❿　見余英時〈顧頡剛、洪業與中國現代史學〉一文，收入氏著《史學與傳統》（台北，時報文化出版公司，1982年1月初版），頁263～279。

對中國史學之現代化具有奠基之功。❶

（二）梁任公對疑古學派的回應

前述顧頡剛受其師胡適的新方法影響之下，大膽地提出「層累地造成的中國古史」假說，引起古史辨運動的展開，梁任公處在這種對一切傳統重新估價與批評的大環境中，究竟如何自處與回應呢？

梁任公在歐戰後赴歐洲考察的觀感，以及西方學者對中國文化的推崇（詳見本文〈梁任公的先秦諸子研究〉章第一節「先秦諸子研究的時代背景」），使得他對中國文化深具信心，所以當有人主張「專打孔家店」、「線裝書應當拋在茅坑裏三千年」的論調❷，他卻以爲經籍爲國性所寄，是全國思想之源泉，古書訓詞深厚，含意豐宏，能藉理解古書的基礎來闡發新思潮，因此他主張學校讀經❸。最鮮明的例子，是顧頡剛寫信問程憬「孔子學說何以適應於秦漢以來的社會」，程憬回信答道：

> 孔子是第一個能賞識階級社會的人，所以他首先爲權力階級製造了一大批護身寶物——所謂精神感化的道德律，即是禮教。他用禮教來做拘束行爲的工具。他曾勸人要安貧賤、守禮義，其實只要勸人要默認權力階級的權利而已。這句話並不是冤枉他的。我們試問：人爲什麼會有富貴和貧賤的區分？

---

❶ 同前註，及施奈德著，梅寅生譯，《顧頡剛與中國新史學》（台北，華世出版社，1984年1月初版），譯序。

❷ 梁任公《儒家哲學》，頁6。

❸ 梁任公〈學校讀經問題〉，收入《飲冰室文集》之四十三，頁80～81。

所謂禮義的標準是什麼？他又說「天下道，則禮樂自天子出……」這種話的實際效用，不過是替「人君」造成一條控制「人民」的鞭子罷了。❹

傅斯年也以爲「孔子的國際政治思想，只是一個霸道，全不是孟子所謂王道」❺。錢玄同更以康有爲、崔適的基礎，知道劉歆僞造了古文經，經中的記載，十之八九是儒家的託古改制，加上葉適、姚際恆、崔述等人的觀點，以及其他書籍「惑經」的議論，而有如此的看法：

> 「六經」固非姬旦底政典，亦非孔丘底「託古」的著作（但其中有後來底儒者「託古」的部分；《論語》中道及堯、舜、文王、周公，這才是孔丘底「託古」）；「六經」底大部分固無信史的價值，亦無哲理和政論底價值。❻

對類似這樣強烈地非難儒家經典，指責孔子的話，任公的解釋是：

> 有人説自漢武帝以來，歷代君主皆以儒家作幌子，暗地裏實行高壓政策，所以儒家學問，成爲擁護專制的學問，成爲奴辱人民的學問。誠然歷代帝王，假冒儒家招牌，實行專制，此種情形在所不免，但是我們要知道，幾千年來最有力的學派，不惟不受帝王的指使，而且常帶反抗的精神。儒家開創大師，如孔、孟、荀都帶有很激烈的反抗精神，人人知道的，

---

❹　顧頡剛《古史辨》第二冊，頁148。

❺　同前揭書，頁153。

❻　錢玄同〈答顧頡剛先生書〉，收入《古史辨》第一冊，頁69。

可以不必細講。東漢為儒學最盛時代，但是後漢書黨錮傳，皆屬儒家大師，最令當時帝王頭痛，北宋二程，列在元祐黨籍，南宋朱熹列在慶元黨籍，當時有力的人，摧殘得很厲害，又如明朝王陽明在事業上雖曾立下大功，在學問上到處都受摧殘。由此看來，儒家哲學也可以說是伸張民權的學問，不是擁護專制的學問，是反抗壓迫的學問，不是奴辱人民的學問，所以歷代儒家大師，非惟不受君主的指使，而且常受君主的摧殘，要把賊民之罪加在儒家身上，那真是冤透了。**⓱**

由於任公肯定儒家文化的價值，疑古學派輒對傳統所表現出的缺點，大加撻伐，必欲去之而後快，兩者在心態與意圖已迥然不同，所以即使是同樣詮釋典籍，辨別古書真偽，同樣強調客觀的立場，但卻有相當大的歧見。

其次，對於疑古學派的疑古辨偽，任公有他自己的看法：

最近疑古最勇，辨偽最力的，可舉二人作代表，一個是胡適，一個是錢玄同。我們看辨偽學者的手段，真是一步比一步厲害，康南海先生比較劉逢祿、魏源已更進步了，胡適比康先生又更進一步，到了錢玄同不但疑古，而且以改姓疑古，比胡適又更徹底了。……最近對於胡適、錢玄同等用科學的方法和精神，提出無人懷疑的許多問題，雖然不能完全同情，最少認為有力的假定，經過了長期的研究，許有一天可以證實的，但如錢玄同之以疑古為姓，有一點變為以疑古辨偽為

⓱ 梁任公《儒家哲學》，頁9～10。

職業的性質，不免有些辨得太過。疑得太過的地方，我們不必完全贊成他們辨僞的結論，但這種精神總是可貴的，他們辨僞結論，若有錯了的，自然有人出來洗刷，不致使眞事眞書含冤，若不錯，那麼僞事僞書便無遁形了，所以我們如努力求眞，這種辨僞學的發達是大有希望的。❶

這一段可以了解任公對「疑古」的態度，是歡迎接受的，並沒有排斥的意味，而且認爲應當把握這種精神，以爲做學問的基本態度。至於對疑古太過之處，則持保留態度，希望多做進一步的論辯。

關於任公與胡適在辨僞及經籍等問題的歧見，除了有屈原的觀點不一致外❶，主要原因在於對傳統的理解不同，其他另見本文〈梁任公與胡適論學的時代意義〉章，有詳細而深入的分析。

任公在辨僞學方面的專著，以民國十六年二月至六月在燕京大學講演「古書眞僞及其年代」最爲重要，其中有些地方對疑古學派

---

❶　梁任公《古書眞僞及其年代》（台北，中華書局，1982年11月台七版），頁38～39。

❶　胡適因爲反對舊注家種種荒謬的注解，處處做忠君憂國的牽合比附，於是有「屈原這個人究竟有沒有」的疑問，進而以爲屈原是「箭垛式」的人物，是傳說中的人物，最後考證辨僞的結局是「史記本來不很可靠，而屈原、賈生列傳尤其不可靠」。胡適的考證見〈讀楚辭〉一文，收入《胡適文存》第二集。梁任公對屈原的考證，基本上相信《史記》列傳上的記載，以《史記》及《楚辭》中的線索做考證，用了很多「大略推算」、「亦應」、「當」、「假定」、「不能晚於」、「大概」的推測語，可見任公亦不能肯定屈原的實際年歲，那是受資料所限，不得不如此，但比起胡適的考證，顯然較能持平論證。梁任公的考證見〈屈原研究〉，1922年11月3日爲東南大學文哲學會講演，收入《飲冰室文集》之三十九。

者如胡適、錢玄同等人有諸多批評（見前徵引），因此其弟子將此系列講演記錄整理成《古書真偽及其年代》一書，可視為對疑古學派的回應，以下將對此書內容深入探討。

二、梁任公古書辨偽理論及其實踐

任公懷疑古書的真偽，以為研究歷史的第一步工作，就是要能夠「鑑別史料」的真偽，如果史料是偽造的或不可靠，一切的研究都是徒然，所以辨識史料真偽就非常重要了。

中國歷史雖悠久，但戰亂頻仍，典籍極易在兵荒馬亂之中被蹂躪湮沒，學者每有「藏書」之歎❷⓪！加以國人生性好古，偽造古書和古書無意中被誤識的現象相當普遍，而在歷代傳抄、翻印、箋注、散逸聚攏、補作之中，篇目又有損益，故古書中真偽殽雜、是非難辨，在在影響後人對史實的認識，因此一套辨識古書真偽的方法，使古書偽造者無所遁形，各還其本來面目，也就應運而生了。

對於古書的真偽抱持懷疑的態度，在中國有長遠的傳統。早在

---

❷⓪　清人尤侗《艮齋雜說續說》（李肇翔、李復波整理，北京，中華書局，1992年7月第一版）卷四云：物之聚者，未有不散，不獨財色然也，書亦有之。自秦火作俑，其後劉歆七略，一萬三千餘卷，新莽燒之；湘東蓄書十四萬卷，江陵破，悉自燒之。王世充得隋書八萬餘卷，沒有砥柱，開元四部、太和十二庫、宣和太清龍圖所儲，皆遭兵燹，無孑遺者，何況士庶之家乎？先祖文簡公造萬卷樓，一夕而於火，近則錢氏之絳雲樓，其續也，予修明史，纂藝文志，經史子無論，即集部至三千餘種，然僅存姓氏題目，而書之有無，大半不可問矣。文章劫運，彈指滄桑，而一二儒生，尋章摘句，沾沾自喜，詫為必傳，亦可歎也！

先秦時代，孟子、韓非等賢哲即有「盡信書，不如無書」以及「孔子、墨子俱道堯舜，而取捨不同，皆自謂眞堯舜，堯舜不復生，將誰使定儒、墨之誠乎」的言論，但只是僅僅一種懷疑的態度而已，並沒有做辨僞的工作。直到漢代司馬遷寫《史記》，才以審愼的裁定工夫，「考信於六藝」，把史料做一番整理與辨僞，因此司馬遷可以說是中國對辨僞學較早有深入實踐的始祖。以後經東漢至唐代，如王充、柳宗元、韓愈等人，都能抱持這一脈相承的傳統，到了宋代、明代，辨僞學的方法比從前更進步，幾位大學者也努力朝這方面進行，如歐陽修、朱熹、王安石、洪邁、沈括、吳棫等，對古籍眞僞有相當多的討論，而宋濂、胡應麟更以系統的著作，對辨識古籍眞僞做出極大的貢獻，到此古籍辨僞學的理論逐步成熟爲有系統的學問。清代三百年的學術發展，在古籍辨僞方面更是進步，閻百詩《尚書古文疏證》，把僞《古文尚書》從朱熹、梅鷟、胡應麟等人所懷疑的說法，用最嚴密的證據來證明，同時胡渭也著《易圖明辨》，把宋朝所盛行的太極圖、河圖洛書一一駁倒，證明這些都是僞造的；因爲他們的方法進步，推理縝密，在在合乎科學實事求是的精神，而形成一股風氣，大師輩出，因此方法上也形成一些共通的原則，成績極爲可觀。❷❶

　　民國以來，學者除了領受清代考據學的成果，西風東漸，疑古風氣大開，加以地下出土文物的發現，運用考古學等專門的知識，

---

❷❶　梁啓超《中國近三百年學術史》第十三章至第十六章，把清代學者對中國舊學整理的成績，做了一番總結算，關於辨僞學方面，即可看出清人的成就。

與傳統文獻相印證，使古史的研究更加客觀全面而具說服力量。與梁任公同時代從事古書辨偽者並不乏其人，但真正能夠提出一套辨別古書真偽及其年代的方法，有系統、有組織地歸納整理，任公是第一人，以後雖有人提出補充或修正，方法也是不離其宗，即此，任公可以說是民國以來，整理古書辨偽理論的佼佼者。

（一）《古書真偽及其年代》的辨偽理論

任公在《中國近三百年學術史》、《中國歷史研究法》以及《古書真偽及其年代》三書中，都有討論辨別偽書及考證年代的方法，但前二書所談的較簡略，而後者是任公為燕京大學所作的學期專題講演，深入而系統，遠勝於前二書，所以本節擬以《古書真偽及其年代》一書來討論任公的古書辨偽理論。

任公以為辨偽及考證年代的必要，乃是「因為有許多偽書，足令從事研究的人擾亂迷惑，許多好古深思之士往往為偽書所誤，研究的基礎先不穩固，往後的推論結論，更不用說了」❷❷。任公由是總結出偽書所造成的影響：由史蹟方面，產生不良現象，有一、進化系統紊亂　二、社會背景混淆　三、事實是非倒置　四、由事實影響於到道德與政治；由思想方面，產生不良影響，有一、時代思想紊亂　二、學術源流混淆　三、個人主張矛盾　四、學者枉費精神；由文學方面，產生不良影響，有一、時代思想紊亂、進化源流混淆　二、個人價值矛盾，學者枉費精神❷❸。本來，辨偽工作純屬考據的

---

❷❷　梁啓超《古書真偽及其年代》第一章〈辨偽及考證年代的必要〉。

❷❸　同前揭書，第一章〈辨偽及其考證年代的必要〉。

一部分，任公將其影響層面，概括涉及史蹟、思想及文學之三個方面，則知辨僞並非是孤立存在的，往往能夠「牽一髮而動全身」，任公所以強調其重要性在此。

至於任公談辨僞方法的理論，以兩大系統作爲辨僞的原則，一是注重書籍的來歷，即從傳授統緒上辨別，有八種方法；另一是注重書籍的本身，即從文義內容上辨別，有五種方法，每一種方法又細分若干子目，最爲複雜。現依次引錄之。

甲、從傳授統緒上辨別

一、從舊志不著錄而定其僞或可疑

二、從前志著錄，後志已佚，而定其僞或可疑

三、從今本和舊志說的卷數篇數不同，而定其僞或可疑

四、從舊志無著者姓名，而定後人隨便附上去的姓名是僞

五、從舊志或注家已明言是僞書

六、後人說某書出現於某時，而彼時人未見彼書，必可定爲僞

七、書初出現，已發生許多問題或證明是僞造

八、從書的來歷曖昧不明，而定其僞

乙、從文義內容上辨別

一、從字句罅漏處辨別—有三種

　　子、從人的稱謂上辨別（有三種）

　　丑、用後代的人名、地名、朝代名

　　寅、用後代的事實（有三種）或法制

二、從抄襲舊文處辨別

子、古代書聚斂而成

（A）全篇抄自他書的

（B）一部分抄自他書的

丑、專心作僞而剽竊前文的

寅、已見晚出的書而勦襲的

三、從佚文上辨別

子、從前已說是佚文，現在反有全部的書，可知是假冒

丑、在甲書未佚以前，乙書引用了些，至今猶存，而甲書的今本卻沒有或不同於乙書所引的話，可知甲書今本是假的

四、從文章上辨別

子、名詞 — 從書名或書內的名詞，可以知道書的眞僞

丑、文體 — 每一時代各有不同的文體，造僞者很難模仿

寅、文法 — 觀察造僞者抄襲舊文的文法，便知抄自何處

卯、音韻 — 各時代文體用韻，有一定之通則

五、從思想上辨別

子、從思想系統和傳授家法辨別

丑、從思想和時代的關係辨別

寅、從專門術語和思想的關係辨別

卯、從襲用後人學說辨別

看了以上兩大系統的辨識古書眞僞的方法，吾人可以發現，以傳授統緒上辨別，即是注重書籍在歷代藝文志的記載，方法較容易掌握，也是可以在短期間訓練而成，例如有某一本古書，我們要了解它最原始出現在何時，可以找史書藝文志、經籍志或各私人藏書家書目的記載，由此來比較其篇數的變遷和來歷，這本古書就大概

可以有個簡單概念了；至於由書籍本身的內容來省察其眞僞，則不僅方法繁多，且較不易掌握，也不是由短期可以迅速求成的，這需要與一個人學問積累有極密切的關係。例如任公有從文體的標準來辨別古書眞僞的方法，苟非對各時代文學體裁、作者風格有很清楚的認識及敏銳的感受力，則恐怕不易辦到；而感受領悟某時代或某人的文學風格，似乎不是學得來的，依我看來，天生對文學的領受力要占大部分，如任公能從碑帖字體線條的曲折變化、俯仰向背、神韻氣勢等方面，來判定碑帖之時代性，並有十之八九自信的把握，就不是學得來的，只有多看、多揣摩個中的特色，才能累積經驗，有所心得。又例如任公有從思想和時代的關係，來辨別古書眞僞的方法，也是要對中國上下數千年各朝代的思想特徵，有很清楚的認識，否則是容易礙手礙腳，裹足不前的，而對於各朝代思想特徵的熟悉，也是須積學努力而來。

　　由此觀之，任公這一套辨別古書眞僞的理論，雖然說得頭頭是道，而且總結前人方法之大成，堪爲民國以來，專門談辨古書眞僞方法的第一人。如果我們只是死板記誦其辨僞的條例，平時沒有親自努力去驗證及勤勉充實學問的深度與廣度，突然有一天有個小題目或一本書在眼前待辨識眞僞及考證時代，我們即使把任公的條例放在案前，可能也是束手無策，不知從何做起？由上可知，方法只是一個通則性的問題，要緊在於個人讀書得間的能力及學問的靈活運用，我們看俞樾的《古書疑義舉例》、余嘉錫的《古書通例》以及陳垣的《元典章校補釋例六卷》談校勘的方法，都是作者積學努力的心得，再把它歸納了若干通則出來，明乎此，則對任公這一套辨古書眞僞及考辨年代的理論，我們相信它的價值，但不必太拘泥、

盲從或迷信，應該以紮紮實實的讀書來配合，才是學者應有的態度。當然，任公這一套理論，並不是十全十美、無懈可擊的，仍有許多值得商榷之處，在下一節將深入檢討。

（二）梁氏古書辨偽的成績

任公對古書辨偽的工作，做了很多，範圍也相當的廣泛，時代上起先秦，下迄明清，舉凡有關經學、歷史學、諸子學、文學，以及佛學等，都有可觀的表現，現列表如後所示。

名稱	任公考證要點舉要
易	1.八卦　相傳爲伏羲所畫，其實應歸之上古。 2.六十四卦　傳統以爲周文王或伏羲或神農或夏禹所畫，由八卦成爲六十四卦，大約自殷末至春秋。 3.卦辭　傳統以爲周文王作。其實很難確定，時期大約在周初。 4.爻辭　傳統以爲周文王或周公作。其實很難確定，時期大約在周初。 5.十翼　不可迷信「孔子作十翼」的古話。 　　彖辭、象辭　所含意義似乎沒有受陰陽家、道家的影響，在無法找出是另一個人作的，只好暫歸孔子。 　　繫辭、文言　歸之戰國末年，是孔門後學受道家、陰陽家的影響而作的。 　　說卦、序卦、雜卦　歸之於戰國秦漢之間。 6.宋人講河圖洛書及太極圖，從前並沒有，完全是五代道士玩的把戲，並不是儒家的東西。 7.《子夏易傳》、《焦氏易林》二書，都是假的。
尚書	1.現行的十三經註疏本尚書五十八篇，經過數百年數百人的研究，已斷定其性質可分三部分： 一、和伏生所傳的今文二十八篇篇名相同的爲眞。 二、〈舜典〉（篇首二十八字除外）、〈益稷〉、〈康王之誥〉都是今人析出的，都是眞的。 三、其餘二十五篇都是偽書。 2.今文尚書二十八篇中的〈金縢〉，眞偽不成問題，可以當作神話看待，借來考察當時的社會心理。

	3.前四篇的〈堯典〉（包括今本〈舜典〉）、〈皋陶謨〉（包括今本〈棄稷〉）、〈禹貢〉、〈甘誓〉，向來叫做〈虞夏書〉，那是周朝人追述的。從〈湯誓〉到〈微子〉，叫做〈商書〉，從〈牧誓〉到〈秦誓〉，叫做〈周書〉，真偽絕無問題，年代可照向來的說，分別看做商、周的作品。 4.伏生不傳書序，書序是不是劉歆做的，抑或是劉歆或後或前的人做的，現在未定，也許是秦漢間有孔子刪書的故事，後人因而把《史記》夏商周本紀和魯世家的話湊成一篇書序，但最少一部分是孔子做的。
詩經	1.〈周頌〉　是周武王到康王時代的詩。 2.〈大雅〉、〈小雅〉、〈檜風〉、〈唐風〉、〈魏風〉　是西周末年到春秋初期的作品。 3.〈周南〉、〈召南〉、〈王風〉、〈鄭風〉、〈齊風〉、〈秦風〉、〈陳風〉、〈曹風〉、〈豳風〉、〈衛風〉　是春秋時代的作品。 4.〈詩序〉　偽作。
儀禮	真偽沒有問題。時代成於東周春秋。今本十七篇所講的，不外冠、昏、喪、祭、鄉射、朝聘等八種，是孔門所傳。其餘三十九篇是漢儒採摭湊集的，雖然亡佚，不足可惜。
周禮	1.孫詒讓、章炳麟一派相信周禮是周公致太平之書，今文家說是劉歆偽造的，我們公平點說，非歆自造也。這書總是戰國、秦漢之間，一二人或多數人根據從前短篇講制度的書，借來發表個人的主張，一部分是從前制度，一部分是著者理想。 2.〈考工記〉　有人以為是周公作的，有人以為西周或東周初作品，其實是戰國末年的書。
禮記	1.沒有真偽問題。 2.大部分是解釋儀禮的，其性質是孔門論禮叢書，是七十子的後學，尤其是荀子一派，各記其師長言行，由后倉、戴聖、戴德、慶普等湊集而成的，大部分是戰國中葉和末葉，小部分是西漢前半儒者又陸續綴加的。 3.每篇可以獨立，上篇下篇沒有連繫關係。 4.最大價值在於能提供研究戰國、秦漢者流（尤其是荀子一派）學術思想史之豐富資料。 5.所述唐虞夏商制度，大率皆儒家推度之辭。大抵屬於當時一部分社會通行者半，屬於儒家理想者半，宜以極審嚴態度觀之。 6.所記子曰、子言之文，不必盡認為孔子之言，蓋戰國、秦漢間孔子已漸帶有「神話性」，許多神秘的事實皆附之於孔子，立言者亦

	託孔子以自重。
春秋	1.孔子所作。成於魯哀公十四年春。 2.公羊傳、穀梁傳作者據說是公羊高、穀梁赤，這兩人是什麼時代都很難確定；總括說來，無所謂眞僞，都不是一人作的，年代從西元前四八一年至西元前一三六年，凡三百餘年才寫定成書，是孔門後學對於春秋研究的成績大全。
論語	1.不是短時期內一人作的，有一部分是孔子生前，由孔子的弟子所記，還有一部分是孔子死後數十年乃至百年，由孔子的再傳弟子所記。 2.清代乾嘉學者崔東壁是極力尊重《論語》的人，他對於《論語》的精粹眞確處，盡情發揮，對《論語》的駁雜僞訛處，細心辨別，他的結論是，《論語》前十篇，自〈學而〉到〈鄉黨〉最純粹，幾乎個個字都是精金美玉，後十篇稍差，尤其是最後五篇最多問題，〈子張〉篇全記孔門弟子，非孔子言行，可不論，〈季氏〉、〈陽貨〉、〈微子〉、〈堯曰〉卻有許多不是眞書了。
孟子	1.孟子門人萬章、公孫丑等追述。 2.成書年代雖不可確指，然最早總在周赧王十九年（西紀前二九六）梁襄王卒之後，上距孔子卒一百八十餘年，下距秦始皇并六國七十餘年。 3.今本《孟子》七篇，漢時所流傳者，尚有外書四篇，與今七篇混爲一本，趙歧鑑定爲贋品，殆可稱孟子功臣。至明季姚士 所傳《孟子》外書四篇，則又僞中出僞，並非漢時之舊，更不足道矣。
大學	區區〈大學〉一篇，本不知作者，朱熹分爲經傳兩項，皆屬臆度，並無實證，此篇不過秦漢間一儒生之言。
中庸	朱熹說「子思作之以授孟子」，其言無據。據崔東壁出於孟子後。
孝經	1.都是孔子和曾子問答之辭，不是孔子作的，也不是曾子作的，最早不過是曾子門人作的。 2.在戰國末至漢初才有。
爾雅	是最古的訓詁書，是漢儒把過去和同時的人對於古書的訓詁抄錄下來，以便於檢查，不過是很粗淺的字典而已。
史記	1.作者生卒無可考，主要採用王國維的〈太史公繫年考略〉。 2.全篇原缺，後人續補者有十篇，應認爲全僞，〈孝景本紀〉、〈孝武本紀〉、〈漢興以來將相名臣年表〉、〈禮書〉、〈樂書〉、〈律書〉、〈三王世家〉、〈日者列傳〉、〈龜策列傳〉及〈傅勒 成列傳〉。 3.明著續之文及補續痕跡易見者，有五篇，〈三代世表〉、〈張丞

	相列傳〉、〈田叔列傳〉、〈平津侯主父列傳〉及〈滑稽列傳〉。 4.全篇可疑，玩其文義，乃似《史記》割裂《漢書》，崔適指出有十三篇，〈孝武本紀〉、〈律書〉、〈曆書〉、〈天官書〉、〈封禪書〉、〈河渠書〉、〈平準書〉、〈張丞相列傳〉、〈南越尉佗列傳〉、〈循吏列傳〉、〈汲鄭列傳〉、〈酷吏列傳〉及〈大宛列傳〉。 5.元狩或太初以後之漢事爲後人續補，竄入各篇正文者，此類在年表、世家、列傳中甚多。 6.各篇正文中，凡言「終始五德」者，都是劉歆故意竄亂，有〈五帝本紀〉、〈秦始皇本紀〉、〈十二諸侯年表〉、〈孟子荀卿列傳〉及〈張丞相列傳〉。 7.各篇正文中，凡言「十二分野」者，都是劉歆故意竄亂，有〈十二諸侯年表〉、齊宋鄭世家及〈張丞相列傳〉。 8.凡言古文尚書及所述書序者，都是劉歆故意竄亂，有夏殷周本紀及齊魯衛宋世家等篇。 9.凡記漢初古文傳授者，都是劉歆故意竄亂，有〈儒林列傳〉及〈張丞相列傳〉。
左傳	1.左氏是一部獨立的眞書，仿孔子《春秋》而作。 2.我們折衷地說，不承認劉歆僞造《左傳》之說，而斷定是戰國初年人作的（不是左丘明作的），成書大約在西元前四二五年至西元前四〇三年間，通行是在西元前二九六年以前。 3.現在通稱《左傳》，其實絕對不是原名，原名只是《左氏春秋》，和孔子的《春秋》、《虞氏春秋》、《呂氏春秋》一樣，自成一家之言。 4.《春秋左氏傳》是劉歆杜撰的名詞，《左傳》是後人的簡稱，所以現在《左傳》這部書是眞的（眞中也有些僞），《左傳》這個名詞是假的。
國語	即是與《左氏春秋》，合而爲一，並非二書。
孔子	1.孔子事蹟流傳很多，但須愼擇，如《孔子家語》、《孔叢子》兩書，其材料像很豐富，卻完全是魏晉人僞作，萬不可輕信。 2.《史記》算是最靠得住的古書，然而傳聞錯誤處也不少，所以〈孔子世家〉也不能個個字據爲事實，只好將他作底本，再拿《左傳》、《論語》、《禮記》及其他先秦子書來參證，或可以比較的正確。 3.孔子出身甚微、教學甚早、政治生涯甚短。 4.孔子遊歷地甚少，後人說孔子周遊列國，《史記》也說孔子干七十二君，其實他到的地方，算起來未曾超出現在山東、河南兩省

	境外。
老子	《老子》這部書出現很晚。老子其人在孔子之後。
墨子	1 墨子生於周定王初年（元年至十年之間），約當孔子卒後十餘年（孔子卒於西元前四七九），卒於周安王中葉（十二年至二十年之間），約當孟子生前十餘年（孟子生於西元前三七二），使墨子老壽能如子夏者，則生年可以上逮孔子。 2.《墨子》這部書，全書出於墨子自著者很少。 3.現存五十三篇，胡適把他分爲五組，任公採用其分法，但稍有異同，並別爲解釋。（詳見《墨子學案》附錄二〈墨子年代考〉）
莊子天下篇	1.此篇文體極樸茂，與外篇中淺薄圓滑之各篇不同，故應認爲莊子書中最可信之篇。 2.批評先秦諸家學派之書，以此篇爲最古，尤具二大特色，一是保存佚說最多，二是批評最精到，且最公平，對各家皆能擷其要點，而於其長短不相掩處，論斷俱極平允，可作爲研究先秦諸子學之嚮導，故此篇可認爲國學常識必讀之書。
韓非	1.韓非生年無可考，卒年約當西元前二三三年或二三二年。 2.今本《韓非子》可確認或推定〈初見秦〉、〈存韓〉、〈有度〉三篇，決不是出自韓非手筆。 3.司馬遷述韓非書，標舉〈孤憤〉、〈五蠹〉、〈內外儲〉、〈說林〉、〈說難〉爲代表，則此諸篇當爲最可信之作品。 4.從文體上論，〈孤憤〉、〈五蠹〉等篇之文，皆緊峭深刻，廉勁而銳達，無一枝辭；反之若〈主道〉、〈有度〉、〈二柄〉、〈揚權〉、〈八姦〉、〈十過〉等篇，頗有膚廓語；〈主道〉、〈揚權〉多用韻，文體酷肖《淮南子》，〈二柄〉、〈八姦〉、〈十過〉等，頗類《管子》中之一部分，〈忠孝〉、〈人主〉、〈飭令〉、〈心度〉、〈制分〉諸篇亦然。 5.以根本思想論，書中餘篇，如前所列各篇多半是，或多摭拾法家常談，而本意與〈孤憤〉、〈五蠹〉等篇不無相戾，此是否出一人手，不能無疑。 6.要之，今本《韓非子》五十五篇，除首兩篇外，謂全部爲法家言淵海則可，謂全部皆韓非作，尚待商量。
荀子	1.《荀子》其中大部分固可推定爲荀卿所著，然如〈儒效〉篇、〈議兵〉篇、〈強國〉篇，皆稱「孫卿子」，似出門弟子紀錄，內中如〈堯問〉篇末一段，純屬批評荀子之語，其爲他人所述尤爲顯然。又〈大略〉以下六篇，楊倞已指爲荀卿弟子所記卿語及雜錄傳記，然則非全書悉出卿手蓋甚明。

	2.大小戴兩《禮記》，有文與《荀子》相同者，如小戴〈三年問〉及大戴〈禮三本〉，同〈禮論〉；小戴〈樂記〉及〈鄉射酒義〉，同〈樂論〉；小戴〈聘義〉，同〈法行〉；大戴〈勸學〉，同〈勸學〉；大戴〈曾子立事〉，同〈修身〉及〈大略〉；凡此皆當認爲《禮記》采《荀子》。
	3.楊倞將〈大略〉、〈宥坐〉、〈子道〉、〈法行〉、〈哀公〉、〈堯問〉六篇降附於末，似有特識，〈宥坐〉以下五篇，文意膚淺，〈大略〉篇雖間有精語，然皆斷片，故此六篇宜認爲漢儒所雜錄，非《荀子》之舊，其餘二十六篇有無竄亂或缺損，尚待細勘。
管子	1.此書皆非管仲所作，其中一小部分當爲春秋末年傳說，其大部分則戰國至漢初遞爲增益，一種無系統的類書而已。
	2.〈漢志〉以入道家，殆因〈心術〉、〈內業〉等篇，其語有近老莊者，阮孝緒《七錄》以入法家，隋唐志以下皆因之，實則援《呂氏春秋》例入雜家，或較適耳。
文學史	據其門人葛天民云：
	先師梁任公嘗著《中國美文及其歷史》一書，惟於周泰時代之美文，僅成第一章詩經之篇數及其結集，與第二章詩經之年代；於唐宋時代之美文，則僅成第一章詞之起源；而於漢魏詩則皆蔚然成帙矣，其第一章建安以前漢詩，辨別作者之真偽，詳考五、七言詩之起源，皆具有卓識，足以讞定古代文學史之懸案，其第二章兩漢歌謠，其第三卷則爲古歌謠及樂府，其第一章周泰以前之歌謠及其真偽，其第二章兩漢以前歌謠，其第三章建安黃初間有作者主名之樂府，均足以發蒙盛覆，開導後學。
	觀其書內容，可得知任公其主張：
	1.七言詩早於五言詩，且係由《楚辭》蛻嬗而來。
	2.「五言詩起於東漢中葉，和建安七子時代相隔不遠」。
	3.〈古詩十九首〉不是一個人所作，卻是代表一時代的詩風，其時代「大概在西紀一二〇至一七〇約五十年間，比建安、黃初略先一期，而緊相銜接，所以風格和建安體格相近」。
楚辭	1.據《史記》傳文大略推算，屈原該是西元前三三八至二八八年間的人，年壽最短應在五十上下，和孟子、莊子、趙武靈王、張儀等人同時。
	2.將舊說屈原賦二十五篇，刪去〈惜往日〉，以〈禮魂〉分隸〈東皇太一〉等十篇之末，而補入〈九辯〉、〈招魂〉，恰符二十五篇之數。

	3.此二十五篇之作者，尚有研究之餘地，而即是劉向、班固所謂的二十五篇屈原賦，是毫無疑問的。
陶淵明	1.據傳統舊史舊譜都說陶淵明年爲六十三歲，任公不滿意此說，遂作〈陶淵明年譜〉，以爲陶淵明僅五十六歲。 2.由於年歲的不同，任公並以爲陶集作品年月也有重新考證的必要，於是有擬作《陶集私定本》的計畫，可惜未克竟竣。 3.關於陶淵明的志尚，則有〈陶淵明之文藝及其品格〉一文，主張「其實淵明只是看不過當日仕途混濁，不屑與那些熱官爲伍，到不在乎劉裕的王業隆不隆」，「若說所爭在什麼姓司馬的，未免把他看小了」及「宋以後批評陶詩的人最恭維他恥事二姓，這種論調我們是最不贊成的。」這些都是很特殊的看法，與傳統舊說迥然同。
辛稼軒	1.任公作《辛稼軒先生年譜》，僅止於六十一歲，尚缺七年未完即病逝，是爲最後一篇考證文章。 2.本譜除了按年次做譜主事蹟外，尤多考證事蹟眞僞及文學作品的年代，欲知辛稼軒一生事蹟及其文學作品所表達的寓意，此譜提供了簡明的線索。
《桃花扇》	1.此書的作者孔尚壬，任公考證其生年是順治五年，卒年不詳，但推定最少壽過六其餘經歷可見《桃花扇注》前的〈著者略歷及其他著作〉。 2.任公爲此書作注，非僅只是文學家注解而已，特以孔尚壬「專好把歷史上實人實事，加以點染穿插」，所以此書可以說是有事實根據的歷史劇，因爲如此，劇中有若干不符合史實或年月顛倒的錯置，任公皆一一加以考辨詳注，故讀《桃花扇註》，不但可以欣賞文學，對於明末史實的始末，也能藉此而知曉了。
〈戴東原著述纂校書目考〉	任公云：「本篇依段著年譜，以著作先後爲次，無論已成未成、已刻未克、或存或佚、爲著爲校、獨著共著，皆列入，仿朱氏《經義考》例，全錄原序，有應考證論列者，則綴以案語。」戴東原全部著作及編年，即此可知。
佛教最初輸入的年代	佛教之初紀元，自當以漢末桓、靈以後爲斷，傳統漢明之永平求法事，純爲虛構。
佛教最初輸入地	非由陸而由海，其最初根據地不在京、洛，而在江、淮。先從南方得有根據，乃輾轉於北方，與舊籍所傳者，適得其反矣。
玄奘西遊年代及享壽歲數	1.玄奘犯禁越境，西行求法，一般都以爲在貞觀三年八月，任公取史書重新考證，認定「玄奘貞觀元年首途留學」。 2.玄奘享壽歲數，諸家說法不一，有五十六歲說，有六十三歲說，有六十五歲說，有六十一歲說，有六十九歲說，任公作〈玄奘年譜〉，

	考定玄奘於唐高宗麟德元年（西元六六四）六十九歲圓寂。
〈釋迦牟尼滅年考〉	釋迦牟尼的生滅，因為印度人不重視歷史，且時間觀念模糊，典籍中無明確記載，後來各地竟傳有五、六十種的不同說法。任公因有歐洲人用「希臘史料考證亞歷山大王與印度之笈多大王會盟年代，循此上推，又參以新發見之阿育王的石刻華表，又參以錫蘭島的年代記，才考出釋迦是在西紀前四百八十三年入滅」，於是從中國舊籍中尋出證據，與歐洲人所考「若合符契」，而定為周敬王三十五年，魯哀公七年，也就是西元前四八五年，約和孔子同時。
漢明求法說	漢明求法，乃一羌無故實之談，其始起於妖道之架誣，其後成於愚禿之附會。
四十二章經	1.佛說《四十二章經》有後漢迦葉摩騰及竺法蘭二人合譯，這是傳統的說法。 2.任公懷疑此說，以為《四十二章經》為中國人所偽作，非譯自印度，其年代「最早不過吳，最晚不過東晉」，而與漢明無關，且迦葉摩騰及竺法蘭二人皆屬子虛烏有。
牟子理惑論	後漢初之牟融，決未嘗著《理惑論》，而後漢末並無牟融其人者，此書理既膚淺，文復靡弱，為東晉劉宋間人所偽作也。
大乘起信論	《大乘起信論》非馬鳴所著，亦非真諦所譯，成書時代大概在陳天嘉四年（西元五六三）至隋開皇十二年（西元五九二）之間，由中國某學者所作。

　　辨別古書真偽的結果，必然會引發對古代歷史的解釋，以嚴格的標準來看，必須有正確的年代記載於史冊上，才可以稱為歷史。但如果欲省察進化的軌跡，則上古的種種神話與傳說，對於民族的心理、宗教的起源及文學的形成，有不可分割的關係，任公對於此有很深刻的認識，所以對於傳說中的三皇五帝、三苗九黎蚩尤、洪水氾濫等，雖無從考證，但也儘可能地提出自己見解，以作為先民心理狀況之揣測，此已屬於神話傳說之範圍，繁冗雜駁，故此表略而不談。

　　其次，任公對古書內容辨偽及年代考證，史部最重要者為《史記》、《國語》及《左傳》，任公以為《左傳》不傳《春秋》，是

獨立的史書。表上所列諸子七家，不過較重要者，任公對先秦學術之分類與見解，參見第五章，茲不贅引。

另外，任公對碑帖曾下過工夫，同時也頗爲自負，辨別碑帖的文字，以現在《飲冰室文集》中所見，即有一百五十餘篇碑帖題跋，以集中於民國十四年一百一十篇最多，今觀其內容，可知其專致於漢魏時代的碑書。晚近，北京圖書館公佈了一批任公的碑帖題跋墨跡，由其文字與《飲冰室文集》互校，可知當時《飲冰室文集》編纂太匆促，以致文字脫漏與訛誤不少，顯然有必要重新編纂一部新的梁任公全集。關於碑帖題跋之校勘記，詳見第二章附錄二。

三、梁任公古書辨僞的檢討

本節討論任公辨僞的缺失，主要分兩部分，第一部分是方法的檢討，第二部分是重要實例的檢討，進一步省思任公辨僞的盲點及造成此盲點的原因。其次，研究任公古書辨僞的特色，肯定他在佛學研究方法的創新，以及把古書辨僞融入史學研究的領域，有意超越清人，建立「新的考證學」，在氣魄上及眼光上是前進而正確的。任公並有一套辨僞方法理論的建立及親自做了實例的示範，而後人根據他所提的理論做了若干的討論，更可肯定任公在古書辨僞學上的貢獻了。

（一）商榷

梁任公《古書眞僞及其年代》第四章談「辨別僞書及考證年代的方法」，根據前人研究的結果及心得，加上個人的看法，歸納出

兩大系統，細分爲三十二種條例，如果吾人碰到古書眞僞淆雜、年代混亂難識的時候，倘能有效運用其方法，解決眞僞及考證年代，那麼他所歸納出這一套辨僞的理論，可以說是盡善盡美，達到近乎無懈可擊的地步了；可惜，儘管任公以他縝密的組織能力，給我們歸納出這一套有系統、有條理可依循的理論，但據學者實地從事辨僞的經驗裏，發現任公的理論雖然嚴密而周延，但並不是萬無一失而可放諸四海而皆準的！換言之，任公所提這套辨別僞書及考證年代的方法，通則是毫無問題的，然而古書眞僞複雜、篇目分合曲折變化，不是簡單幾條通則即能完全解釋得清楚，其方法是有侷限性的，有時必須透過經驗及個人讀書得間的洞見，由欲理還亂的複雜狀況中，董理出明暢的頭緒，辨別古書眞僞及其年代考證才能趨於正確無訛。

　　梁任公的兩大系統，就傳授統緒上辨別及就文義內容上辨別，在實際運用上，確有不盡然之處，如今本《公孫龍子》有〈跡府〉、〈名實〉、〈指物〉、〈通變〉、〈白馬〉及〈堅白〉，總共有六篇，最早見於《漢書·名家類》的著錄有十四篇，比今本多出八篇，《新唐書》與《舊唐書》均著錄爲三卷，《新唐志》又著錄陳嗣古、賈大隱注本各一卷。《宋志》亦著錄此書，僅得一卷。比較歷代官方書目著錄的情形，可知《隋志》不著錄，獨缺此書，而《漢志》、《唐志》及《宋志》著錄的篇目都不相同，且今本篇數也與以上各志不同。宋代的陳振孫、清代的姚際恆，以及近代的黃雲眉，都以近似「從舊志不著錄而定其僞」的方法，來懷疑此書的眞僞；然而阮廷卓在〈論今本公孫龍子出現的年代及其眞僞〉一文的研究及龐樸的看法，都一致肯定今本《公孫龍子》除第一篇外，其餘五篇都

不是後人所能偽造的。由這個例子，說明任公所謂由「依據舊志來
判定古籍真偽」的方法，未必是完全可靠的。❷

　　任公又喜歡從思想上的進化及影響來辨別古書真偽及年代考
證，如對《老子》一書及老子其人的研究及考證，自任公發表對胡
適《中國古代哲學史》的批評，並提出《老子》一書成於戰國末年
以來，一直迭受討論，翻開《古史辨》第四冊及第六冊，就有張煦、
張濤林、唐蘭、高亨、黃方剛、錢穆、胡適、張蔭麟、馮友蘭、張
季同、羅根澤、顧頡剛、譚戒甫、馬敘倫……，幾乎集中了全中國
學術界的精英加入這一場論戰，然而從民國十一年梁任公的文章發
表迄今，關於老子其人及《老子》一書辯論的文章也有數十篇以上，
但始終沒有一個定論，而最近地下古物的發掘，使我們對先秦的政
治社會現況有了更多的認識，而可惜的是老子的身世及其著作，從
司馬遷到現在，一直是個謎，一直是籠罩著神秘的色彩。即以搜集
地下文物史料豐富的楊寬在其有名的大作《戰國史》，針對《史記》
中若干史事錯誤的記載，能有所釐清，但老子其人及其書，也只能
有以下的看法：

　　　　老子這個人的年代，司馬遷寫《史記》時已不清楚。他一會
　　　　兒認為姓李名耳，就是孔子曾經向他問禮的老聃；一會兒又

───────────

❷　鄭良樹《古籍辨偽學》（台北，學生書局，1986年8月初版），第六章〈方
　　法的檢討〉，頁143～147。廖名春〈梁啓超古書辨偽方法的再認識〉一文
　　亦指出任公辨別古書真偽方法，有嚴重的問題，簡單地襲用梁氏的方法去
　　判定古書的真偽及其年代往往容易造成冤假錯案，廖文收入《漢學研究》
　　第十六卷第一期（台北，國家圖書館漢學研究中心，1998年6月），頁353
　　～371。

認爲可能就是周烈王時見過秦獻公的周太史儋；一會兒又說老子的兒子名宗，曾做魏將，封於段干。這個封於段干名宗的魏將，有人認爲就是《戰國策·魏策》中的段干崇，是戰國晚年魏安釐王時人。《老子》一書是用韻文寫成的哲理詩，是道家的主要著作。從其對戰國中期黃老學派有重大影響來看，這書應該做於戰國初期。《老子》又名《道德經》，分〈道經〉和〈德經〉上下兩篇，根據長沙馬王堆出土帛書以及《韓非子·解老篇》來看，〈德經〉應是上篇，〈道經〉應是下篇。❷⑤

除了考據出《老子》可能在戰國初期完成，並使我們了解《老子》一書可分爲〈道經〉及〈德經〉，〈德經〉在前，〈道經〉在後，其他像老子的身世及與孔子的關係如何，還是一樣無從索解，千古如長夜。胡適在完成〈評論近人考據老子年代的方法〉之後的二十五年，突然若有所悟的表示：「老子年代的問題，原來不是一個考證方法的問題，原來只是一個宗教信仰的問題！像馮友蘭先生一類的學者，他們誠心相信，中國哲學史當然要認孔子是開山老祖，當然要認孔子是『萬世師表』。在這一個誠心的宗教信仰裏，孔子之前當然不應該有一個老子，在這個誠心的信仰裏，當然不能承認有一個跟著老聃學禮助葬的孔子」❷⑥。把一個「考證方法的問題」，

---

❷⑤　楊寬《戰國史》增訂本（台北，谷風出版社，1986年9月初版），下冊，頁497。

❷⑥　胡適《中國古代哲學史》（台北，台灣商務印書館，1982年8月台五版），〈台北版自記〉，頁7。

解釋爲一個「宗教信仰的問題」，足徵此問題的複雜性。

　　胡適對老子問題的討論轉變爲「宗教信仰的問題」，主要來自他對從思想脈絡來考證古書的方法的不滿意，而這種不滿又無法解決問題，於是解釋成「不是一個考證方法的問題」，而是「一個宗教信仰的問題」。平心而論，胡適提出由思想脈絡來考證古書眞僞有其侷限性的卓見，是很值得後人深省的：

> 第一組是從「思想系統」上或「思想線索」上，證明《老子》
> 之書不能出於春秋時代，應該移在戰國晚期，梁啓超、錢穆、
> 顧頡剛諸先生都曾有這種理論。……這個方法是很有危險性
> 的，是不能免除主觀的成見的，是一把兩面鋒的劍，可以兩
> 邊割的，你的成見偏向東，這個方法可以幫助你向東；你的
> 成見偏向西，這個方法可以幫助你向西，如果沒有嚴格的自
> 覺的批評，這個方法的使用決不會有證據的價值。

接著胡適以《論語》中有句「無爲而治者，其舜也歟？夫何爲哉？恭己正南面而已矣」，來說明同樣以這段話爲出發點，竟可以有兩種不同的觀點，即他所主張的「孔子受老子的影響——這就是說，老子和《老子》書在孔子之前」，以及顧頡剛的「若不是《老子》的作者承襲孔子的見解，就是他們的思想偶然相合」，所以最後的結果，必然會形成各說各話，也就是胡適所說的「這種所謂『思想線索』的論證法是一把兩面鋒的劍，可以兩邊割的」。❷

---

❷　胡適〈評論近人考據老子年代的方法〉，收入《古史辨》第六冊，頁390～
　　394。

用文體來考證古書的眞僞，也有危險性，胡適又指出：

> 梁啓超先生曾辨《牟子理惑論》爲僞書，他說此書文體，一
> 望而知爲兩晉六朝鄉曲人不善屬文者所作，漢賢決無此手筆，
> 稍明文章流別者自能辨之。然而《牟子》一書，經周叔迦先
> 生和我的考證，證明是漢末的作品，決無可疑。即以文體而
> 論，我沒有梁先生的聰明，不能「一望而知」，但我細讀此
> 書，才知道此書的「文字甚明暢謹嚴，時時作有韻之文，也
> 都沒有俗氣，此書在漢魏之間可算是好文字」。同是一篇文
> 字，梁啓超先生和我兩人可以得這樣絕相反的結論，這一件
> 事不應該使我們對於文體的考證價值稍稍存一點敬愼的態度
> 嗎？……所謂「漢賢手筆」，究竟用什麼作標準呢？老實說
> 來，這種標準完全是主觀的。❷

用思想體系及時代文體的方法，來辨別古書的眞僞，在認定上，主
觀的成見相差極大，所以在使用上應力加避免，以防無謂的紛爭，
胡適的看法是頗具參考價值的。鄭良樹也極同意胡適這種看法，以
爲「古籍的內容是靈活的，而方法和條例卻是刻板的，我們斷斷不
能用靈活的去牽就刻板的，以至於冤枉委屈了珍貴的古籍」，而在
「運用各種方法及條例之際，切忌武斷和迷信，以致於受方法及條
例所蒙蔽而誤得結論。」❷

　　以上就方法上檢討梁任公辨僞理論的可能爭執，接下來要舉幾

---

❷　同前註。

❷　鄭良樹《古籍辨僞學》，頁158～159。

個重要的個別例子，說明任公在實際辨僞考證上的疏失。

　　（一）清儒校《水經注》，戴、趙、全抄襲的公案，是近代學術界爭論不休的老問題。任公在《中國近三百年學術史》及〈戴東原著述纂校書目考〉曾對此問題表示個人的看法，以爲「三家皆不免互相剿襲，而皆不足爲病也」，採調和息爭的立場，在〈戴東原先生傳〉中則說「蓋純屬閉門造車，出門合轍，絕不成爲道德責任問題」❸⓪，胡適也爲戴震辯護，並爲戴震未見趙一清《水經注》校本找十組證據❸①，但戴襲趙之罪證確鑿，經王國維的考證，似成爲定論，胡適雖力爲戴震維護人格，恐也難駁王國維有力的證據。王國維的證據是「戴校聚珍版本出於大典，乃亟取以校戴本，頗怪戴本勝處全出大典本外，而大典本勝處，戴校未能盡之，疑東原之言不實」，「蓋《水經注》之有善本，非一人之力也……戴東原氏成書最後，遂奄有諸家之勝，而其書又最先出，故謂酈書之有善本，自戴氏始可也」，「余以大典本半部校戴校聚珍本，始知戴校並不據大典本，足證石舟之說，又以孫潛夫校本及全趙二本校之，知戴氏得見全趙二家書之說，蓋不盡誣」，「東原入館在三十八年之秋，其校《水經注》成在三十九年之冬，當時必見趙書無疑。然余疑東原見趙氏書，尙在乾隆戊子修《直隸河渠書》時，東原修此書實承東潛之後」，「而東原撰官本提要，所舉釐訂經注條例三則，至簡至賅，較之全趙二家說尤爲親切，則東原於此事，似非全出因襲……

---

❸⓪　梁啓超〈戴東原先生傳〉，收入《飲冰室文集》之四十，頁40～52。

❸①　其事始末，詳見程發軔《六十年來之國學》（台北，正中書局，1974年5月台初版）第三冊，〈史部第十一篇、六十年來《水經注》之研究〉，頁609～616。

固不必見全趙書而始爲之也，余頗疑東原既發見此事，遂以酈書爲己一家之學，後見全趙書與己同，不以爲助，而反以爲讎，故於其校定酈書也，爲得此書善本計，不能不盡採全趙之說，而對於其人其書必泯其跡而後快，於是盡以諸本之美歸諸大典本，盡掠諸家酈訂之功以爲己功，其弟子輩過尊其師，復以意氣爲之辯護，忿戾之氣相召，遂來張石舟輩竊書之譏，亦有以自取之也。東原學問才力，故自橫絕一世，然自視過高，騖名亦甚」，「黃胡全趙諸家之說，戴氏雖盡取之，而氣矜之隆，雅不欲稱述諸氏，是固官書體歷宜然，然其自刊之本，亦同官本，則不可解也。又戴書簡嚴，例不稱引他說，然於序錄中亦不著一語，則尤不可解也。以視東潛之祖述謝山，謝山之於東潛稱道不絕口者，其雅量高致，固有間矣，由此氣矜之過，不獨厚誣大典本，抹刹諸家本如張石舟之所譏，且有私改大典、假託他本之跡」，「戴校既託諸大典本，復慮後人據大典以駁之，乃私改大典原本以實其說，其僅改卷首四處者，當以其不勝改而中止也」，「凡此等學問上可忌可恥之事，東原胥爲之而不顧，則皆由氣矜之一念誤之」❸❷，王氏論證持平而嚴密，梁、胡二氏皆爲推崇戴氏學問及人格，但就學論學，王氏之說誠不可易也。民國二十五年，北大孟森教授考校酈書，作九篇專文以證趙東潛作水經注釋，全部爲戴東原所竊，戴襲趙案，似已有定論。❸❸

（二）任公對陶淵明的看法，多和傳統不同。但任公「取己身

<hr>

❸❷　王國維〈聚珍本戴校水經注跋〉，見《觀堂集林》上冊（台北，世界書局，1983年5月五版），頁575～582。

❸❸　程發軔《六十年來之國學》第三冊，頁601～609。

之思想經歷，以解釋古人之志尚行動」，是陳寅恪所無法同意的，於是陳寅恪以爲陶淵明在政治上之主張，還是傳統「自以曾祖晉世宰輔，恥復屈身異代，自高祖王業漸隆，不復肯仕」的說法，最能得淵明新自然思想的實情，「與嵇、阮之舊自然說殊異，惟其仍是自然，故消極不與新朝合作，雖篇篇有酒，而無沈湎任誕之行及服食求長生之志」❸❹，陳寅恪由魏晉兩朝清談內容之演變，述及陶淵明思想與其先世信仰的關係，闡發中古思想變遷史實，鞭辟入裏，顯然比任公更勝一籌。

（三）《左傳》與《國語》二書，任公認爲二者爲一書，且分國爲紀，並非編年，經劉歆竄入者當不少，此說也有可議之處，據近人張以仁〈論國語與左傳的關係〉及〈從文法語彙的差異論國語左傳二書非一人所作〉的研究裏，指出《國語》與《左傳》非一書化合，以及二書在文法上的差異，足以顯示後人研究問題之全面與精確❸❺，亦可見任公對此問題的疏陋失工。

（四）任公以朱舜水爲日本文化的開闢者，國學唯一的輸入者，對日本近代文化及人才造就上有不可磨滅的貢獻，對他極爲推崇❸❻，

---

❸❹　陳寅恪〈陶淵明之思想與清淡之關係〉，見《金明館叢稿初編》，現收入《陳寅恪先生文集》之二（台北，里仁書局，1981年3月），頁108～205。

❸❺　關於張以仁先生的考證，鄭良樹《古籍辨僞學》中有很高的評價，詳見頁226～228。

❸❻　如《中國歷史研究法補編》第五章談年譜的做法就說：「我自己做朱舜水年譜，把舜水交往的人，都記得很詳細。那些人名，日本人固然聽得爛熟，中國人看來都很面生。朱舜水與日本近代文化極有關係，當時即已造就人才不少。我們要了解他影響之偉大，須看他的朋友和弟子跟著他活動的情形。雖然這些人史料很缺乏，但我仍想努力搜求，預備爲他們做些小傳。

同時也有年譜之作，以表彰其事功。但任公《朱舜水先生年譜》卻暴露了不少缺失，如「年譜引舜水著述頗多，然寬文十年（康熙九年）之楠公父子訣別圖讚，即後刊爲湊川碑陰者，爲日本教忠之主要資料，明治以後學校教科書習用之，幾於家絃戶誦，而譜中未及，殊不可解。重禮尚實之教，蒸爲日本國民風尚，見於明治後之教育敕語，矯朱熹陸淵之空虛，闡禮樂之本意，與北方顏元李塨之說極爲相近，乃舜水思想之精華，而譜中亦未能特爲揭出，使讀者不能無探驪失珠之感焉。」且與朱舜水有關係的人事，有當爲表記者，也多詳略失宜，輕重倒置；而日本人在明治四十五年（民國元年）爲朱舜水開三百五十年紀念會，並刊行紀念文集，立紀念碑於東京本鄉區故宅，此爲日本學界之大事，譜中竟略而不提，殊令人難解！再來是任公所引據的史料皆爲湯壽潛刊行馬一浮編的鉛印《舜水遺書》本，以及數種漢籍而已，於日人輯撰精本卻未有及見，與任公素所強調史料之重要是很不相符的，況且任公久寓東土，博學多聞，於

像朱舜水一類的人，專以造就人才爲目的，雖所造就的是外國人，但與我們仍有相當的關係，在他的年譜，附載當時的人，當然愈詳細愈好。」又說：「我做朱舜水年譜，在他死後還記有若干條，那是萬不可少的。他是明朝的遺臣，一心想驅逐滿清，後半世寄往日本，死在日本，他曾說過滿人不出關，他的靈柩不願回中國，他自己製好耐久不朽的靈柩，預備將來可以搬回中國，果然那靈柩的生命比滿清還長，至今尚在日本，假使我們要去搬回來，也算償了他的心願哩。我看清了這點，所以在年譜後，記了太平天國的起滅和辛亥革命，宣統帝遜位，因爲到了清朝覆滅，朱舜水的志願纔算償了。假如這年譜在清朝做，是做不完的，假如年譜沒有譜後，是不能成佳作的。」梁氏爲朱舜水作年譜，並以之作爲年譜做法的範例，可見對此作極表滿意。

日本學界熟稔之狀況，當較一般人更是清楚，而此《朱舜水先生年譜》竟有如許多之疏失，不免有「擇焉不精」的譏評。**㊲**

（五）任公晚年曾從歐陽竟無先生請教佛學，對佛學也曾下工夫研究，有幾篇考證的文字。觀這幾篇考證文字，在當時及以後，都引起很大的風波，如《牟子理惑論》的眞僞，任公以爲是「兩晉六朝鄉曲人不善屬文者所作，漢賢決無此手筆」，就引起周叔迦、胡適、余嘉錫、湯用彤等人的反對**㊳**，而《四十二章經》和《牟子理惑論》是互相有關的問題**㊴**，因《牟子理惑論》的問題沒有定說，《四十二章經》的問題，自然也難以有確定說法，湯用彤、胡適及陳援庵等人都有不同於梁任公的意見**㊵**。但這些不同看法都在同一方向——即考證眞僞——做討論，孰是孰非，仍然未定；另有一派佛門人士則根本反對這種討論，以爲做這種討論，並未掌握到佛學的精蘊、佛學的重點在彼不在此，如任公作《大乘起信論考證》就受到佛學界的指責，有署名非心的佛學界人士即以爲「起信論譯於

㊲　梁容若對此譜很不滿意，見〈讀梁任公著朱舜水年譜〉，刊登於《大陸雜誌》，第七卷第九期（1953年11月），頁10～13。

㊳　呂澂《中國佛學源流略講》（台北，里仁書局，1985年1月出版），頁27～28。

㊴　呂澂云《四十二章經》「直到近代才有人對它進行研究，發生懷疑。我們斷定它不是翻譯，也不是初傳的經，這裏還得解決一個《理惑論》的問題，大家認爲《理惑論》出於漢末，如果屬實，則說《四十二章經》抄出於東晉就難以成立了，因爲此，需進一步把《理惑論》的眞僞弄明白。」亦見《中國佛學源流略講》，頁26。

㊵　湯用彤的意見，胡適的意見，俱見於《胡適文存》第四集，卷二，〈四十二章經考〉。陳援庵的意見，載於《援庵史學論著選》中的〈關於《四十二章經》考〉一文（台北，木鐸出版社，1982年4月初版）。

梁，乃於眞諦航海初抵中國時譯，但眞三藏後譯諸經論皆在陳朝譯，住在眞諦錄中，而此論及大宗地玄文論等以非在陳朝所譯，遂未入錄，隋法經未詳其不錄之故，據陳錄入此論以疑，誤矣」，來駁斥任公「從文獻上考察」是不當的；又以爲東方及西方學術發展路數不同，西方人的學術由外境觀察、論辯而來，故有進化的軌跡可以測得，東方人的學術不然，其「道術則皆從內心熏修印證得來，又不然則從遺言索引闡幽得來，故與西洋人學術進化之歷程適相反對，而佛學尤甚焉。用西洋學術進化論以律東洋其餘之道術，以方枘圓鑿，格格不入，況可以之治佛學乎？」至於由思想與時代的發展觀察，任公以爲某時代有某種思想，某種思想非其時代所必須有者，必不會發生，非心並不認爲如此，他認爲「佛法乃爲眾生無時不須要者，特要有深證妙悟者以發之耳」，至於能否影響於後世，也是不一定的，「比如大學、中庸二篇，宋明來在中國思想界可影響極大矣，然在七國、兩漢、六朝、三唐間有何影響乎？」而且「印度人之思想爲超時間者，則當知由印度人思想之產物亦爲超時間者，矣彼超時間之思想學術乃欲以時間拘之，抑何矛盾之甚！」❹所以，由佛學界的觀點來看，任公的研究方法根本是他們所無法接受的，其所遭受抨擊，亦是意料中事。❹

---

❹　非心〈評大乘起信論考證〉一文，收入張曼濤主編「現代佛教學術叢刊第四輯」的《大乘起信論與楞嚴經考辨》中（台北，大乘文化出版社，1978年5月初版）。

❹　關於此公案的緣起始末，會覺〈起信論研究書後〉的文章，有段很清楚的記載，可以供參考：「大乘起信論研究，由武昌印經處蒐集海內佛學家研究起信論而成。其編輯次序，首有歐陽竟無君作唯識抉擇談，對於起信論

由以上數個例子看來，任公辨僞範圍雖極爲廣泛，但如果吾人就每篇仔細推敲，都有可以非議之處，因此任公雖然被陳寅恪稱許「高文博學，近世所罕見」，然而以學術窄而深的標準來衡量，任公的辨僞成就在今日看來，往往有很多不夠精深、有待加強充實。

（二）特色

梁任公古書辨僞的種種缺失，舉其大要，有如前述，但也有若干特色，是值得提出來討論的。

首先是研究方法的自覺。任何學問的研究，除了長久深入的探索之外，欲超越前人，應有方法的突破。而任公本身即有這方面的自覺，他曾經批評清代乾嘉諸老的成績表現，以爲「清學正統派之考證學」的成就，在文獻的辨僞方面，「經學方面做得最多，史學、子學方面便差得遠，佛學方面卻完全沒有動手」，他覺悟到「做這種工作，眼光又和先輩不同，所憑藉的資料也比先輩們爲多，我們應該開出一派『新考證學』，這片大殖民地，很夠我們受用」❸。任公所以做了很多考證辨僞的文字，就是有如此的自覺。在佛學方

真如緣起說，極言其陋。次有吾師太虛法師對竟無先生之抉擇談作佛法總抉擇談，以抉擇其抉擇，亦兼及起信論。次章太炎君爲遣人疑惑起見，有大乘起信論辯之作。次梁任公君作起信論考證，有非心君作評，以出其非。後王恩洋君作起信論料簡，將起信根本推翻，而唐大圓君作起信論解惑，以解其惑。又有陳維東君作料簡起信論料簡，釋常醒君作起信論料簡駁義，以盡其餘勢。」會覺此文及文章中所提到的論戰文字，俱可在《大乘起信論與楞嚴經考辨》一書中尋得。

❸ 此段話爲梁任公民國十二年一月九日在東南大學的國學研究演講，題爲〈治國學的兩條大路〉，收入《飲冰室文集》之三十九，頁113。

面的研究，處處顯示出作者有意突破傳統，如佛教最初輸入中國的時地、玄奘西游出境的年代，以及佛學典籍如《四十二章經》、《牟子理惑論》及《大乘起信論》等，在傳統的史籍上，都有明確的記載，一般人看來似乎不成問題，但任公則不滿於傳統舊說，於是親自做了若干異於傳統的考證辨僞，在《大乘起信論考證》序中更是明白揭示他對佛學研究方法的觀點：

> 此一段公案，爲佛學界空前之大發明，自無待言。然檢諸家之論據，其取材不越全藏，則固吾國人所盡人能讀者也，而發明之業，乃讓諸彼都人士，是知治學須有方法，不然則熟視無睹。近數年來國中談佛者熾然矣；其純出於迷信之動機者且勿論，即實心求法者，亦大率東聽一經、西繙一論，絕少留意於別派之條貫，往往糅矛盾之說於一爐，以自招思想之混亂。吾以爲今後而欲昌明佛法者，其第一步當自歷史的研究始。

爲什麼要注重歷史的研究呢？他又說：

> 印度有印度之佛學，中國有中國之佛學，其所宗嚮雖一，其所趣發各殊。謂宜分別部居，溯源竟流，觀夫同一教義中而各派因時因地應機蛻變之跡爲何如，其有矯誣附益者則芟汰之。夫如是，以言修持耶，則能壹共宗尚；以言誦習耶，則能馭繁賾。要之，七千卷之大藏，非大加一番整理，不能發其光明；而整理之功，非用近世科學方法不可。日本近十年來，從事於此者漸有人矣，而我國則闃乎未之聞。吾檢此起

> 信論一段公案，未嘗不驚歎彼都學者用力之勤；而深覺此種
> 方法若能應用之以整理全藏，則其中可以新發見之殖民地蓋
> 不之凡幾，此實全世界學術上一大業，而我國人所不容多讓
> 者也。

的確，從歷史觀點看來，印度佛學傳入中國，能融入了中國色彩，
形成「中國之佛學，乃中國之佛學，非純然印度之佛學也」，尤表
現出自己的特色❹，而佛學傳入中國後，對中國思想界造成何等之
影響，在歷史上斑斑可考，這是無庸置疑的；而且，中國佛學既不
同於本土的傳統思想，也不同於印度的佛學思想，乃是汲取印度學
說、鎔鑄傳統文化所新構成「中國本土化」的思想，自有其特色，
因此這一歷史現象，在研究方法不得不講究，呂澂也提出了看法：

> 在理解中國佛學時，首先要注意到中國佛學同印度佛學的關
> 係。印度佛學在不斷變化，我們就要注意到這些變化給中國
> 佛學以怎樣的影響；注意中國佛學在這個過程中，與印度佛
> 學保持了多大的距離。總之，要以印度佛學的發展為尺子，
> 用來衡量中國佛學發展的各階段，並藉以看出兩者之間的異
> 同，以及中國佛學的實質。❺

---

❹　梁啓超《中國學術思想變遷之大勢》一書曾謂中國佛學表現出四大特色，
　　即一、自唐以後，印度無佛學，其傳皆在中國；二、諸國所傳佛學皆小乘，
　　惟中國獨傳大乘；三、中國之諸宗派，多由中國自創，非襲印度之唾餘者；
　　四、中國之佛學，以宗教而兼有哲學之長。
❺　呂澂《中國佛學源流略講》，頁13。

呂澂這段談研究中國佛學的方法，可以作爲任公主張佛學「第一步當自歷史的研究始」的註腳。任公在當時以歷史的方法研究佛學，寫成《中國佛教史稿》（這些文章後收入《佛學研究十八篇》中）及《大乘起信論考證》，雖遭受非議及否定（見上一節），但就今日看來，任公所揭示的研究方法，是前人所少用的，也是史學領域中應該具有的。張蔭麟對此有很高的評價：

> 惟其關於中國佛學史及近三百年中國學術史之探討，不獨開闢新領土，抑且饒於新收穫，此實爲其不朽之盛業。❹❻

張氏的看法，可以說是公平的。

　　其次，任公古書辨僞的第二個特色，是把古書辨僞列入歷史學研究的領域之一，也就是歷史研究的第一步驟 ── 史料的蒐集與鑑定。這和前清諸老所作的辨僞工作，精神上已大有不同，清人雖然在古書眞僞的辨識上，花下不少的心血，但並不全然是因爲欲研究中國歷史才在古書眞僞上做辨識，主要有學術趨向不同的因素❹❼；任公則有很明確的目標，「把古書眞僞及年代辨析清楚，尤爲歷史學之第一級根據，我盼望我們還繼續清儒未完的工作」❹❽，他的《古書眞僞及其年代》的演講，即是有這樣的雄心，可惜講完總論之後，分論僅講完經部就沒有繼續下去，但也提示我們研究中國歷史的方

---

❹❻　張蔭麟〈近代中國學術史上之梁任公先生〉，收入台北影印《學衡》八十五期（民國十八年一月），頁9269～9276。

❹❼　余英時〈清代思想史的一個新解釋〉，收入《歷史與思想》（台北，聯經出版公司，1983年第八次印行），頁121～156。

❹❽　《中國近三百年學術史》頁261。

法：

> 中國書籍，許多全是假的，有些一部分假，一部分眞，有些
> 年代弄錯，研究中國學問，尤其是研究歷史，先要考訂資料，
> 後再辨別時代，有了標準，功夫才不枉用，我所以把古書眞
> 僞及其年代作爲一門功課講，其用意在此。好在前人考訂出
> 來了的，已經很多，尚有後徑可循，不大費事，……不能每
> 一部書，都作考證，但是研究學問，又不能不把資料弄清
> 楚，……把前人已經定案了的，或前人謂定案而可疑的，一
> 一搜集考核出來，隨後研究本國書籍，才不會走錯，不會上
> 當。❹

所以，他在中國歷史研究的領域中，投注相當多的心力在古書眞僞
及其年代的辨識上，自然是可以理解的。然而，張蔭麟卻說任公「晚
事考據者，徇風氣之累也」❺，羅炳綿亦循張氏的說法❺，以爲任公
所貢獻於近代史學者，全不在考據。其實，考據的工作，僅是任公
史學研究的一部分，也是最基本的，他的《中國歷史研究法》就是
他二十多年治史心得與理想所託，有極大的篇幅在講史料的蒐集與
鑑別，又把古書的眞僞及其年代的辨識列爲學期講演課程中，可見
任公對此的重視，張、羅二氏由任公文筆的深入人心，及啓發後人

---

❹　見原書頁12～13。

❺　張蔭麟〈跋梁任公別錄〉，《政論周刊》第一六三期（1958年2月18日出版），
　　頁11。

❺　羅炳綿〈梁啓超對中國史學研究的創新〉，收入《清代學術論集》（台北，
　　食貨出版社，1978年4月初版），頁700～701。

治史的門徑著眼，來肯定任公在學術上的貢獻，並不提及考據，恐怕也是任公「才大工疏」、「幾乎無一篇無可議者」的緣故。

今日，吾人重新拜讀任公的著作，並省察民國以來關於古書眞僞的論戰中，不得不肯定任公在考據方面的貢獻，雖然任公的考據「幾乎無一篇無可議者」，但他提出一套辨別古書眞僞及考證年代的方法，總結前人的方法，並融會了自己的見解，後人談到古書眞僞考辨的方法，必以之爲必要根據❺❷，即以此而言，說任公爲民國以來古書辨僞學理論之第一人，實不爲過。

「解決問題，固然是學術上一種成績，提出問題，也算一種成績」❺❸，這是任公對清儒在辨僞書方面所做的評價。同樣地，我們以此言作爲任公辨僞成績的評價，也是適當的。任公辨僞的疏陋，是後人一致的批評，但並不能否定他「善於提出問題」的貢獻，任公有很多篇文章，在當時及以後，都引起廣泛的討論，如老子的時代問題、陰陽五行說的起源問題、陶淵明的年代問題、佛學史及佛

---

❺❷　曹養吾的〈辨僞學史〉（《古史辨》第二冊）、張心澂的《僞書通考》（台北，明倫出版社，1973年2月再版）、杜松柏的《國學治學方法》（台北，弘道書局，1980年4月一版）、鄭良樹的《古籍辨僞學》（台北，學生書局，1986年），以及過去台灣師範大學國文研究所高明先生的「治學方法」課程，提到有關辨識古書眞僞的方法，都是以梁任公的方法爲起點，由此可見任公這套辨僞的方法的價值了。另外，今人杜澤遜研究清人《四庫全書總目提要》的辨僞方法，指出有五七五篇與辨僞有直接關係的提要，經過歸納整理，共得二十條例辨僞方法，將之與任公的辨僞條例相對照，仍未能超越任公的水平。詳見杜澤遜〈四庫提要辨僞方法探微〉一文，收入《歷史文獻研究》北京新6輯（中國歷史文獻研究會編，北京師範大學出版社，1995年10月北京第一版），頁169～187。

❺❸　《中國近三百年學術史》頁261。

學經典眞僞問題等，而這些問題迄今尙未有定論❺，任公以他在學術界的影響力，引發這些問題供後人探討，已是成就了一樁功德了。至於考證疏陋失工，後人青勝於藍的表現，又何足傷任公但開風氣之功乎？

把古書眞僞辨識清楚，各還其本來面目，研究結果才不至於枉費，才有可靠的依據，而僞書經判定後，僞書是否即失去價值呢？是又不然。任公指出僞書辨別以後，仍然有其價值，因爲造僞書是不能無中生有，必定要參稽許多書籍，「假中常有眞寶貝，我們可把他當做類書看待。戰國人僞造的書一定保存了秦始皇焚書以前的資料，漢人僞造的書一定保存了董卓焚書以前的資料，晉人造僞的書一定保存了八王之亂以前的資料，因爲那些造僞的人生在焚書之前，比後人看得書多些」。除了這個功用，僞書也保存了許多古代的神話，「神話可以表現古代民眾的心理」，是研究古代文化和民族心理的絕好材料。僞書的另外兩種功用，是保存了許多古代的制度和古代的思想，例如《周禮》決不是周公所作，把它當作周公時

---

❺ 老子的問題，重要的辯論者，已見前節所敘，茲不贅引。陰陽五行的問題，見《古史辨》第四冊，晚近饒宗頤採用新史料，有不同的解釋，見《中國史學上之正統論》（台北，宗青圖書公司，1979年10月初版），頁8～18。陶淵明的年歲問題，主傳統說者，有傅東華、鄭因百、潘重規、楊勇、逯欽立，以及呂興昌等，景從任公新說者，有陸侃如、李辰冬、方祖燊，見呂興昌〈陶淵明享年六十三歲舊說新證〉，《漢學研究》第五卷第二期（1987年12月出版），頁513～526。佛學史及佛學經典眞僞問題，除《大乘起信論與楞嚴經論辨》一書可參考外，尚有《玄奘大師研究》上、《中國佛學史論集》（一）、《四十二章經與牟子理惑論考辨》諸書，俱見張曼濤主編的《現代佛教學術叢刊》（台北，大乘文化出版社，1978年）。

代的制度固然不對，但如果把它定位在戰國以後至西漢間，學者對政治制度理想的寄託所在，則其價值就很大了；又如《列子》把它和《老子》、《莊子》時代並置，可能會有問題，但如把它和王弼的老子注、何晏的論語注放在一起研究，就很有價值了。❺❺

　　這樣看來，把偽書判定之後，回歸到造偽的時代，以為研究該偽作時代的思想或造偽者的偽作動機、目的，則偽書仍具有一定的價值。由此可見，經由辨偽的工作，不管書籍眞偽，都能發揮其功用，任公能見到判定偽書後，有這一層意義，則是他的卓識。

四、出土文物對傳統文獻考證方法的衝擊

　　在本文第二節曾就任公辨偽的理論與實例詳列表說明，也確信任公總結前人辨偽理論之條例具有一定的價值。然而，其後陸續出土的古代文物圖籍（包括任公本人）以為是偽作的文獻，卻得到了強而有力的反證。職是之故，那些看似合理的辨偽條例，居然有的禁不起實物的檢驗，就值得再重新思考其可信度了。如《鶡冠子》、《晏子》、《尉繚子》、《六韜》及《文子》等書，依照任公的辨偽條例及說明，是這樣的：

> 從今本和舊志說的的卷數篇數不同，而定其偽或可疑……又有一種，時代愈後，篇數愈多的，這可沒有法子辯說他不是偽書。如《鶡冠子》，漢志才一篇，唐朝韓愈看見的，已多

---

❺❺　以上所述偽書的四種功用，俱見《古書眞偽及其年代》第五章〈偽書的分別評價〉，頁58～59。

至十九篇，宋朝《崇文總目》著錄的，又非韓愈讀的，更是僞中的僞又出僞了。又如《文子》，漢志說有九篇，馬總《意林》卻說有十三篇，這種或增或減，篇數已異，內容必變，可以決定是僞書，最少也要懷疑，再從別種方法定期眞僞。❺

以及

從舊志無著者姓名，而定後人隨便附上去的姓名是僞如《文子》，漢志沒有著者姓名，馬總《意林》說是春秋末范蠡的老師計然做的，而且說計然姓章，漢人所不知，唐人反能知之？其實《文子》本身已是僞書，竊取《淮南子》的唾餘而成，何況憑空又天上一個不相干的人名呢！❺

以及

從思想系統和傳授家法辨別……又如柳宗元辨《晏子春秋》是最好的從思想上辨別的例，雖不很精，但已定《晏子春秋》是齊人治墨學者所假托，因書有許多墨者之言，而晏子是孔子前輩，如何能聞墨子之教，那自然不是晏子自做的書。❺

在一九七二年山東臨沂銀崔山漢墓出土的實物中，卻有西漢前期的竹簡抄本《晏子》、《尉繚子》、《六韜》等，據學者考訂研究，《晏子》部分抄本文字與今本大同小異，可見從前以爲是漢初或後

---

❺　見《古書眞僞及其年代》頁41。

❺　同前揭書，頁41。

❺　同前揭書，頁53～54。

人偽作的，是不能成立的，應是不晚於戰國時代的作品❺；又一九七三年長沙馬王堆三號漢墓出土西漢前朝抄寫的帛書《老子乙本卷前佚書》（其著作時代，學者考訂爲戰國時期），有甚多文句與《鶡冠子》相同或相似，可見《鶡冠子》非漢代以後所偽托之作品，應是戰國時代的作品❻；同樣在一九七三年河北定縣西漢後期中山王墓出土了《論語》、《文子》等竹書的殘本，根本上也推翻了任公以爲「《文子》本身已是偽書，竊取《淮南子》的唾餘而成」的說法。

　　由此可見，從「舊志著錄」及「思想系統」條例來判定古書眞偽，未必是完全可靠，因有時古籍輾轉抄寫或翻印流傳的複雜情況，是超出後人所能想像的。胡適反對以「思想脈絡」及「文體」來判定古書眞偽，基本上就是要防止主觀的臆斷，看來是有一定的道理（見第三節）。近人朱德熙先生根據出土的竹簡及帛書與傳本古籍校勘比較，有段結果最足以說明此中的複雜程度：

> 把有傳本的古書跟竹簡本或帛書本相對照，可以看到一個有意思的現象。歷來受到重視的書如《老子》、《孫子》一類著作，古本和今本比較接近，出入不是很大。反之，不太受重視的書如《六韜》、《尉繚子》等，今本和古本往往有較大的差別，文字屢有成句成段地脫落或刪節的情況。此外，比起宋以後的刻本來，唐代類書用的本子以及敦煌唐寫本，跟竹簡本或帛書本要接近得多。這說明印刷術的興起，一方

---

❺　見裘錫圭〈談談地下材料在先秦秦漢古籍整理工作中的作用〉一文，收入氏著《古代文史研究新探》（南京，江蘇古籍出版社，1992年6月第一版）。

❻　同前註。

面減少了古書失傳的可能性，另一方面卻增加了比較劇烈地
改變古書面貌的可能性。刊刻的古書由於所據底本不善，或
是刊刻者出於牟利的目的草率從事，往往錯誤很多，而刻本
的出現又可能導致各種抄本失傳，以致好的本子反而被壞的
本子淘汰。**❻**

出土古籍抄本的整理解讀，使吾人更清楚古籍的流布傳播情況，同
時也更能說明依傳統整理出來的辨僞條例未必是可靠的，實例有如
前述。其次，出土文物的科學測定，結合考古學、歷史學、文化人
類學、體質人類學、遺傳學、冶金史、紡織史等各種專門學科的深
入研究，已使傳統文獻的研究方法有了重大的改變，即紙上材料需
要與實物的互相印證，往往能取得很大的突破，也是後人能超越前
人成就的有利條件之一。此即王國維所謂的「二重證據法」。

其實，梁任公在民國十五年秋天歡迎萬國考古學會會長瑞典皇
太子的講演會上，即指出中國考古學的發展方向有二，一是有計畫
的發掘，如「曲阜孔陵，因爲中國人尊孔，保全得極好，不惟孔子，
連孔子的子孫，歷代都葬在這個地方，一點沒有搬動，如把孔子及
孔子子孫的墳，通通打開，歷代的情形，可以瞭如指掌，那簡直是
一個極好的博物院，數千年的歷史全在裏邊了」；二是全國高等教
育機關，要設考古學專業，「一面要得前人所未得的資料，一面要
用前人所未用的方法，從荒榛斷梗中闢出一塊田園來」。他深信「以
中國地方這樣大，歷史這樣久，蘊藏的古物這樣豐富，努力往下做

---

❻ 見朱德熙〈七十年代出土的秦漢簡冊和帛書〉一文，收入《朱德熙古文字
論集》（裘錫圭、李家浩整理，北京，中華書局出版，1995年2月第一版）。

去，一定能於全世界的考古學上，佔極高的位置」。**㉒**

　　目前，中國許多大學及學術單位均設有考古學專業，已培養出一批考古文物專家，接下來要做的便是如何有計畫的發掘及保護，如明代十三位帝王的陵墓均在北京近郊萬壽山，目前僅有定陵開挖，但已遭多數破壞，將來等各項保護設施完善，再一一發掘研究，對於明代的文化定會有極大的進展。又如西安兵馬俑的發掘，使得司馬遷對《史記》的記載有了實物的證據，也證明秦始皇時代武力的強大與工藝技術的成熟水平。

　　這是一條值得嘗試的道路，也是後人能夠有重大突破文獻記載所不及的契機。只是由於學科分化過於專業，許多研究者無視出土文物的研究成果，仍因襲傳統的方法，於是就不免陳陳相因，人云亦云。如傳統對陶淵明飲酒詩「採菊東籬下，悠然見南山」的解釋，大多以為淵明生活態度從容不迫，不以得失縈懷累心，而出土方磚的浮雕款式卻證明漢代「商山四皓」的典故，漢代和六朝人通說為「南山四皓」，所以學者研究指出淵明是「想起隱居南山那四位輔政老人，並沒有真見什麼南山」，同時那出土方磚正好和淵明詩作年代相差不遠**㉓**。因此，充分利用考古研究的成果，是有待再加強

㉒　見梁任公〈中國考古學之過去與將來〉一文，收入《中國歷史研究法》

㉓　見沈從文〈「商山四皓」和「悠然見南山」〉一文，收入《花花朵朵·壇壇罐罐～沈從文文物與藝術研究文集》（北京，外文出版社，1994年第一版）。沈文此說頗為合理，具有堅實說服力，但遺憾是今人龔斌《陶淵明集校箋》（上海，上海古籍出版社，1996年12月第一版）雖在校勘箋註上極下工夫，且在文獻資料蒐羅亦極為齊備，仍將「南山」釋為「廬山」，並以為淵明所見為實景（見原書頁221～222），絲毫無視於出土文物的研究成果。

充實。❻

　　總之，我們對於出土文物的認識，正是先透過傳統文獻的理解，而出土文物可以用來證驗傳統文獻的可靠性及補充其所未逮之處。沒有傳統文獻的記錄，文物就無法發揮其作用，同樣地，沒有文物的證驗，傳統文獻不免有部分停留在以訛傳訛狀況，而渾然無所知悉。實際上，傳統文獻與出土實物的結合，正如同火車雙軌，合之則雙美，離之則兩傷，是不可須臾分割的，此亦是今後人文學科走向綜合各專業知識的一個趨勢！

本章於二〇〇〇年十月十四日修訂完成

---

❻　關於此點意見，參見裘錫圭〈閱讀古籍要重視考古資料〉一文及沈從文〈試釋「長檐車、高齒屐、斑絲隱囊、棋子方褥」〉一文。裘文收入《古代文史研究新探》，沈文收入《花花朵朵·壇壇罐罐～沈從文文物與藝術研究文集》。

第四章　梁任公清代學術史研究

　　任公〈中國史敘論〉及〈新史學〉二篇大作的發表，標誌著對中國歷史觀念的革新與突破。而《中國歷史研究法》及補編的完成，更充分展現他史學理論形成了獨特見解。這些見解在當時是新穎的，但半個多世紀過去了，其人其文仍能活生生地在吾人腦際中顯現。如他提出先有專史，通史才能完成的理論，以及以圖表及新方法爲舊史融入新的生命，以契合當代人的需要——賦予新意義與新價值，當代人應爲當代史做撰寫，大量資料排比以求歷史共相的歸納等，均在現代仍有足資參考的價值。此外，任公在清代學術史的撰寫，完成了《清代學術概論》、《中國近三百年學術史》及《近代之學風的地理分布》，不僅顯示他文采飛動的才華，同時拉攏材料、組織構思的剪裁工夫，也是令人驚歎的！尤其新方法的運用，靈活而不呆滯，沒有生吞活剝的凝澀，更奠定他在這一領域的歷史地位。他如《論中國學術思想變遷之大勢》、《中國之美文及其歷史》、《中國韻文裡頭所表現的情感》等，皆是結合時代動脈的研究成果，彰明昭著地表露他研究古代學術並不陷入古人的窠臼之中，往往能呼應時代的新需求。職是之故，探索任公對學術史的研究，或許在今日還有點意義。

一、新史學的觀念

　　梁任公之前重要思想人物，如陳澧、朱次琦、朱一新及王闓運等人的思想，鮮少受西學的影響，直到十九世紀末，梁任公及其師康有爲的維新變法運動，史家才眞正以爲西學與中國傳統文化有了交流，而梁任公等一批優秀的知識分子深深地爲中國傳統如何在西學衝擊中調適存在所困擾❶。其次，晚清在一股「變」的風潮之下，萬事萬物皆求變求新，所謂「大地既通，萬國蒸蒸，日趨於上，大勢相迫非可關制，變亦變，不變亦不變」。梁任公便是在此背景下，對中國傳統舊史發出改造的呼聲。

（一）、「新史學」的提出

　　光緒二十七年〈中國史敘論〉的發表，梁任公即對傳統舊史表達了極大的不滿，以爲世界學術日益進步，所以現代的史學家也當與時俱進，自必與從前的史學家不同，「前者史家，不過記述人間一二有權力者興亡隆替之事，雖名爲史，實不過一人一家之譜牒」，而「近世史家必探察人間全體之運動進步，即國民全部之經歷及其相互之關係」，由此而論，中國從前殆無歷史可言❷。這種觀點，由今視之，自屬過激之論調，極爲粗糙空疏，不值一駁。但其所反映革故求新之急切心境，卻直露無遺。

---

❶　見張灝著，崔志海、葛夫平譯《梁啓超與中國思想的過渡》（江蘇人民出版社，1993年8月第一版），前言。

❷　見〈中國史敘論〉第一節，此文收入《飲冰室文集》之六。

　　到了光緒二十八年〈新史學〉長文的提出，則以嚴峻之口吻對傳統史學大肆抨擊，以爲中國傳統二千年史學是「陳陳相因，一丘之貉」，毫無新氣象及普遍性，並推察此病源有四：一是知有朝廷而不知有國家、二是知有個人而不知有群體、三是知有陳跡而不知有今務、四是知有事實而不知有理想；因爲有這些弊端，遂衍生二種缺失，即能鋪敘而不能別裁、能因襲而不能創作。細數中國二千年史家，僅有六人稍具有創作之才而已❸，結果對讀者產生三大困擾，難讀、難別擇、無感觸，於是他喊出「史界革命不起，則吾國遂不可救，悠悠萬事，惟此爲大，新史學之著，吾豈好異哉，吾不得已也」。至於創新中國史學，任公以爲當以能敘述人群進化之現象而尋求公理公例，作爲現代人鑑往知來之取資，所以史學之正統「在國非在君也，在眾人非在一人也，捨國而求諸君，捨眾人而求諸一人，必無統之可言，更無正之可言」，而傳統以寓褒貶、關正邪的所謂「書法」，作爲史家獨一無二之能事天職，何嘗與廣大群體相涉乎？他主張史家「書法」，應當如「布爾特奇之英雄傳，以悲壯淋漓之筆，寫古人之性行事業，使百世之下，聞其風者，贊歎舞蹈，頑廉懦立，刺激其精神血淚，以養成活氣之人物」，應當如「吉朋之羅馬史，以偉大高尚之理想，褒貶一民族全體之性質，若者爲優，若者爲劣，某時代以何原因而獲強盛，某時代以何原因而致衰亡，使後起之民族讀焉，而因以自鑑曰，吾儕宜爾，吾儕宜毋爾，而必不可專獎勵一姓之家奴走狗，與夫一二矯情畸行，陷後人

---

❸　梁任公所舉中國二千年稱得上有創作天才的史家，僅有司馬遷、杜佑、鄭樵、司馬光、袁樞及黃宗羲六人而已。

於狹隘偏枯的道德之域，而無復發揚蹈厲之氣」；至於歷史大事的紀年，則主張以孔子生平爲紀年之始❹。這些觀點，無疑是更加徹底地否定中國傳統史學，並以布爾特奇及吉朋作爲典範，唯西方是尚的態度極爲突出！然而，以「孔子紀元，殆可以俟諸百世而不惑也」的看法，則明顯仍未能擺脫其師康有爲思想之牢籠。

（二）、「歷史研究法」的成熟及理論的建構

〈中國史敍論〉及〈新史學〉的觀點，多以西方是尚的態度看待中國傳統史學，因而頗多過激之言，難以服人。且批評多於建設，往往流於意氣而空疏籠統，這也是任公彼時爲環境所侷限，不得不爾的反應。到了晚年講學時期，講授「中國歷史研究法」課程，不僅在學問上趨於成熟，同時在心境上也有所轉變❺，指論較能客觀深入，許多有價值的見解，在今日仍深具有啓發性，值得重視。以下分五項說明之。

1.史料的意義

梁任公民國十年在天津南開大學演講「中國歷史研究法」，民國十五年北京清華大學亦講演「歷史研究法」。據他說「實爲舊作的一種補充，凡中國歷史研究法書中已經說過的，此次都不詳細再講，所以本篇可明之爲補中國歷史研究法或廣中國歷史」❻，且任

---

❹ 以上俱見〈新史學〉一文，收入《飲冰室文集》之九。

❺ 見吳銘能〈梁啓超對國學的新解—兼談梁氏肯定中國文化價值的心路歷程〉，收入《鵝湖》第二四六期（台北，鵝湖月刊雜誌社，1995年12月出版）。

❻ 《中國歷史研究法》補編，緒論。

公「治史所持之器，大略在是」，因此他許多有建設性的史學理論，就是在此時形成的。

　　任公將史料分爲兩大類型，一是非文字的史料，如含有口碑性質的史料——像五四運動、張勳復辟、辛亥革命、洪憲盜國等重大事件，有躬親其役或目睹其事的人，皆有採訪而記錄之價值——以及古蹟遺物，若能多求觀察，再加以分類調查蒐集，然後用比較統計的方法，編成抽象的史料，包括正史、筆記、檔案、函牘、群經、子部之書、集部之書、類書及古逸書輯本、古逸書及古文件之再現、金石及其他鏤文等，都是明確記載各種事類，可作爲史家抉取史料之參考❼。

　　值得重視的，任公將傳統具有正史地位的二十五史列入史料看待，「以舊史作史料讀，不惟陳壽與魏收可以等夷視，司馬遷、班固與一不知誰何之人所作半通不通之筆記，亦可作等夷視」，如此一來，正史地位不再列於神聖不可侵之尊貴，與其他史料等同齊觀，對於史學之現代化，具有不可磨滅的貢獻；另外，任公注重口碑性質的史料，即是後人所謂口述歷史(oral history)，以及古蹟遺物與古文件的再現，即是今人的考古文物的發掘，皆是史歷史事實更趨向於客觀眞實的途徑，亦是現代史學研究極重要的方法之一。

　　2.專史與通史

　　梁任公對於近代史學之另一貢獻，是提出專史與通史的觀念。他以爲「作通史本不是一件容易的事情，專史沒有做好，通史更做不好，若是各人各做專史的一部分，大家合起來，便成一部頂好的

---

❼　以上見《中國歷史研究法》第四章說史料。

通史了」。至於專史（即專門史）與通史（即普通史）之間該如何配合，他有段話說：

> 治專門史者，不惟須有史學的素養，更須有各該專門學的素養，此種事業，與其責望諸史學家，毋寧責望諸各該專門學者……，普遍史並非由專門史叢集而成，作普遍史者須別具一種通識，超出各專門事項之外而貫穴乎其間，夫然後甲部分與乙部分之關係見，而整個的文化始得而理會也，是故此種事業，又當與各種專門學異其範圍，而由史學專門家任之。

他並舉例說明如做貨幣史，「單有歷史常識還不行，最少要懂得貨幣學，近代經濟學，以及近代關於貨幣的各種事項，然後回頭看中國從前貨幣的變遷，乃至歷代貨幣改革的議論，以新知識新方法整理出來，凡前人認為不重要的史料或學說，都敘述上去，這種貨幣史才有精采」。其他如中國音樂史、文學史、書法史等亦然。照他的構想，是找數十位志同道合的人，花十年的工夫，每人就興趣與專業所嚮，分手做去，就能把一部頂好的中國通史做出來，因為他已意識到「無論有多大的天才學問和精力，想要把全史包辦，絕無其事」，因而必得有貴專精不貴雜博的覺悟。❽

梁任公提出這種專史須備有某一專門知識才能做好的理論，吾人在考察他一生的著作，可以明顯發現他真能躬自實踐，如他對中國學術的發展，有深入的理解，因而寫成了《論中國學術思想變遷

---

❽　以上所引文字，見《中國歷史研究法》頁35、頁36，《中國歷史研究法》補編頁1、頁7、頁33、頁36、頁169。

之大勢》；他對法律曾下極大工夫，因而寫成了《中國法理學發達史論》及《論中國成文法編制之沿革得失》；他對政治學原理亦有研究，因而寫成了《中國專制政治進化史》；他對清代學術思想有深刻的認識，因而寫成了《清代學術概論》、《近代學風之地理的分布》以及《中國近三百年學術史》；他對中國文學的演進與發展，有敏銳的鑑賞能力及迥異時人的見解，因而有《中國之美文及其歷史》和《中國韻文裏頭所表現的情感》的著作……；另外，他提出「各人各做專史的一部分，大家合起來，便成一部頂好的通史」之理論，可惜不及實踐即離開世間，毋寧是近代學術界一大損失！

　　3.史家四長

　　唐代史學家劉知幾以為一位成功的史學家，應當具備才、學、識三個條件：

> 子玄領國史且三十年，官雖徙，職常如舊。禮部尚書鄭惟忠嘗問：「自古文士多，史才少，何耶？」對曰：「史有三長：才、學、識，世罕兼之，故史者少。夫有學無才，猶愚賈操金，不能殖貨；有才無學，猶巧匠無梗枏斧斤，弗能成室。善惡必書，使驕君賊臣知懼，此為無可加者。」時以為篤論❾。

到了清代的章學誠，更提出「史德」的觀念，強調史家心術的重要❿。但任公並不滿意他們的說法，於是重新加以解釋，賦予新的意

---

❾　《新唐書》卷一百三十二列傳第五十七。
❿　章學誠《文史通義》〈史德〉篇云：「能具史識者，必知史德。德者何？謂著書者之心術也。……蓋欲為良史者，當慎辨於天人之際，盡其天而不益以人也。盡其天而不益以人，雖未能至，苟允知之，亦足以稱著者之心術矣，而文史之儒，競研才學識，而不知辨心術，以議史德，烏可得乎！」

義。他以爲「史德」除了講求心術端正之外，最重要的當是力求忠實，避免誇大、附會及武斷，應該「如鑑空衡平，是什麼，照出來就是什麼，有多重，稱出來就有多重，把自己主觀意見刬除淨盡，把自己性格養成像鏡子和天平一樣」。

「史學」所貴在專精，如何下苦功？任公提出了三個方法：（一）勤於抄錄——採取像顧亭林的《日知錄》、陳蘭甫的《東塾讀書記》以及錢大昕的《十駕齋養心錄》，先將有用的材料，以積銖累寸的抄錄成無數小條，然後輯成長編，再由長編綴成鉅製。（二）練習注意——讀書先注意一點，讀第二遍再換另一個要點，以養成對資料別擇的敏銳。（三）逐類搜求——由一種資料，跟著追從蹤同類的資料，再加以組織成系統。

「史識」講求敏銳的觀察力，也就是說能注意到別人所觀察不到的現象，亦即「讀書得間」的意思。任公舉出由全部到局部、由局部到全部二種程序交互觀察，並以爲「不爲因襲傳統所蔽，不爲自己成見所蔽，才能得到敏妙的觀察，才能完成卓越的史識」。

「史才」是指拉攏材料，寫作的技巧，亦是任公極爲重視的。他以爲史家作文章的技術當注意兩方面：（1）是組織——即包括剪裁及排列的工夫——能將前人的話熔鑄成自己的話，「如李光弼入郭子儀軍，隊伍如故而旌旗變色，此爲最上乘之作」；另外用綱目體的寫法（頂格是正文，不過數百字，下加注語，爲所依據的史料，較正文爲多），以及設法將文字以圖表表示複雜的材料，以收得以簡馭煩的明晰效果，都是值得訓練的技巧。（2）是文采——要求簡潔及飛動，所謂「簡潔」就是詞句達意，「篇無剩句，句無剩字」。所謂「飛動」就是要使人讀來受感動，百讀而不厭。至於如何才能臻於如此

境地，任公以爲唯多做練習、多讀前人文章、多修改文章❶。

任公改變章學誠史家四長的順序——先「史德」，次「史學」，次「史識」，次「史才」，並以自己的見解，賦予新的意義，尤其講「史才」的訓練方法，更是他「筆鋒常帶情感」、「縱筆所至條理明晰」的現身說法，尤爲親切有味。

4.當代人做當代史

傳統舊史的限制，總離不開貴族性及爲古人而寫史的性質，梁任公以爲現代作史宜去除從前僅供少數官閥階級與知識階級爲閱讀對象，應以國民爲普及閱讀之對象。其次，應「以生人本位的歷史代死人本位的歷史」，並重新估價歷史，使事件之間能首尾緊密聯繫，以適合現代人的閱讀。因此重新改造舊史，當代人應作當代史，成爲任公史學理論建構另一重要的部分❷。他並以現代人爲例，說明對現代人物研究的迫切性：

> 研究近代的歷史人物，我們很感苦痛，本來應該多知道一點，而資料反而異常缺乏，我們應該盡我們的力量搜集資料，作一篇算一篇，尤其是最近的人，一經死去，蓋棺論定，應有好傳述其生平，即如西太后、袁世凱、蔡鍔、孫文，都是清末民初極有關係的人，可惜都沒有好傳，此時不作，將來更感困難；此時作，雖不免雜點偏見，然多少尚有眞實資料可憑，此時不作，往後連這一點資料都沒有了❸。

---

❶　以上說史家四長，俱見《中國歷史研究法》第二章。

❷　同前揭書，第三章。

❸　《中國歷史研究法》補編頁49。

在具體實踐上，梁任公展現了驚人的創作，爲現代史留下了可觀的成績，完成了《李鴻章》（一名《中國四十年來大事記》）、《南海康先生傳》、《新大陸遊記》、〈國體戰爭躬歷談〉與〈護國之役回顧談〉、《歐遊心影錄節錄》、《清代學術概論》、《中國近三百年學術史》、《近代之學風的地理分布》等，以及許多應時事而發的政論性文章，這些都已成爲研究近代史資料的一部分，由此可知，梁任公是眞能把理論與實踐結合爲一的學者。尤有意思者，作爲一個歷史啓蒙思想運動人物的梁任公，在有生之年已將自己定位成歷史上不可缺少的人物❶，他的歷史不留待後人來寫，「即現在執筆之另一梁啓超批評三十年來史料上之梁啓超」❶。他既創造了歷史，也自己寫歷史，同一時代的人物，被他寫入的，如政治史上人物戊戌六君子（見《戊戌政變記》）、康有爲（見〈南海康先生傳〉）、蔡松坡（見〈國體戰爭躬歷談〉及〈護國之役回顧談〉），詩人黃公度（見《飲冰室詩話》），著名學者如徐世昌、柯鳳蓀、吳稚暉、馬建忠、劉師培、胡適、章太炎、王國維、沈子培、羅振玉、蔡元培……等人（見《近代學風之地理的分布》），其後都證明已進入中國近代史上極重要的人物，即此而言，梁任公已表現了三大意義：一、當代歷史由後人來撰寫，是中國古來相傳襲的傳統，當代人寫當代史在中國是少有的，梁任公已做了很成功的示範。二、中國人常說「蓋棺論定」，同時代的許

---

❶　他曾說「近三十年來的中國歷史，若把西太后、袁世凱、孫文、吳佩孚……等人—甚至於連我梁啓超—沒有了去，或把這幾個人抽出來，現代的中國是個甚麼樣子，誰也不能預料，但無論如何，和現在的狀況一定不同」，見《中國歷史研究法》補編頁29。

❶　《清代學術概論》自序。

多人物猶健在，尚未「蓋棺」梁任公即將之寫入歷史，予以「論定」，足見他史識卓越。三、現代許多歷史人物或事件的研究成果，不斷地翻新深入，多建立在他原先創作的基礎上，如此說來，他做了篳路襤褸啓山林的工作，實功不可沒⓰。

5.重新評價歷史人物

舊史上的人物列傳，因撰寫的時代觀念不同，或因爲資料所限及偏見等因素，往往對於一個人的記載有失諸公允，梁任公以爲必得給予重新評價。照任公的歸納結果，有三種情況的歷史人物必予重新評價：（１）完全挾嫌、造事誣衊——如范曄、李清照即是。（２）前代史家偏見，不得其眞相——如王安石、李斯即是。（３）爲陳腐觀念所束縛，對人沒有公平評價——如曹操、劉裕即是。

另外有一類外國人，不論是否到過中國，只要與中國文化上、政治上有密切關係者，任公以爲都應該爲他們單獨作傳，如釋迦牟尼、成吉思汗、馬可孛羅、利馬竇、南懷仁、湯若望、龐迪我、郎世寧、琅威爾等人，「在外國不重要，沒有作專傳的必要，在中國很重要，非作專傳不可，有現成資料固然很好，就是難找資料，亦得設法找去」。

考任公爲中國歷史人物作傳記，篇數並不少，有〈張博望班定遠合傳〉、〈皇帝以後第一偉人趙武靈王傳〉、〈明季第一重要人物袁崇煥傳〉、〈中國殖民八大偉人傳〉（即三佛齋國王梁道明、三佛齋國王張璉、婆羅國王某、爪哇順塔國王某、暹羅國王鄭昭、戴燕國王吳元盛、昆甸

⓰　如戊戌政變、論李鴻章、清代的政治與學術變遷等，任公均最早做研究，給予後人許多的啓示。

國王羅大、英屬海峽殖民地開闢者葉來)、〈祖國大航海家鄭和傳〉、《王荊公》、《管子傳》、〈情聖杜甫〉、〈屈原研究〉、《陶淵明》、《朱舜水先生年譜》、〈戴東原先生傳〉、《辛稼軒年譜》(此年譜未完成,爲任公絕筆之作) 等。在上列諸人物傳記之撰述經驗裏,除了有史學「經世致用」之意義,應於時事而有感而發之外❶,任公並總結出如何作傳記的方法,結構嚴謹,主論不乏新的洞見,如他主張人物的撰寫,「用人物來作一種現象的反影,並不是專替一個人作起居注」,這是把個人與周遭社會環境相結合,說明其所蘊含之意義,能由小見大的寫作方式,是值得今人再採用的。此外,任公談人物的研究方法,分成爲五種,即是列傳、年譜、專傳、合傳及人表,每一種都有完整理論架構與實例舉隅 (詳見《中國歷史研究法》補編第一章〈人的專史總說〉及第三章〈作傳的方法〉),其中比較突出的,任公他杜撰了「專傳」一詞,與傳統正史中的列傳分篇部居不同,專傳應寫成一部獨立的專書,「以一個偉大人物對於時代有特殊關係者爲中心,將周圍關係事實歸納其中,橫的豎的,網羅無遺」,所以不採傳統正史列傳人物「互見」的寫法,而是將有相交涉的人,無論直接或間接,都一齊拉攏組織,沒有年譜純按年代先後爲次的呆板寫法,完全可以按事件之輕重著墨,夾敘夾論,內容包括廣泛,書寫也比較自由,所以是人物五種研究方法中最重要的❶。這種「專傳」的觀點,除了以傳統正史列傳爲基礎的改良外,受西方傳記學的影響頗大❶,有傳承與創新,使他成爲中國近代傳記學發展的代

---

❶ 　《中國歷史研究法》補編頁44～48。

❶ 　同前揭書,頁38～39。

❶ 　任公說「新近有這種專傳出現,大致是受外國傳記的影響」,同前揭書,頁39。

表人物之一❷。

　　對於人物傳記的研究，任公提出了「以幾十篇專傳作主，輔以幾十篇合傳，去改造鄭樵的通志，或做成中國百傑傳」，用他所提示的新的人物傳記體裁，儘可能地包括整個中國文化的全部歷史❷。這是一種撰寫中國文化史的新方法，只是沒有付諸實踐，任公即過世了。後人做人物專傳很多，但以幾十篇合傳爲輔，來闡述中國文化者卻未見，也許可以作爲未來系統撰寫中國文化史之參考。

（三）歷史哲學──時勢與英雄、因果律、歸納法、進化論與歷史研究

　　梁任公嘗自剖言道：

> 其保持守性與進取性常交戰於胸中，隨感情而發，所執往往前後相矛盾，常自言曰：「不惜以今日之我難昔日之我」，世多以此爲詬病，而其言論之效力亦往往相消，蓋生性之弱點然矣❷。

觀其一生之政論與學術觀點，的確如其所言「往往前後相矛盾」。

---

❷　詳見廖卓成〈梁啓超的傳記學〉（台北，台灣大學中國文學系碩士論文，1989年6月），結論部分。

❷　按照任公的想法，主張將中國文化分爲三部分，即思想及其他學說、政治及其他事業、文學及其他藝術，每部分找數十個代表人物，各做一篇傳，同類性質者自成系統，三部分精神仍互照顧，完全以人物爲中心，若能做好，即可以包括中國全文化在一百篇傳之內，其做法與實例見《中國歷史研究法》補編頁90～121。

❷　《清代學術概論》第二十六節。

如時勢與英雄，他對於中外之英雄人物往往寄託其感情，而對這些英雄人物表無限稱美欣賞，所以他爲張騫、班超、趙武靈王、管仲等人立傳，以爲他們是造時勢的英雄。他也爲羅蘭夫人、克林威爾立傳，並稱美俾士麥、格蘭斯頓、納耳遜等人，以爲他們是造時勢的英雄。以納耳遜爲例，他說：

> 當十八世紀之末，以威如雷霆、猛如虎豹之拿破崙，蹂躪馬蹄於歐洲全土，各國之帝王將相，膝行莫敢仰視之時，而有鬼神之算，鐵石之膽，電光之手腕，納耳遜其人者，率英國艦隊，屢決死戰於海上，卒剿滅法國及其同盟國之海軍，使不能再立，而地中海之海上權，遂全歸英國之手，至今歐洲有井水飲處，莫不知其名焉。嗚呼！榮矣❷❸。

其欣賞崇敬，充溢字裡行間！在撰寫《中國之武士道》，這種英雄造時勢之觀點，則呈現大扭轉，以爲英雄乃時勢所造：

> 春秋時代，霸國初起，始形成武士道之一種風氣，戰國時代，霸國極盛，武士道亦極盛，楚漢之交，時日雖短，猶然爭霸也，故亦盛。漢初，天下統於壹矣，而猶有封建，則霸國之餘霞成綺也，而武士道雖存，亦幾於強弩之末，不穿魯縞，逮孝景定吳楚七國之亂，封建絕跡，而此後亦無復以武俠聞於世者矣。嗚呼！時勢造人，豈不然哉❷❹！

---

❷❸　見《自由書》頁23。
❷❹　《中國之武士道》自序。

然而，在《英雄與時勢》一文卻說：

> 英雄固能造時勢，時勢亦能造英雄，英雄與時勢，二者如形
> 影之相隨，未嘗少離，既有英雄，必有時勢，既有時勢，必
> 有英雄。……然則人特患不英不雄耳，果爲英雄，則時勢之
> 艱難危險何有焉？暴雷烈風，群鳥戢翼恐懼，而蛟龍乘之風
> 行絕跡焉，驚濤駭浪，鯈魚失其錯愕，而鯨鯤御之一徙千里
> 焉，故英雄之能事，以用時勢爲起點，以造時勢爲究竟，英
> 雄與時勢，互相爲因，互相爲果，造因不斷，斯結果不斷❷❺。

這種前後不一致的矛盾現象，早年如此，以略如前述，到了晚年，
則以爲英雄造時勢，文明程度愈低，愈易產生英雄，而文明程度愈
高，推動歷史的進步，不在限於少數英雄，而是大多數的群體民眾，
所以「歷史的大勢，可謂爲由首出的人格者，以遞趨於群眾的人格
者，愈演進，愈成爲凡庸化，而英雄之權威愈減殺，故『歷史即英
雄傳』之觀念，愈古代則愈適用，愈近代則愈不適用也」❷❻，而他
在《中國歷史研究法》補編裏，提到以一百篇人物傳記來囊括中國
文化的全部（見上節第五小段），則仍不免有英雄造時勢的寓意存乎其
中，但在第六章中卻有主張調和說：

> 歷史所以演成，有二種不同的解釋，一種是人物由環境產生，

---

❷❺　此文收在《自由書》，另〈無名之英雄〉一文亦同此意，見《自由書》頁48
　　～50。

❷❻　此種造時勢之英雄，任公稱之爲「歷史的人格者」，見《中國歷史研究法》
　　頁113～114。

> 一種是人類的自由意志創造環境，前人總是說歷史是偉大人
> 物造成，近人總是說偉大人物是環境的胎兒，兩說都有充分
> 的理由而不能完全解釋歷史的成因，我們主張折衷兩說，人
> 物固然不能脫離環境的關係，而歷史也未必不是人類自由意
> 識所創造，歷史上的偉大人物倘使換了一個環境，成就自然
> 不同，無論何時何國的歷史，倘使抽出最主要的人物，不知
> 作成一個甚麼樣子，所以我們做史，對於偉大人物的自由意
> 志和當時此地的環境，都不可忽略，或偏重偏輕。

如此善變，經常更改其學術觀點，且在同一時期反覆多變，梁任公
性格複雜性，近代學人之中，實罕其匹。

談到因果關係，早年篤信不疑，「凡天下事，無論大小，必有
其所由來」，並以爲原因之中，可分爲遠因及近因，「近因者每一
事必有一因，遠因者常合數因以爲一因，故遞而推之，愈推愈遠，
則其原因之數愈減少，而據原因以定方法，乃若網在綱，有條而不
紊」❷❼，到了講《中國歷史研究法》，則仍以爲「不談因果，則無
量數繁頤變幻之史蹟，不能尋出一系統，而整理之術窮，不談因果，
則無以爲鑑往知來之資，而史學之目的消滅，故吾儕常須以炯眼觀
察因果關係」❷❽，並以極大篇幅討論此層之關係（見原書第六章史蹟之論
次），第二年則改口說道：

> 我去年著的《中國歷史研究法》內中所下歷史定義，便有「求

---

❷❼ 〈近因遠因之說〉收入《自由書》頁10～11。
❷❽ 《中國歷史研究法》頁111。

得其因果關係」一語，我近來細讀立卡耳特著作，加入自己深入反覆研究，已經發覺這句話完全錯了。……我們既承認歷史爲人類自由意志的創造品，當然不能又認他受因果自然法則的支配，其理甚明。……所以歷史現象最多只能説是「互緣」，不能説是因果㉙。

　　至於採用歸納法研究歷史事件，並解釋其特質，是任公學術研究經常用的方法（詳下節討論），所以他也講演「歷史統計學」㉚，以爲是研究歷史的好方法之一。可是，後來他又以爲這種方法的效率，只限制在整理史料爲止，「應用到史學，卻是絕對不可能」㉛。關於歷史現象，是否爲進化論，早年他深信不疑，曾爲文反對孟子的「一治一亂」説，晚年就不再十分堅持，而略有所修正：

　　我以爲歷史現象可以確認爲進化者有二：（一）人類平等及人類一體的觀念，的確一天比一天認得眞切，而且事實上確也著著向上進行。（二）世界各部人類心所能開拓出來的「文化共業」，永遠不會失掉，所以我們積儲的遺產，的確一天比一天擴大。

㉙　任公以爲人的自由意志是創造文化的原動力，一點也不受因果律束縛，因果律只限於文化發生後的結果。見〈研究文化史的幾個問題〉一文，收入《飲冰室文集》之四十。

㉚　梁任公民國十一年十一月十日在東南大學地學會講演「歷史統計學」，此記錄收入《飲冰室文集》之三十九。

㉛　見〈研究文化史的幾個重要問題—對於舊著中國歷史研究法之修補及修正〉一文，收入《飲冰室文集》之四十。

> 只有從這兩點觀察，我們說歷史是進化，其餘只好編在「一治一亂」的循環圈內了，但只需這兩點站得住，那麼，歷史進化說也儘夠成立哩❷。

由上討論，可知梁任公對於時勢與英雄、因果律、歸納法、進化論與歷史現象之關係，早年與晚年的看法，迭有所轉變，甚至晚年也有前後不一、相互矛盾之處，個中原因，殊爲複雜，不易索解，筆者認爲或者由任公自言其「常自覺其學未成，且憂其不成，數十年日在徬徨求索中」的性格去理解：

> 我十幾年前曾說過「不惜以今日之我與昨日之我挑戰」，這固然可以說是我的一種弱點，但是我若認爲做學問不應取此態度，亦不盡然。一個人除非學問完全成熟，然後發表，纔可以沒有修改糾正，但是身後發表，古人所難，爲現代文化盡力起見，尤不應如此，應當隨時有所見到，隨時發表出來，以求社會的批評纔對。眞算做學問的人，晚年與早年不同，從前錯的，現在改了，從前沒有，現在有了，一個人要是今我不同昨我挑戰，那只算不長進，我到七十，還要與六十九挑戰，我到八十，還要與七十九挑戰，這樣說法，似乎太過，最好對於從前過失，或者自覺，或由旁人指出，一點不愛惜，雖把十年的工作完全毀掉，亦所不惜❸。

明白了這點，對於任公的歷史哲學，則不必拘泥求索於某一點，蓋

---

❷　同前注。

❸　《中國歷史研究法》補編頁23。

「啓超之學，則未能斷定」。有人不明於此，對於任公的看法，則不能流於皮相❸❹，是可以不必一駁了。

二、清代學術史的完成

梁任公早年在所創的「新民叢報」發表《中國學術思想變遷之大勢》長文連載，即對中國學術發展提出了分期的陳述，到了晚年撰寫清代學術史，對中國學術發展的分期，基本上，觀點沒有太大的改變，而在學術史的研究，梁任公以《清代學術概論》、《近代學風之地理的分布》及《中國近三百年學術史》三書構成他研究清代學術史的主要成績表現，其餘如〈顏李學派與現代教育思潮〉、《朱舜水年譜》、〈黃梨州朱舜水乞師日本辯〉、〈戴東原的哲學〉、〈說方志〉等文，皆是在領域下，具體而微的小部分研究。其他如對中國文學的看法、佛學史的研究、法學史及政治史的鑽研，梁任公皆有零星的成果發表，但對他原計劃撰寫一部完整的中國學術史

❸❹　如宋文明《梁啓超的思想》（台北，水牛出版社，1969年）談梁任公的歷史哲學，材料僅見〈新史學〉、《中國歷史研究法》及補編、《清代學術概論》、《近代學風之地理的分布》等，絲毫未見〈研究文化史的幾個重要問題—對於舊著中國歷史研究法之修補及修正〉一文，且未充分理解其人性格，於是胥有如此之看法：「梁啓超的歷史哲學，在最初強調人類自由意志的作用，尤其對於歷史上重要人物的價值，更看得重要。但越到後來，他亦越相信歷史發展中的某種因果律與環境條件所起的影響」（見原書頁43），以及「梁啓超的完整的歷史哲學，是一種心與物，人類自由意志與環境條件及某種因果律互為作用的兩元論」（見原書頁44），均未真能了解梁任公。

而言，份量是佔極小的，這是令人惋惜之事！

（一）中國學術思想變遷的分期

考梁任公最早對中國學術史的分期，見於《中國學術思想變遷之大勢》，將中國數千年的學術思想盡分為八個階段，即是：一、胚胎時代，春秋以前是也；二、全盛時代，春秋末及戰國是也；三、儒學統一時代，兩漢是也；四、老學時代，魏晉是也；五、佛學時代，南北朝唐是也；六、儒佛混合時代，宋元明是也；七、衰落時代，近二百五十年是也；八、復興時代，今日是也❸❺。較可怪者，梁任公總論之後，依序略談各階段中國學術思想之歷史沿革及其影響，並時與西方學術做比較研究，如全盛時代即以先秦學派與希臘學派互較短長即是，但第六階段儒佛混合時代未談，同時第七階段衰落時代與第八階段復興時代合併成「近世之學術」，其時代起於明亡以迄今日，故嚴格說來，只能說是將中國學術思想畫分成七個階段；另外，任公對於宗教之認識，則頗為淺薄，以至矛盾迭見，偏謬不少，如他說：

> 吾國有特異於他國者一事，曰無宗教是也。……宗教者，於人群幼稚時代雖頗有效，及其既成長之後，則害多而利少焉。何也？以其阻學術思想之自由也❸❻。

這段話有二處是有問題的，首是言中國無宗教，是不符合事實的。

---

❸❺　《中國學術思想變遷之大勢》總論。

❸❻　同前註。

又以為宗教阻止學術思想之自由，在歐洲中古時代誠然如是，而近代西方學術思潮蓬勃興盛，亦不妨礙許多具有宗教信仰的思想家的理論建構，就是明顯而有力的反證。可是，在談第五階段佛學時代，則又承認「中國之佛學，以宗教而兼有哲學之長」，這是對的，但解釋佛教及基督教並以外教入中國，而何以佛教能大為興盛，基督教卻不能夠，則以為基督教「惟以迷信為主，其哲理淺薄，不足以屬中國士君子之心也」，「中國人惟不蔽於迷信也，故所受者多在其哲學之方面，而不在其宗教之方面，而佛教之哲學，又最足與中國原有之哲學相輔佐也」**❸**，這種見解，不僅太過於簡單化，欠缺堅實的說服力，如果與他後來發表〈陰陽五行說之來歷〉一文，文章開宗明義即說：

> 陰陽五行說，惟二千年來迷信之大本營，直至今日，在社會上猶有莫大勢力，今當辭而闢之，故考其來歷如次**❸**。

兩相對照之下，到底「中國人不蔽於迷信」，抑或是「二千年來迷信」呢？任公不免進退失據，自相牴牾。

　　到了晚年，任公對於中國學術史的分期，則分為五個階段，即是：一、先秦學術，二、兩漢六朝經學及魏晉玄學，三、隋唐佛學，四、宋明理學，五、清學，如果與早年《中國學術思想變遷之大勢》做比較，則明顯可知二者之間沒有太大的差異，不過晚年分

---

❸　同前揭書，頁76。

❸　梁任公〈陰陽五行說之來歷〉一文發表在民國十二年五月之「東方雜誌」，現收入《飲冰室文集》之三十六。

期所跨躍的時代較寬而已。比較令人覺得遺憾者，任公久抱著中國學術史之志，僅完成清代學術史，先秦學術做了不少成績，佛學史做了部分，宋明理學大多未做（僅有《王陽明知行合一之教》），至於兩漢六朝經學及魏晉玄學，則幾乎未作，其原因當為性格騖博所累，而英年早逝則為最根本關鍵，將擬專節探討，此暫從略。

（二）清代學術史的完成

任公在《在中國近三百年學術史》第八節〈清初史學之建設〉云：

> 史事總是時代越近越重要，考證古史，雖不失為學問之一種，但以史學自任的人，對於和自己時代最接近的史事，資料較多，尋訪質証亦較便，不以其時作成幾部宏博詳實的書以貽後人，致使後人對於這個時代的史蹟永遠在迷離徜恍中，又不知要費多少無謂之考證纔能得其真相，那麼真算史學家對不起人了，我想將來一部「清史」——尤其關於晚清部分，真不知做如何交代，直到現在，我所知道的，像還沒有人認這問題為重要，把這件事引為己任，比起晚明史學家，我們真是慚愧無地了。

在為蕭一山《清代通史》作序也說：

> 吾儕生今日，公私記錄未盡散佚，十口相傳，可徵者滋復不少，不以此時網羅放失，整齊其世傳，日月逾邁，以守缺鈎沈盤借之業貽後人，誰之咎也❸！

---

❸ 〈清代通史序〉一文收入《飲冰室文集》之四十一。

這就是前節所謂「當代人應作當代史，成為任公史學理論建構另一重要的部分」之一貫思想，而任公本有意做一部「清儒學案」及專章談「章實齊之史學」❹，卻未竟其業，然他完成了《清代學術概論》，對清代學術思想的源流派別及晚清思想界的影響，有了及重要的論斷；另一部力作《中國近三百年學術史》，則更細密一一評騭清代各門學術之得失，並有自己的見解與理想寄託其間，《近代學風之地理的分布》則是「分地發展」未來中國學術的嘗試著作，以上三書是任公總結清代學術史成果貽給後人，其主要觀點及其得失，以下依序討論。

　　1.任公的基本見解

　　(1)政治壓迫說

　　任公對於清代三百年學術之發展，以為此時代的學術主要潮流為「厭倦主觀的冥想而傾向於客觀的考察」，而內中最主要環境變遷則在於政治因素。原是滿清入關統治中國，但引起諸多的反抗，在剗除反側之後，對待知識分子則採取了利用、高壓及懷柔政策，前後共用了四十年的工夫，纔完全控制住全國，而尤其是高壓及懷柔政策，任公以為對當時學風很有影響，結果是大興文字獄，逼使學者專務古典經籍，於是形成了乾嘉考證之學的興盛，構成清代學術發展的主流，此即為清學之正統派。

　　(2)清學的分期

　　《中國學術思想變遷之大勢》將明代覆亡起列入為「近世之學術」，以時代區分之，將明永歷（即清順治）以迄康熙中葉為近世第

────────────

❹　見《中國近三百年學術史》頁297及頁309。

一期，其中以孫夏峰、李二曲、陸桴亭、張蒿菴、張楊園、呂晚村六人為承晚明舊學派之終者，以五先生（即顧亭林、黃梨洲、王船山、顏習齋、劉繼莊）為新舊學派之過渡者，以閻百詩、萬充宗、萬季野、胡東樵、王寅旭為開新學派之始者，另有徐崑山、湯睢州、毛西河、李安溪四人，任公斥譏為「學界蟊賊」；以乾隆、嘉慶年間為近世第二期，其中有吳派，以惠定宇為首，其弟子最著名者有江聲、余古農、王鳴盛、錢大昕、王蘭泉等；有皖派，以戴東原為開山祖，著名弟子有任幼植、盧抱經、孔巽軒、段若膺、王懷祖父子，以及金輔之、程易疇、凌次仲、胡匡衷、胡承珙、胡培翬、俞樾、馬眉叔、侯君模等人。任公把吳派及皖派奉為清學之正統派，另有與正統派為敵對抗者，即是方東樹、方望溪、姚姬傳等之桐城派。又有浙東學派之邵二雲、全謝山、章實齋等。以最近數十年為最近世，即是今文學之崛起，劉申受實為始祖，道光年間，龔定菴、魏默深影響極大，其後著名者，有邵位西、李申耆、宋于庭、王壬秋、廖季平、康南海、譚壯飛等，則啓近代思想界之革命。以上所敘傳授派別，任公毫不諱言受章太炎《訄書》啓發者獨多❹。

《清代學術概論》的分期，則配合其寫作方法，以「佛說一切流轉相，例分四期，曰生住異滅，思潮之流轉也正然」，將清代學術分為四期，及啓蒙期（生）、全盛期（住）、蛻分期（異）及衰落期（滅）。大體而言，《清代學術概論》啓蒙期及全盛期所列之學術派別及其代表人物，與《中國學術思想變遷之大勢》之近世第一期及近世第二期相仿，沒有太大的變化。蛻化期則明顯以康有為、梁啓

❹　見《中國學術思想變遷之大勢》頁93。

超爲代表人物，極力描寫晚清今文學運動在思想界之作用（見原書第二十一節至二十八節），其最大的特色將康有爲的思想、影響及性格做了最早的評價，同時任公對於他自己的功過也有評斷，他認爲亡命日本後，在言論界之影響是這樣的：

> 自是啓超復專以宣傳爲業，爲「新民叢報」、「新小說」等諸雜誌，暢其旨義，國人競喜讀之，清廷雖嚴禁，不能過，每一冊出，內地翻刻本輒十數，二十年來學子之思想，頗蒙其影響。

至於其過及其地位爲何，俟下節再詳談。總之，《清代學術概論》對於清代學術之派別及家數談得不多，主要集中側重於「帶有時代運動的色彩者，在前半期爲『考據學』，在後半期爲『今文學』」，其他則屬附庸耳（見原書自序）。《中國近三百年學術史》則可說是任公花下最多心力的大作，除了前面第一章「反動與先驅」爲總論，第二、三、四章極力表達「政治壓迫說」爲清學乾嘉考據學興盛之原因（見上一節），其後第五章到第十一章將清初幾個重要學派及代表人物，敘述其生平與學說思想，清初學界之形勢也大致可見了。最後四章爲「清代學者整理舊學之總成績」，則分門擇要敘述，且評論其得失。所以《清代學術概論》與《中國近三百年學術史》二書當合併對讀，才能理解有清一代之學術概況。

　　(3) 清學的評價

　　清代學術的價值爲何？任公《中國近三百年學術史》最精心構製在於第五章至第十二章，傾全力彰顯啓蒙期元氣淋漓之氣象，因此有陽明學派之餘波及其修正，有清代經學之建設，有兩畸儒，有

清初史學之建設，有程朱學派及其依附者，有實踐實用主義，有科學之署光，有清初學海波瀾餘錄，皆是屬於其所云「反動與先驅」的學派，可見思潮風起雲湧，昂揚壯闊，有千巖競秀，萬壑爭流之勢。事實上，清學四期的評價，代表正統派全盛期的乾嘉考證之學，任公以爲地位反不如啓蒙期：

> 清初學術方面之多與波瀾之壯闊，凡學界之「黎明期運動」大率都是這種氣象，乾嘉以後，號稱清學全盛時代，條理和方法雖比初期緻密許多，思想界卻已漸漸成爲化石了❷。

對於正統派之治學方向，清儒傾注全部精力於故紙堆考證古典，任公流露惋惜之情：

> 以乾嘉學派爲中間之清代學者，一反明人空疏之習，專從書本上鑽研考索，想達到他們所謂「實事求是」的目的，依我們今日看來，他們的工作，最少有一半算是白費，因爲他們若肯把精力用到別個方向去，成就斷不止此❸。

他以清儒對各正史表志專篇之校注爲例，指摘其缺失道：

> 顧最當注意者，右表所列，關於地理者什而八九，次則經籍，次則天文律曆皆各有一二，而食貨、刑法、樂、輿服等乃絕無，即此一端，吾儕可以看出乾嘉學派的缺點，彼輩最喜研究殭定的學問，不喜研究活潑的學問，此固由來已久，不能

---

❷　《中國近三百年學術史》頁176。
❸　同前注。

專歸咎於一時代之人，然而彼輩推波助瀾，亦與有罪焉。彼輩所用方法極精密，所費工作極辛勤，惜其所研究之對象不能副其價值。嗚呼！豈惟此一端而已矣❹！

清代學者之歷史研究，任公對戴名世及章學誠二位史學家最表推崇。他對戴名世的史才有極高的評價：「蓋南山之於文章有天才，善於組織，最能駕馭資料而熔治之，有濃摯之情感而寄之於所記之事，不著議論，且蘊且洩，恰如其分，使讀者移情而不自知，以吾所見，其組織力不讓章實齋，而情感力或尚非實齋所逮，有清一代史家作者之林，吾所頻首者，此二人而已❺。」他對章學誠的評價最高，認爲中國歷來研究史家義法而能自樹一格心知其意者，唐代有劉知幾，宋代有鄭樵，清代只有章學誠而已，然清代有章氏，史學卻未能昌明大放光彩，任公極表心惜：

> 顧吾曹所最痛惜者，以清代唯一之史家章實齋，生乾嘉極盛時代，而其學竟不能爲斯學界衣被以別開生面，致有清一代史學僅以摭拾叢殘自足，誰之罪也❻！

任公將此責任歸咎於乾嘉學派，以個人治現代史爲例，說明政治高壓統治，對學風之不良貽害：

> 清人筆記有價值者，則什有九屬於考古方面，求其記述親見親聞之大事，稍據條理本末……蓋不一二覯，故清人不獨無

---

❹　同前揭書，頁295～296。

❺　同前揭書，頁274。

❻　同前揭書，頁298。

> 清史專書，並其留詒毋曹之史料書亦極貧乏，以吾個人的經
> 驗，治清史最感困難者……蓋緣順康雍乾間文網太密，史獄
> 屢起，「禁書」及「適礙書」什九屬史部，學者咸有戒心，
> 乾嘉以後，上流人才集精力於考古，以現代事蹟實爲不足研
> 究，此種學風及其心理遺傳及於後輩，專喜掃諸殘篇，不思
> 創垂今錄，他不要具論，即如我自己，便是遺傳中毒的一個
> 人，我於現代事實所知者不爲少，何故總不肯記載以貽後人，
> 吾常以此自責，而終不能奪其考古之興味，故知學風之先天
> 的支配，甚可畏也。嗚呼！此則乾嘉學派之罪也**❼**！

然則乾嘉正統派考據之學無所價值耶？是又不然。任公指出當時的
學者不治一學則已，既治一學，則第一步先將此學之眞相了解明確，
第二步乃批評其是非得失，「清代之考據學家，即對於此第一步工
夫而非常努力，且其努力皆不虛，卻能使我輩生其後者得省卻無限
精力，而用之以從事於第二步，清代學之成績，全在此點，而戴段
二王之著述，則其代表也」**❽**。而其產生的直接效果，「一、吾輩
向覺難讀難解之古書，自此可以讀可以解。二、許多僞書及書中竄
亂蕪穢者，吾輩可以之所別擇，不復虛糜精力。三、有久墜之絕學，
或前人向不注意之學，自此皆卓然成一專門學科，使吾輩學問之內
容，日益豐富」，其所產生的間接效果，在於「一、讀諸大師之傳
記及著述，見其『爲學問而學問』，治一業終身以之，鈇積寸累，
先難後獲，無形中受一種人格的觀感，使吾輩奮興向學。二、用此

---

❼ 同前揭書，頁276～277。

❽ 《清代學術概論》頁32～33。

種研究法以治學，能使吾輩心細，讀書得間，能使吾輩忠實，不欺飾，能使吾輩獨立，不雷同，能使得吾輩虛受，不敢執一自是」❹。

晚清在思想界之地位如何？任公以爲只有破壞而未有建設，其重心已轉移到外來思想之吸收，一時雖是元氣淋漓，然而其弊端在於混雜與膚淺❺。當時能成爲時代潮流的代表人物約有四支，一是梁啓超等人無限制地輸入外國思想學說，二是章太炎所提倡的種族革命，三是嚴復翻譯英國功利主義派書籍，四是孫文所提倡的社會主義，「清末思想界不能不推他們爲重鎮，好的壞的影響，他們都要平分功罪」❻。

任公自己在晚清思想界之位置，他有一段話自評道：

> 啓超之在思想界，其破壞力確不小，而建設則未有聞，晚清思想界之粗率淺薄，啓超與有罪焉。……啓超平素主張，謂須將世界學說爲無限制的盡量輸入，斯固然矣，然必所輸入者確爲該思想之本來面目，又必具其條理本末，始能供國人切實研究之資，此其事非多數人專門分擔不能。啓超務廣而荒，每一學稍涉其樊，便加論列，故其所述者，多模糊影嚮籠統之談，甚者純然錯誤，及其自發現而自謀矯正，則已前後矛盾矣。❼

---

❹　同前揭書，頁35～36。

❺　《中國近三百年學術史》頁31。

❻　同前揭書，頁30。另《清代學術概論》頁78則更露骨指出「現代學問上籠統、影響、凌亂、膚淺等等惡現象，實我輩所造成，此等現象非徹底改在，則學問永無獨立之望」。

❼　《清代學術概論》頁65。

晚清對西學的輸入，以李善蘭及華衡芳的翻譯數十種科學書籍爲較重要，尤以嚴復的成就最大，是西洋留學生與中國思想界發生關係之首要代表。然任公對西洋留學生深致不滿，以爲西學輸入運動達二十年未有明顯功效，西洋留學生未參與，實難辭其咎：

> 晚清西洋思想之運動最大不幸者一事焉，蓋西洋留學生殆全體未嘗參加於此運動，運動之原動力及其中堅，乃在不通西洋語言文字之人，坐此爲能力所限，而稗販、破碎、籠統、膚淺、錯誤諸弊，皆不能免，故運動垂二十年，卒不能得一健實之基礎，旋起旋落，爲社會所輕，就此點論，則疇昔之西洋留學生，深有負於國家也❸。

晚清思想界之活潑與複雜，任公以爲其最初的原動力，在於晚明諸大儒思想的復活：

> 最近三十年思想之變遷，雖波瀾一日比一日壯闊，內容一日比一日複雜，而最初的原動力，我敢用一句話來包舉他，是殘明遺獻思想之復活❹。

很明顯地，這是極力表白西學輸入對中國沒有太大的根本作用，亦是間接否認西洋留學生對中國的貢獻，與前段所引對讀之下，就更能明白其所指了。

關於清代學者在整理舊學的成就，任公以四章的篇幅，分門別

---

❸　同前揭書，頁72。另《中國近三百年學術史》頁26～27對西學初入中國，中國人對西學認識之膚淺有極深刻描述。

❹　《中國近三百年學術史》頁29。

類，一一指出其優劣得失。在經學方面，他以爲清人對此用功極勤，可以代表易學的三家——惠定宇、張皋文及焦里堂——惠、張二人皆未眞正弄通易學，而焦氏可貴在發明幾項原則❺❺，可爲未來治易學的參考，任公自承「易學本是最難懂得一部書，我們能否有方法懂他，很是問題」❺❻。在尙書辨僞的成績，任公極表推崇，但不滿意清人拘守漢儒之說、研究制度強加比附、校勘文字缺乏判斷的勇氣❺❼。談到詩經的研究，他推舉清儒最大的功勞爲訓詁名物❺❽，但以爲「三百篇本文，幾乎絕無疑義之餘地」❺❾，此乃就前述易經、尙書之比較而言，似非實情，當以近人王國維所云「詩、書爲人人誦習之書，然於六藝中最難讀，以弟之愚闇，於書所不能解者，殆十之五，於詩亦十之一二，此非獨弟所不能解也，漢魏以來諸大師未嘗不強爲之說，然其說終不可通，以是知先儒亦不能解也」❻⓿，最爲中肯篤實。在三禮的研究，任公他對孫詒讓最爲讚賞，認定《周禮正義》可以代表「清代經學家最後的一部書，也是最好的一部書」，其特色有四，是清代新疏之冠❻❶。然而，任公對理學這門學問根本上懷疑，以爲經文之年代及眞僞本有無數問題，且清儒又拘守經文，勞精敝神去考索幾千年前瑣碎繁重的名物禮節制度，眞是太不值了，

❺❺　同前揭書，頁179。

❺❻　同前揭書，頁180。

❺❼　同前揭書，頁183。

❺❽　同前揭書，頁184～185。

❺❾　同前揭書，頁183。

❻⓿　王國維〈與友人論詩書中成語書〉，收入《觀堂集林》（上海書店，1983年9月第一版）卷第二。

❻❶　《中國近三百年學術思想史》頁187及頁200～201。

蓋因成績多半是落空的❷。任公這種見解，無疑宣判經學之命運，已到了窮途末路，大勢已去，唯有轉向史學研究發展，當作史料的一部分。關於春秋三傳的成績，任工獨許公羊學的研究，以爲是今文學派的中心，開出晚清思想界的革命，所關係尤其重大❸。對四書的看法，以爲「清儒有價值的著作，還是將大學、中庸璧回禮記，論語、孟子各別研究」，其中以焦里堂的《論語通釋》較佳，而戴東原的《孟子字義疏證》則代表自家的哲學，任公並以戴東原、焦里堂及章實齋三人並列，推挹他們都自己建立哲學體系，「超乎考證學以上」❹。

總括說來，任公對清人治經學的成績，評價道：

> 平心論之，清代風尚所趨，人人爭言經學，誠不免漢人「碎義逃難」、「說三字至二十餘萬言」之弊，……講得越精細越繁重，越令人頭痛，結果還是供極少數人玩弄光景之具，豈非愈尊經而經愈遭殃嗎❺？

可見他的不滿了。

對於先秦子書的研究，任公以爲晚清「先秦諸子學」的復活，實爲思想解放的一大關鍵，實遠超出乾嘉學者所能範圍，而清儒的校勘文字工作，對先秦子書的理解，奠定了基礎，功不可沒❻。比

---

❷　同前揭書，頁190～191。
❸　同前揭書，頁191～193。
❹　同前揭書，頁23。
❺　同前揭書，頁203。
❻　同前揭書，頁247。

較有意思者，任公將清人校釋先秦諸子各家，就整理成績之高下爲序，一一臚列並介紹其內容大要，且多從本源始出講起，判評得失，無異爲諸子研究之發展史，然有時下筆不能自休，民國時期的學者著作，亦加以論列，如章太炎、胡適之、梁任公、欒調甫、章行嚴、王國維、劉叔雅、楊遇夫等人即是。

　　講到小學及音韻學方面，任公對此本是外行，但別立一節來談論，則是肯定清人在此方面「附庸蔚爲大國」的成就。

　　清儒辨僞學的貢獻，任公總結說道：

> 清儒辨僞工作之可貴者，不在其所辨出之成績，而在其能發明辨僞方法而善於運用。對於古書發生問題，清儒不如宋儒之多而勇，然而解決問題，宋儒不如清儒之慎而密，宋儒多輕蔑古書，其辨僞動機往往有主觀的一時衝動；清儒多尊重古書，其辨僞程序常用客觀的細密檢查⑥。

而他的《古書眞僞及其年代》一書，即是繼承清人辨僞學方法的大成，是民國以來，第一本有系統理論辨識古書眞僞及年代考證的專著。

　　對於清人輯佚書的工作，任公雖肯定他們用功極勤苦，可提供後人研究之資料亦不少，但以爲畢竟是一鈔書匠之能事而已，而對於末流不驚現有尋常典籍，專趨向冷僻之佚書相矜尚，深致不滿：

> 治經者，現成的三禮鄭注不讀，而專講些什麼尚書、論語鄭注，治史者，現成之後漢書、三國志不讀，而專講些什麼謝

　　承、華嶠、臧榮緒、何法盛，治諸子者，現成幾部子書不讀，
　　而專講些什麼佚文和什麼僞妄的鶡子、燕丹子，若此之徒，
　　眞可謂本末倒置，大惑不解❻❽。

　　對於學術史的創作，任公以黃宗羲的《名儒學案》在學術上有千古不磨的功績，以爲合於著學術史的四個必要條件，一是敍述一時代的學術，須把那時代重要各學派全數網羅，不可以愛憎爲去取；二是敍述某家學說，須將其特點提挈出來；三是忠實描寫各家眞相；四是把各人的時代和他一生經歷大概描述，看出那人的全人格❻❾。如果吾人以梁任公自己的《中國近三百年學術史》一書觀之，也是符合這四個條件的❼⓪。

　　對於方志學，任公極爲肯定其價值，以爲是史料之淵藪，其編纂方法亦代有進化❼①，清代諸大學者纂修方志，各具擅場，任公對章學誠最爲傾服：

　　注意方志之編纂方法，實自乾隆中葉始。……然其間能認識
　　方志之眞價值，說明其眞意義者，則如章實齋。實齋以清代

---

❻❽　同前揭書，頁270。又原文本作「眞未可本末倒置」，此處據今人朱維錚校注改爲「眞可謂本末倒置」。

❻❾　同前揭書，頁48～49。

❼⓪　如任公《中國近三百年學術史》第五章至第十一章將清代幾個重要學派全數網羅，正符合第一條件，敍述顧亭林、閻百詩等人代表清代經學之奠基者，已將其特點提挈出來，正符合第二條件，忠實介紹全謝山、顧祖禹等，正符合第三條件，大概敍述王船山、顧亭林等人一生經歷，以反映出其全人格，正符合第四條件。

❼①　見〈說方志〉一文，收入《飲冰室文集》之四十一。

唯一之史學大師而不能得所藉手以獨撰一史，除著成一精深博大之《文史通義》及造端太宏而未能卒業之《史籍考》外，其創作天才悉表現於和州、亳州、永清三志及《湖北通志》稿中，「方志學」之成立，實自實齋始也❼。

　　任公極力主張地理之研究，當以實測爲基礎，故極爲推重徐霞客，以爲是「獨有千古」之人物❼，同時對梁質人、陳資齋二人亦表無限欽佩，與徐霞客並譽爲「探險的實測的地理學者」❼。另一學者劉繼莊，在「五先生」中士最不顯著的人物，任公對他措意於地文學的識見，「視現代歐美學者蓋未遑多讓」❼。在明末清初「反動與先驅」的人物之中，任公最服膺顧亭林先生，屢屢稱道他的人格風範及名作《日知錄》，但提到其著作《天下郡國利病書》，則仍不無遺憾說道：

---

❼　《中國近三百年學術史》頁304。另〈龍游縣志序〉亦云「夫方志之學，非小道也，吾儕誠欲自善其群以立於大地，則吾群凤昔遺傳之質性何若，現在所演進之實況何若，環境所薰習所毆引之方嚮何若，非纖細周備，眞知灼見，無以施對治焉。舍歷史而言治理，其言雖辯，無當也。中國之大，各區域遺傳實況環境之相差別蓋甚賾，必先從事於部分的精密研索，然後可以觀其全，不此之務，漫然摭拾一姓興亡之跡，或一都市偶發之變態，而曰吾既學史矣，吾已知今之中國作何狀，此又與於不知之甚也。有良方志然後有良史，有良史然後開物成務之業有所憑藉，故夫方志者，非直一州一邑文獻之寄而已，民之榮瘁，國之污隆，於茲繫焉」。此文收入《飲冰室文集》之四十三。

❼　《中國近三百年學術史》頁314。

❼　同前揭書，頁315。

❼　同前揭書，頁315～316。另《中國學術思想變遷之大勢》頁83註解「倡地文學」條。

惜其書僅屬長編性質，未成爲有系統的著述，且所收集資料
皆求諸書本上，本已不甚正確，時過境遷，益爲芻狗，即使
全部完整，亦適成其爲歷史的政治地理而已⓰。

另一著名學者顧祖禹，著有《讀史方輿紀要》，專憑書本上材料推
勘考證，卻能得極詳實而正確見解，雖是具通識別裁之才，任公仍
惜其研究方法未經實測，終是一大缺憾⓱。

　　總之，任公對清人研究地理雖多肯定成績，但他尤注重於方法
的科學，對清人僅以專長考古而聞名，極致其感慨之情！

　　在前節梁任公的「歷史哲學」中，吾人提及時勢與英雄的關係，
任公本無定見，持論往往前後相矛盾，在提及清代譜牒學的成就，
他在族譜、家譜、年譜三者，獨鍾於年譜，除了族譜及家譜在當時
未克詳爲薈萃比觀之因素外，受到他個人時勢爲英雄所造之觀念影
響，當爲最主要的原因。他在《中國近三百年學術史》之〈清代學
者整理舊學之總成績〉章的「譜牒學」裏說：

　　　蓋歷史之大部分，實以少數人之心力創造而成，而社會既產
　　　一偉大的天才，其言論行事，恆足以供千百年後輩之感發興
　　　奮，然非有詳密之傳記寫其心影，則感興之力亦不大，此名
　　　人年譜之所以可貴也⓲。

這是英雄造時勢的思路，可以與其《中國歷史研究法》補編裏提倡

⓰　同前揭書，頁317。
⓱　同前揭書，頁318。
⓲　同前揭書，頁324。

以百篇人物傳記來包含中國文化史作爲對照。在他歸納四類年譜，第一類是自傳年譜，可惜能滿足他所希望者極少；第二類是友生及子弟門人爲其父兄師友所撰年譜，也同樣是稱意者殊爲寥落；第三類是後人補作或改作昔賢年譜，實爲清代年譜學之中堅，代表清儒忠實考證之學風，最爲任公所滿意，所以他以極大的篇幅陳述之，並以爲初學治史者，以作年譜最能磨練耐性及學得蒐集資料運用資料之法門；第四類是純爲考證古人的年表，任公以爲問題終取決於紙上資料，恐以後息者爲勝❼❾。

　　任公對於清人在歷算學及其他科學、樂曲學的成就，是撰寫清代學者整理舊學總成績四章中篇什份量最少的，他對此有感嘆清儒「其精力什九費於考證古典，勉譽之亦只能爲所研究者爲人文科學中之一小部分，其欲勉舉一人一書，且覺困難」❽❶，任公指出中國自然科學不發達，其原因另見後論，此不敘及。

　　2.任公治清學的特色

　　前面已將清代學術的價值，就宏觀與微觀一一述及，可見任公對清代學術並不滿意其範圍支離狹窄。此下續談任公治清學的特色，可分六方面說明：

　　⑴重視學者人品

　　任公治學，對於學者的人品極爲重視。從早年《中國學術思想變遷之大勢》之「近世之學術」，將明代三百年所養士風至清代而銷耗，歸咎於徐乾學：

---

❼❾　同前揭書，頁325～336。
❽❶　同前揭書，頁352。

> 彼固不知學，而藉門下食客以爲之緣飾，既博禮士之名，復徼績學之譽，侈然以稽古之榮爲餌，而使一世廉恥，浸潤以銷滅，士之弁髦氣節，以奔競諂諛爲尚，其受徐氏之影響者最多焉，不然，有明三百年之所養，何一旦掃地以盡若是速也！

對於湯斌以計斬明舊將李玉庭，李光地求榮賣友陳夢雷，均表不齒其私德：

> 彼二氏者，學術之醇，不及許衡，而蠲棄名節與之相類，階進之正，不及公孫弘，而作僞日拙與之相類，程朱陸王之學統不幸而見纂於豎子，自茲以往，宋明理學之末日至矣。

對於毛奇齡以狂悖恣肆之態，戕賊學界，深表不滿：

> 彼其辯才既便給，記載既雜博，乃偏仇前哲，以文其小人無忌憚之行，肆口嫚罵，漢以後人無一得免，而其所最切齒爲宋人，宋人之中，所最切齒者爲朱子，跡其所抨擊，純然市井無賴叫囂者之所爲。

其結果所形成之惡劣影響是「上既有湯、李輩以僞君子相率，下復有奇齡等以眞小人自豪，而皆負一世重名以左右學界，清學之每下愈況也，復何怪焉！復何怪焉！後此袁枚、俞樾輩皆直接汲毛氏之流，而間接受影響者，尚不可指數也」，所以任公將徐乾學、湯斌、李光地、毛奇齡四人視爲「學界蟊賊」。

此外，任公對戴東原亦有微詞，以爲「二百年來學者記誦日博，

而廉恥日喪，戴氏其與有罪矣」⑧，對紀曉嵐亦是譏詆其「以佞幸處向、歆之地位，苟媚時主，微詞尖語，顛倒黑白，於人心風俗所影響，固不細也」⑧。

《清代學術概論》是任公自考察歐洲一次大戰後的論著，他對中國傳統的更加肯定與自信，使他對清代學者抨擊亦較少，與《中國學術思想變遷之大勢》對清儒的態度是有不同的，所以對毛奇齡之批評也稍加寬容：

> 平心論之，毛氏在啓蒙期，不失爲一衝鋒陷陣之猛將，但於「學者的道路」缺焉，後儒不宗之宜耳⑧。

對紀曉嵐之譏詆嘲諷，在《清代學術概論》亦未見，對戴東原之態度亦鮮少有苛責之詞，反極力稱揚他的哲學自成一家，是當時與焦里堂、章學誠並列爲能超出正統派考據學範圍之一流人物。

《中國近三百年學術史》對於學者人品之污點，任公毫不留情地揭發批判，但係以一種哀矜的心情揮筆：

> 我是最尊崇先輩，萬分不願意說人壞話的人，但對於這群假道學先生實在痛恨不過。破口說那幾句，望讀者恕我⑧。

除了這些隨風起舞、自甘墮落的人物，任公不加寬宥抨擊斥責之外，對於那些具有高尚品節、表現士人風骨的學者，任公是極力的表彰

---

⑧　《中國學術思想變遷之大勢》頁93。

⑧　同前揭書，頁94。

⑧　《清代學術概論》頁13。

⑧　《中國近三百年學術史》頁104。

稱頌，如對顧炎武的高潔人品，他有段話說：

> 我生平最敬慕亭林先生爲人，想用一篇短傳傳寫他的面影，
> 自愧才力薄弱，寫不出來，但我深信他不但是經師，而且是
> 人師，我以爲現代青年很應該用點工夫多參閱些資料，以看
> 出他的全人格。……[85]
>
> 亭林所標「行己有恥，博學於文」兩語，一是做人的方法，
> 一是做學問的方法。……亭林以爲人格不立，便講一切學問，
> 都成廢話。怎樣纔能保人格，他以爲最忌的是圓滑，最要的
> 是方嚴。……總而言之，亭林是教人豎起極堅強的意志抵抗
> 惡社會，其下手方法，尤在用嚴正的規律來規律自己，最低
> 限度，要個人不至與流俗同化，近一步還要用個人心力改造
> 社會，我們試讀亭林著作，這種精神，幾於無處不流露，他
> 一生行誼又實在能把這種理想人格實現，所以他的說話，雖
> 沒有什麼精微玄妙，但那種獨往獨來的精神，能令幾百年後
> 後生小子如我輩者，尚且「頑夫廉，懦夫有立志」。……[86]

又如對李二曲、孫夏峰、黃梨洲等人的學術成就推崇之餘，尤傾注
全力描寫他們人格的展現，這是任公在《中國近三百年學術史》一
書中的重大特色之一，像對全謝山的評價，就能看出此一特色：

> 若問我對古今人文集最愛讀某家，我必舉《鮚埼亭集》爲第
> 一部了。謝山性情極肫厚，而品格極方峻，所作文字，隨處

---

[85] 同前揭書，頁55。
[86] 同前揭書，頁57～58。

能表現他的全人格，讀起來令人興奮。……他最善論學術流派，最會描寫學者面目，集中梨洲、亭林、二曲、季野、桴亭、繼莊、穆堂……諸碑傳，能以比較簡短的文章，包舉他們學術和人品的全部，其識力與技術真不同尋常，他性格狷介，不能容物，對於偽學者如錢謙益、毛奇齡、李光地等輩，直揭破他們的面目，絲毫不肯假借。他的文筆極鋒利，針針見血，得罪人的地方也很不少，所以有許多人恨他。……❽⓻

(2)注重序例

任公治學另一特色，是注重一書序例，以明該著作之要點旨意。如對績溪胡培翬《儀禮正義》一書四十卷，任公未細讀，僅引錄了作者自述其例有四，任公即下斷語云「我們看這四個例，就可以知道此書內容大概了」❽❽；又如任公評價句容陳卓人《春秋公羊傳義疏》一書七十六卷，任公自承道：

> 此書序例失傳，不能知其義例要點，我是二十七、八年前曾讀過一遍，久已忘記，這段批評總不能寫出原書的特色❽❾。

再如任公評清人三部重要的考史名著，錢大昕的《二十一史考異》、王鳴盛的《十七史商榷》及趙翼的《二十二史箚記》，僅引列作者自序語，以及評徐霞客所著遊記，僅引用了潘次耕的序言，評梁質人的《西陲今略》（其書已佚），僅引用了劉繼莊的記事，便加以論

---

❽⓻　同前揭書，頁91～92。
❽❽　同前揭書，頁197。
❽❾　同前揭書，頁198。

列其著作之價值❿，均可以見出任公治清學注重一書序例的特色。
今人朱維錚推崇任公的《清代學術概論》及《中國近三百年學術史》
云：

> 這兩部著作，在梁啓超的學術論著中堪稱佳製。近三百年的
> 學術變化，數以十計的學科概貌，好幾百種的專門論著，在
> 合計不過三十二、三萬字的兩本書裏，縱橫論列，鉅細兼顧，
> 頭緒清楚，體系粗具，的確證明梁啓超的學問識見，都不同
> 於那些明察秋毫而不見輿薪的考據學家❾。

其實，任公善於讀序例，才能包舉數百種專門論著而加以評價，是
知治學須知門徑，否則欲一一讀遍所有清人著作，才動筆撰述清代
學術史，必然永無殺青之日也。

(3)態度審愼

任公分門別類一一評騭清人著作之優劣得失，有時但知書名而
未親見者，則不諱言注明之，足見態度審愼。如對清人校釋《竹書
紀年》一書，任公所知者共列有徐位山《竹書紀年統箋》、孫晴川
《考訂竹書紀年》、董墊之《竹書紀年辨證》、雷瞻叔《考訂竹書
紀年》及《竹書紀年義證》、洪筠軒《校正竹書紀年》、武授堂《竹
書紀年補注》、郝蘭皋《竹書紀年校正》、陳逢衡《竹書紀年集證》、
朱亮甫《汲冢紀年存眞》、林鑑塘《竹書紀年補證》、董覺軒《竹

---

❿　同前揭書，頁291及頁314。
❾　朱維錚校注《梁啓超論清學史二種》（上海，復旦大學出版社，1985年9月
　　第一版），校注引言。

書紀年拾遺》、王靜安《古本竹書紀年輯校》及《今本竹書紀年疏證》，有十二家十四種之多，接著任公自言「我所曾讀者，徐、洪、陳、林、王五家」，於是只就所曾讀之五家評判得失，其餘諸家則闕焉❾❷。又如清人補做各史表志多種，任公有條不紊地臚列所知見者，如有未見其書但知其名者，他往往列出書名，以示此著作存焉，是其求完備之法，而特標出「未見」，則是學者忠實態度，在未見之書，如知其卷數，則標示之，其所不知，則空缺不書或言「卷數未詳」❾❸。

　　(4) 揭示治學門徑

　　任公最愛講求治學的方法，他以爲「我們學古人著書，應學他的方法，不應學他的結果」，他主張仿古人分類做札記、勤於抄錄筆記，以作爲著述前準備，並舉顧炎武、陳蘭甫爲例，說明「此類工作，需要非常勤勉，不嫌麻煩，記下一點資料，固然沒有用處，記得多了以後，從裡邊可以研究多少道理來」❾❹。

　　正因爲任公注重方法，所以清人著述中，哪些方法可以學習採用，他常在文章裡指明。如前述顧炎武的著作《日知錄》，任公能以敏銳眼光看出做札記「這種工作，正是科學研究之第一步，無論做任何學問都該用他」❾❺；又焦循的《論語通釋》，任公能看出「乃模仿《孟子字義疏證》而作，將全部論語拆散，標準重要諸義，如言仁、言忠恕……等，列爲若干目，通觀而總詮之，可稱治論語之

---

❾❷　《中國近三百年學術史》頁235～236。

❾❸　同前揭書，頁284～289。

❾❹　《中國歷史研究法》補編頁159。

❾❺　同前揭書，頁171。

一良法，且可應用其法以治他書」⑯；看趙翼的《二十二史劄記》，則能知「每一題目之下，其資料皆從幾十篇傳中，零零碎碎覓出，如採花成蜜，學者能用其法以讀史，便可養成著述能力」⑰；讀顧祖禹《讀史方輿紀要》，則能看見「這部書的組織及其研究方法，眞算得治地理學之最好模範，我們若能將這種精神應用到政治地理、經濟地理、文化地理之各部分，那末地理便不至成爲乾燥無味的學科了」⑱。

至如一門學科的治學途徑，總有先後次序，任公則不厭其煩的揭示之。如欲研究「說文」，他主張先讀王筠的《說文句讀》，因爲簡明而不偏詖，次讀王筠的《說文釋例》，可以觀其會通，至於段玉裁的注，「他是這門學問的『老祖宗』，我們不能不敬重他，但不可爲他意見所束縛」，桂馥的《說文義證》可置一旁，作爲查詢資料之用，蓋以其收集材料最豐富，按此方法，任公以爲三個月的時間，足夠讀通「說文」⑲。高郵王念孫、王引之父子有《廣雅疏證》、《經義述聞》、《讀書雜志》及《經傳釋詞》四部名著，世稱「王氏四種」，任公推重爲清儒校勘及訓詁最大成就代表，並以爲《廣雅疏證》爲研究「高郵學」最初應讀之書，其餘三書依序研讀就能冰釋渙然，迎刃而解了⑳。

---

⑯　見〈國學入門書要目及其讀法〉，收入《國學研讀法三種》中。在《中國近三百年學術史》頁180也提到如何由焦里堂的書看出整理易經的方法。

⑰　見〈國學入門書要目及其讀法〉。

⑱　《中國近三百年學術史》頁94。

⑲　同前揭書，頁211。

⑳同前揭書，頁203、207、213。

(5)引用古書原文依需要刪略或連串

上海復旦大學朱維錚教授校注梁任公的《清代學術概論》及《中國近三百年學術史》，定名爲《梁啓超論清學史二種》（復旦大學出版社出版，一九八五年九月第一版），其校注引言有云：

> 諸如以兄字爲弟號，以子著爲父書，以既死爲方生，引文刪略而不予標明，修改原文以牽合所論，等等，略知梁啓超治學風格者，不難看出這正表現了他的學術論著的通病，即他自己也不諱言的「粗率淺薄」。

梁任公著述多操筆立就，不及覆勘，即行出版，舛漏疏略，在所難免，此言「以兄字爲弟號，以子著爲父書，以既死爲方生」，正是任公「學術論著的通病」，今通檢朱注之書，其所徵論，確乎無可懷疑也。

任公爲文長於組織綜合，敘事說理，兼有豐富情感融鑄其中，故極能打動人心，回味無窮。他對於寫文章駕馭材料的工夫，很用心去經營整理，尤其晚年講歷史的研究方法，提出了「史家四長」理論，更爲學界所推崇，如著名哲學家兼歷史學家金毓黻先生即云：

> 閱梁任公「歷史研究法」續編，論史德、史學、史識、史才四者，極愜於余心。蓋余治史之方法，凡稍有所得，無不與任公之說合，則立說之精當，不待論矣❶。

---

❶　見金毓黻《靜晤室日記》（由金毓黻文集編輯整理組校點，遼瀋書社出版發行，1993年10月），卷第六十六，民國二十一年四月廿三日條。

任公以為「有了史德，忠實的去尋找資料，有了史學，研究起來不大費力，有了史識，觀察極其銳敏，但是仍然做不出精美的歷史來」，所以主張「史才專門講作史的技術」，「要做出歷史，讓人看了明瞭，讀了感動，非有特別技術不可，此種技術就是文章的構造」。而史家寫文章的技術，具體而言，當分為組織及文采兩部分：（１）組織—即包括剪裁及排列的工夫—能將前人的話鎔鑄成自己的話，而且「引用古書時，儘可依做文的順序，任意連串，作成活潑飛動的文章，另外更用小字另行注明出處或說明其所以然，就好了，此法雖然好，但亦是很難……，把頭緒脈絡理清，將前人的話藏在其中，要看不出縫隙來」。（２）文采—要求簡潔及飛動，所謂「簡潔」就是詞句達意，「篇無剩句，句無剩字」，所謂「飛動」就是要使人接受而感動，百讀而不厭❿。

任公《中國近三百年學術史》第十二章〈清初學海波瀾餘錄〉列舉十餘位瑰奇特立之士，其中陳確（乾初）編列第二順位，在篇末云「乾初遺著，世罕傳本，不知尚存否」，是知任公未見陳乾初集。細繹文章，則可追溯任公對陳乾初之認識，材料根據僅有黃宗羲二篇墓志銘、吳騫《陳乾初先生年譜》及朱彝尊《經義考》，再細讀對勘文字，可知引朱彝尊《經義考》之文字，其實出自於吳騫《陳乾初先生年譜》，任公轉引原文大致一字不差，另引用吳騫《陳乾初先生年譜》文字亦然，但是小字注明引用黃宗羲的文章，原是這樣的：

乾初深痛「樂記人生而靜以上不容說，才說性便已不是性」

---

❿　梁任公《中國歷史研究法》補編第二章史家的四長。

之語，爲從懸空卜度，至於心行路絕，自是禪門種草。宋人指商書「維皇降衷」、中庸「天命之謂性」爲本體，必欲求此本體於父母未生以前，而過此以往，即屬氣質，則工夫全無著落。當知「盡其心者知其性也」之一言，即是孟子道性善本旨，蓋人性無不善，於擴充盡才之後見之，如五穀不藝植不耔耘，何以見其種之美耶？……性之善不可見，分見於氣情才，故中庸以喜怒哀樂明性之中和，孟子以惻隱、羞惡、辭讓、是非明性之善，皆就氣情才言，後儒言既發謂之情，才出於氣有善有不善者，非也。

現仔細對勘《黃宗羲全集》，正是黃氏〈陳乾初先生墓志銘〉四稿❿：

---

❿　據《黃宗羲全集》（浙江古籍出版社，1987年9月）第十冊之目錄可知黃宗羲撰寫陳乾初之墓志銘，有初稿、二稿、三稿、四稿，是黃宗羲所有書寫墓志銘中最多次易稿之作，足見其態度矜慎不苟。後人點校整理《陳確集》（北京，中華書局，1979年4月第一版）首卷引錄黃宗羲兩篇陳乾初墓志銘，與《黃宗羲全集》比勘，是爲初稿及四稿，後有點校者加按語云「梨洲所作乾初墓誌銘，以初稿未涉學術問題，愧對良友，因而重撰一篇，由之可以考求梨洲思想演變之跡。但今梨洲文集中，乾初墓誌銘共有四篇，重撰本外，復有改本一篇，最後改本一篇。互爲對照，重撰本認爲乾初『於先師之學，十得四五』，故引錄乾初原文特多，似乎有意爲之傳布，改本則認爲『於先師之學，十得之二三』，所引乾初原文，亦且減少，最後改本則篇幅更短，引錄益少。從此可以想見，梨洲晚年對重撰本並不滿意，與乾初論學之旨，亦且由接近而漸疏，特以文已發出，無從索回，故特存改定本於其南雷文定與南雷文約之中，以抒己見」。黃宗羲與陳乾初同出劉蕺山門下，但學術思想確大相趨異，除由黃氏爲陳氏所撰墓志銘數易其稿可以考察之外，今《黃宗羲全集》收有〈與陳乾初論學書〉一文，尤可看出黃宗羲在陳乾初生前即表不同意其學術見解。

乾初深痛「樂記人生而靜以上不容說，才說性便已不是性」之語，謂從懸空卜度，至於心行路絕，自是禪門種草。宋人指商書「維皇降衷」、中庸「天命之性」，爲本體同一窠臼，必欲求此本體於父母未生之前，而過此以往，即屬氣質，則工夫俱無著落。當知學者時時存養此心，即時時本體用事，不須別求也，「盡其心者知其性也」之一言，是孟子道性善本旨。蓋人性無不善，於擴充盡才後見之，如五穀之性，不藝植，不耘籽，何以知其種之美耶？……性之善不可見，分見於氣情才，故中庸以喜怒哀樂明性之中和，孟子以惻隱、羞惡、辭讓、是非明性之善，皆就氣情才言之，彼言既發謂之情，才出於氣有善有不善者，非也。

由是觀之，則知任公引文每句改動一、二字或增減若干字，或依樣照搬挪移，以便於文從字順，流暢可誦，正是其主張「可依做文的順序，任意連串，作成活潑飛動的文章」的實踐。朱教授在校注〈清代學者整理舊學之總成績〉（四）之曆算學部分，已考察出任公引鄒特夫晚年論算家新法，以爲並無「則得之易，失之亦易」語，而應作「將久而忘其所自」語，並加按語云「疑梁氏有意更改引語」，這是朱教授的卓識，然而「梁氏有意更改引語」並非只在此處，在許多地方引用原文皆如此，此現象朱教授亦有發現，只是未察任公史才技術理論的實踐，遂誤會以爲「引文刪略而不予標明，修改原文以牽合所論」是任公「學術論著的通病」。

然而，這個誤會並不影響朱教授校注的成就，將任公引用原文一一找出，指出其中有刪略，正可進一步考察任公用心組織文章的

線索，看出他「將前人的話藏在其中」，「看出縫隙來」，正是朱教授的最大貢獻。

(6)互見

任公行文，有時因體例之故，無法就所知見之學者著述細講，於是他採用互見的救濟方法。如總結清人整理舊學成績，在史學方面，關於明史的述作部分，任公以爲用畢生精力全力以赴者，有潘力田、萬季野及戴南山三人，對此三人治學風格與貢獻，皆有論述比較，然讀者欲知全體大節與生平履歷者，就不得不參見〈清初史學之建設〉章，所以任公在此注云「季野學術，已具第八講，此不多述」。又如清人對《竹書紀年》及《穆天子傳》所下的工夫，有校注、辨僞、輯佚等方面的成績，任公在「校注古籍」條中，已將此二書之來歷及問題研究之派別簡明敘述，但因體例之故，僅能就注釋考證諸家給予選擇性偏重介紹，至於辨僞及輯佚的著作，就無暇一一詳談，於是他注明云「互見辨僞、輯佚兩章」以爲救濟，如此一來，對於此二書的總體成績，就能完整呈現，而不至於有所遺漏了。

其他相關之學者生平論著，或某一領域之全體成就，任公在文章中經常以「互見本節某某條」、「別於某某章述其成績，此不更贅」、「當於某某章別論之」等語注明之，提醒讀者注意，以收得按圖索驥之效也。由此可見，任公著作《中國近三百年學術史》在章節之安排與門類之劃分，的確是煞費思量，既要合於體例，又要首尾敘述完整，任公長於組織駕馭材料之能事，此又爲一明證也。

3.任公治學方法初探

任公曾自言以太無成見之故，往往徇物而奪其所守，其創造力

不逮其師康有爲❿，然而，熟讀任公著作即知其人思悟敏捷，善於模仿，許多著述往往吸收諸家所長，而融鑄一己見解於其中，譏其「博而不精」也罷，或以爲「籠統粗糙」也罷，其大膽嘗試各種觀念來詮釋傳統，勇於開創革新之精神，仍有足資參考價值。

(1)歸納法的運用

任公學術論著，最喜嘗試將各種材料聚集靠攏，然後經過綜合整理，尋出規律通則。如歸納清代的校勘方法，任公指出有四種：

> 第一種校勘法，是拿兩本對照，或根據前人所徵引，記其異同，擇善而從。……
>
> 第二種校勘法，是根據本書或他書的旁證反證校正文句之原始的訛誤。前文所說第一種法，是憑善本來校正俗本，倘若別無善本或所謂善本者還有錯誤，那便無所施其技了；第二種法再進一步，並不靠同書的板本，而在本書或他書找出憑證，這種辦法又有兩條路可走，第一條路是本書文具和他書互見的。……更有第二條路是並無他書可供比勘，專從本書各篇所用的語法字法注意，或細觀一段中前後文義，以意逆志，發見出今本訛誤之點。……
>
> 第三種校勘法，是發見出著書人的原定體例，根據他來刊正全部通有的訛誤。第一、第二兩種法，對於一兩個字或一兩句話的訛誤當然有效，若是全部書鈔刻顛倒紊亂，以至不能讀，或經後人妄改，全失其眞，那麼，唯一的救濟法，只有把現行本未紊未改的部分精密研究，求得這書的著作義例，

---

❿　《清代學術概論》頁66。

然後根據他來裁判全書，不合的便認爲訛誤。……

第四種校勘法，是根據別的資料，校正原著之錯誤或遺漏。

前三種法，都是校正後來傳刻本之錯誤，力求還出原書的本來面目，校勘範圍總不出於文句的異同和章節段落的位置。然而校勘家不以此自足，更進一步對於原書內容校其闕失，換言之，不是和鈔書匠、刻書匠算帳，乃是和著作者算帳。……這種工作，限於史部，經子兩部卻用不著。這工作若把他擴大，變成獨立的著述，不能專目爲校勘，但目的若專在替一部名著拾遺補闕，則仍屬校勘性質。……

以上四種，大概可以包括清儒校勘學了，別有章實齋《校讎通義》，裏頭所討論，專在書籍的分類簿錄法，或者也可以名爲第五種，但既與普通所謂校勘不同，故暫不論。

右五種中，前三種算是狹義校勘學，後兩種算是廣義校勘學。……⑩⑤

以上抄錄校勘古籍的方法，實際上是歸納數種清人著作而來的，任公列舉者有何焯《義門讀書記》、姚範《援鶉堂隨筆》、盧抱經《群書拾補》、黃丕烈《士禮居題跋》、顧廣圻《思適齋文集》、洪頤煊《讀書叢錄》、陳鱣《經籍跋文》、蔣光煦《斠補偶錄》、孫詒讓《札迻》、盧見曾刻《雅雨堂叢書》、畢沅刻《經訓堂叢書》、黃丕烈刻《士禮居叢書》、蔣光煦刻《別下齋叢書》、陸心源刻《十萬卷樓叢書》等各書所附校勘記及題跋，以及高郵王氏父子、段玉裁、戴東原、錢大昕、王鳴盛、梁玉繩、施國祁、俞樾、章學誠諸

---

⑩⑤　《中國近三百年學術史》頁225～228。

人之著作，如與近人陳援庵在實踐中所完成《元典章校補釋例六卷》之〈卷六校例〉，指出昔人校勘方法，相互比較之，則可看出二者極爲相像，都是採用歸納法而得的通則，任公所言清代學者校勘方法，第一種相當於對校法及他校法，第二種相當於他校法及理校法，第三種相當於本校法及理校法，第四種相當於理校法❿。

此外，古書辨識眞僞及其年代考證的方法，任公從傳授統緒上及文義內容上兩大系統，將古書的來龍去脈與本身內容，細分爲三十種方法，亦是歸納法的實踐運用所取得的成績。詳見另章討論，此不贅敘。

(2)圖表的製作

歸納法的運用，可以用文字的形式表現，也可以用圖表的形式表現，任公對此法，不但是極力提倡，同時在他的著作裏俯拾皆是，

---

❿ 陳垣《元典章校補釋例六卷》（勵耘書屋叢刻本第一集）〈卷六校例〉第四十三校法四例云：昔人所用校書之法不一，今校元典章所用者四端：一爲對校法，即以同書之祖本或別本對讀，遇不同之處，則注於其旁，劉向別錄所謂一人持本，一人讀書，若怨家相對者，即此法也。……二爲本校法，本校法者，以本書前後互證，而抉摘其異同，則知其中之繆誤，吳縝之《新唐書糾繆》、汪輝祖之《元史本證》，即用此法。……三爲他校法，他校法者，以他書校本書，凡其書有采自前人者，可以前人之書校之，有爲後人所引用者，可以後人之書校之，其史料有爲同時之書所並載者，可以同時之書校之。此等校法，範圍較廣，用力較勞，而有時非此不能證明其訛誤。丁國鈞之《晉書校文》、岑刻之《舊唐書校勘記》，皆此法也。……四爲理校法，段玉裁曰「校書之難，非照本改字，不訛不漏之難，定其是非之難」，所謂理校法也。遇無古本可據，或數本互異，而無所適從之時，則須用此法。此法須通識爲之，否則鹵莽滅裂，以不誤爲誤，而糾紛愈甚矣，故最高妙者此法，最危險者亦此法。……

給予後人頗多的啓示。

　　任公在《中國近三百年學術史》裏主張傳統舊學所沒有之圖表，今人應給予補作者，應有三大類，一是外族交涉年表，因外族入侵，對中華民族之關係頗爲重要，不用圖表示之，無以得其興衰之眞相，如〈鮮卑年表〉、〈突厥年表〉、〈契丹年表〉、〈女眞年表〉、〈蒙古年表〉等；二是文化年表，如〈學者生卒年表〉、〈文學家生卒年表〉、〈美術家生卒年表〉、〈佛教年表〉、重要書籍著作及存佚年表、重要建築物成立及破壞年表等；三是大事月表，因近代史事複雜，方面極多，非分月且分各部份表之，不能明晰個中眞相，如〈明清之際月表〉、〈咸豐軍興月表〉、〈中日戰役月表〉、〈義和團事件月表〉、〈辛亥革命月表〉等[107]；作表的好處，在於「可以把許多不容易擺在正文內的資料保存下來，不過要費番思想纔可以組織成功，很不容易，做一表比做一文還要困難而費工夫，應該忍此勞苦，改讀者以方便，正文有的，以表說明，正文無的，以表補充」[108]，他以自己治佛教史的經驗說道：

　　　　吾生平讀書最喜造表，頃著述中之中國佛教史，已造之表已
　　　　二十餘，我造表所用之勞費，恒倍蓰什佰於著書，竊謂凡遇
　　　　複雜之史蹟，以表馭之，什九皆可就範也[109]。

今繙檢任公之佛教史著作，已製成之表格，有〈佛教大事表〉、〈第

---

[107]　《中國近三百年學術史》頁289～290。

[108]　《中國歷史研究法》補編頁176。

[109]　《中國歷史研究法》頁109。

七世紀印度諸國教勢分布表〉、〈初期佛教異域譯經名僧表第一〉、
〈東來古德國籍表〉、〈西行求法古德表〉、〈晚漢迄中唐經律論
傳譯次第表〉、〈阿含異譯諸經表〉、〈原已前經錄一覽表〉、〈法
經錄大小乘三藏書目統計表第一〉、〈法經錄雜著書目統計表第二〉、
〈見於高僧傳中之支那著述〉等，以及許多小圖表（俱見《佛學研究十
八篇》一書中），以〈東來古德國籍表〉爲例，任公歸納分析如下：

> 右表所列，東來諸僧在佛學史上佔一位置者略具矣。粗爲歸
> 納，則後漢三國以安息、月支、康居人爲多，兩晉以龜茲、
> 罽賓人爲多，南北朝則西藏諸國與印度人中分勢力，隋唐則
> 印人居優勢，而海南諸國亦有來者，按地以校其派別，亦我
> 思想界一反影矣。

這個表所反映之現象，是傳統高僧傳所無法顯示的，任公嘗試運用
歸納法，在經表列解讀之後，已超越舊典記載之限制，而有了新的
生命。

任公喜歡繪製圖表，非僅是晚年做學術研究才使用，其實在早
年辦報宣揚一己政治主張之論文，即愛大量以圖表說明。如在光緒
三十年發表〈中國歷史上革命之研究〉一文宣揚反對革命之主張，
將中國革命史上之事實列表，然後解讀出中國歷史上革命之現象有
七大惡特色，而作爲其立論反對革命之依據，環環相連，絲絲入扣，
深具說服力，使人易於接受其觀點。又如〈論中國成文法編制之沿
革得失〉一文，其中有關於宋代之成文法，任公總結宋代法典之特
色有三，即前代偏重一般法而宋代多有局部法，前代偏重普通法而
宋代多有特別法，前代偏重刑法而宋代多有刑法以外之法，這也是

列表歸納所整理出現的公律，史立論堅實穩固。

由是可知，圖表的製作，不僅是給讀者明晰方便，補充文字所難以說明之歷史共相，有時也較具說服力，使立論嚴謹而令人在不知不覺中接受。

(3)重視地理的影響

任公〈復餘姚評論社論邵二雲學術〉一文有云：

> 蓋浙東學風，端本於義理，致用於事功，而載之以文史，自陽明、梨洲以來，皆循此軌以演進，念魯則具體而微焉，二雲則念魯從孫，其家學淵源所蘊受者如此❿。

這是明顯表示地理環境影響學術之觀點。其實，任公治清學，對於地理的作用是深信不疑的，早在《清代學術概論》的結尾，任公即提出學術分地發展的構想：

> 吾以為我國幅員，廣埒全歐，氣候兼三帶，各省或在平原，或在海濱，或在山谷，三者之民，各有其特性，自應發育三個體系以上之文明，我國將來政治上各省自治基礎確立後，應各就其特性，於學術上擇一二種為主幹，例如某省人最宜於科學，某省人最宜於文學美術，皆特別注重，求為充量之發展，必如是然後能為本國文化世界文化作充量之貢獻。

三年後，任公將此構想發揮，於是完成了《近代學風之地理的分布》，以研究學者產地為主，依行政區域分為二十節，條理井然，敘述生

---

❿　此文收入《飲冰室文集》之四十二。

動,實爲一種新的著述方式,正如他在序言中所說的「此種研究方法,吾以爲今之治史者所宜有事,踵而擴之,追溯宋明以前各時代學風之地理的分布,乃至遍及文學家、政治家……等等之地理的分布,則皆治人文科學極有趣味、極有功用之業也」。

任公對地理作用之重視,除受日本人著作之啓發之外**⓫**,清人章學誠《文史通義》之〈浙東學術〉及全謝山之《宋元學案》的寫作方法**⓬**,對他皆有產生影響。

(4)結合時代動脈的研究

任公治學有一極突出之特色,即「經世致用」的色彩極濃厚。早年辦報論政的生涯,使他嗅覺敏銳,對時代的思潮及社會的流動腳步,有股異於常人的感應能力,所以他的文章能結合時代動脈,讀來親切而有味。

當胡適、陳獨秀等新文化運動健將高揭「德先生」(民主)與「賽先生」(科學)兩面大旗,在社會上形成勢力,造成了廣泛之影響,任公對此事不能無動於衷的,縱使考察歐洲一次大戰後歸來,發表了著名的《歐遊心影錄節錄》,宣稱「歐洲人做了一場科學萬能的大夢,到如今卻叫起科學破產來」,而在社會上引起了「科學在中

⓫　如《中國學術思想變遷之大勢》頁84云:吾去年始見日本人木口長三郎所著《人生地理學》一書,舉日本全土風俗政治種種發達之差異,而悉納之於地理,旁引泰西各國以爲證,而皆有精確不磨之論據。……

⓬　《中國近三百年學術史》頁90云:從地理關係上推論學風,實學術史上極有趣味之一問題,實齋浙東人,或不免有自譽之嫌,然而這段話我認爲大端不錯,最少也可說清代史學界偉大人物,屬於浙東產者最多。以及頁93評《宋元學案》之特色,第三項有云「注意師友淵源及地方的派別,……又對於地方的關係多所說明,以明學術與環境相互的影響」。

國的尊嚴就遠不如前」的反響⑩，但對於燎已成原的「科學主義」風潮，其勢頭銳不可擋，任公也不能不正視，清代學術史的研究裏，對中國科學的表現也因而提出了檯面上討論。

　　任公將清儒考據之學的研究成績，其方法表現在注意、虛己、立說、搜證、斷案及推論六個步驟，以為是近於「科學的」，然而卻專用在古典考據，反不措意於自然科學的研究，迴護為數千年學術之傳統積習所造成，另一方面為「且當考證新學派初興，可開拓之殖民地太多，才智之士正趨焉，自不能分立於他途」⑭，而歸結到科舉制度為自然科學不發達的一個原因，康熙皇帝的禁止傳教及滿清的高壓統治，以及沒有設立學校等研究機構，均是對於自然科學的發展形成阻礙的因素⑮。所以，任公將王寅旭、梅定九之曆算學推挹為「科學之曙光」，乃是青學在自然科學方面，與西人相見形穢之下的一種不得已做法。在《中國近三百年學術史》將清代學者整理舊學之總成績，曆算學及其他科學等列一專章殿後，篇幅在份量上無法於先前三章並列，即是清人在自然科學方面寒傖簡陋的一個明證。任公因而感嘆「敍帶科學，而供吾論列之資料僅此，吾閣筆且愧且悲焉」⑯。

　　此外，值得一提的，顧頡剛受其師胡適的啓發，對古史採取懷疑的態度，提出了「層累地造成的中國古史」之假說，掀起了學術界古史辨運動的熱潮，任公清代學術史的撰述，《清代學術概論》

---

⑬　見胡適《科學與人生觀》序。
⑭　《清代學術概論》頁22、頁33～34、頁76。
⑮　《中國近三百年學術史》頁17～19。
⑯　同前揭書，頁356。

將姚際恆及崔適的加入，均是採用胡適的意見，《中國近三百年學術史》列舉清人整理舊學的成績，有不少篇什談辨僞學的成就，另任公講演「古書眞僞及其年代」以及「歷史研究法」以極多的段落來談史料的鑑別與蒐集，均是受古史辨運動所引燃疑古風潮影響之下，所採取的回應措施。任公所以有如此的回應，歸根結底，主要在於不滿意胡適、錢玄同等人的疑古作法：

> 最近疑古最勇，辨僞最力的，可舉二人作代表，一個是胡適，一個是錢玄同。我們看辨僞學者的手段，眞是一步比一步屬害，康南海先生比較劉逢祿、魏源已更進步了，胡適比康先生又更進一步。到了錢玄同不但疑古，而且以改姓疑古，比胡適又更徹底了。……最近對於胡適、錢玄同等用科學的方法和精神，提出無人懷疑的許多問題，雖然不能完全同情，最少認爲有力的假定，經過了長期的研究，許有一天可以證實的，但如錢玄同之以疑古爲姓，有一點變爲以疑古辨僞爲職業的性質，不免有些辨得太過。……⑪

晚年治學，除前述諸書外，任公治佛教史，花許多篇章作辨僞考證的工作，不能說不是受彼時風氣之影響有以致之也。張蔭麟說任公「晚事考據者，徇風氣之累也」，這是極爲有見地的公允之論。

　　4.缺失檢討

　　梁任公治清代學術史的基本見解，以政治與學術變遷爲解釋主軸，貫穿其大作《中國近三百年學術史》的時代背景，《清代學術

---

⑪　《古書眞僞及其年代》頁38。

概論》分析清代思想，乃是對晚清空談心性的反動，以「復古」爲職志，其動機與內容，將之比附與歐洲的「文藝復興」相類似，這種見解，後人有許多批評。此外，任公引證資料的不足，以及專業知識的訓練缺乏，均使清代學術史的研究留下不少缺憾，值得後人引以爲鑑。

(1)政治外緣說不足以解釋清代學術史的發展

任公《中國近三百年學術史》以清廷的高壓政治助長乾嘉考據學的發展，並解釋異族統治中國，使晚明如顧炎武等人痛定思痛，一反明儒空談心性，開啓清代考據學之先聲，任公稱之爲「反動與先驅」。這種以政治外緣因素詮釋清代學術史的發展，似乎使人感覺到宋明理學的傳統到清代已消歇不再發展了。今人對此種觀點並不滿意，較突出者爲余英時先生提出了「內在理路」（inner logic）作爲補充，他指出，學術思想的本身是有生命的，其發展並不完全依賴外礫因素的刺激，過分強調外緣說，反不易看清楚考據之學適應儒家發展的內在要求而產生的。余先生列舉了易學及古文尚書的辨僞考證爲例，說明了考據經典的深層意義仍離不開宋明理學的立場⓲。

學術研究，「前修未密，後出轉精」，本是極自然的，任公以政治高壓外緣說解釋清學之發展，自然有其歷史根據，但難以說明儒學內部自然演變的過程，余先生以「內在的理路」作爲補充的說

⓲ 見余英時〈從宋明儒學的發展論清代思想史〉及〈清代思想史的一個新解釋〉，以上二文均收入《歷史與思想》（台北，聯經出版事業公司，1976年9月初版）。

明，則使清代學術的發展脈絡，有跡可循，與宋明理學傳統的自身轉變是分不開的，所以二者解釋的結合，清學發展的眞象也更能撥雲霧而見青天了。

(2)將清學比附歐洲「文藝復興」之偏頗

任公《清代學術概論》的完成，除了胡適的提醒之外，另一原因是蔣百里著《歐洲文藝復興時代史》向任公索序，任公以爲「泛泛爲一序，無以益其善美，計不如取吾史中類似之時代相印證焉，庶可以校彼我之短長而自淬厲也」，於是清代學術即成爲中國的「文藝復興」。

值得一提的，任公在「新民叢報」所發表的《中國學術思想變遷之大勢》論清代學術有言：

> 要而論之，此二百餘年間，總可命爲古學復興時代，特其興也，漸而非頓耳，然固儼然若一有機體之發達，至今日而蒽蒽鬱鬱，有方春之氣焉，吾於我思想界之前途，抱無窮希望也。

《清代學術概論》復引此言，但已將「古學復興時代」之字眼改爲「中國之文藝復興時代」，所以，任公著作此書之微意，依吾人偏見，不無期許國人能造成如西方經文藝復興時代後產生之近代文明，是故，任公將其希望寄託在此書中是明顯的。

只是，任公將清學比附歐洲之文藝復興時代，就學術而言，是錯誤的提法。

其實任公談清代學術「以復古爲解放」，此觀念是從瑞士歷史學家布加特（Jacob Burckhardt）之著作《義大利文藝復興之文化》

（The Civilization of the Renaissance in Italy）輾轉而來的，但布加特以爲公民生活之發展是文藝復興時代古典再生的前提，而當從中古時代種種束縛解放出來的此種公民生活文化，並不能立即找到自己的出路，故必須有一嚮導，古典文化之形式與實質恰好滿足此需求，於是成爲義大利人追求崇尙的對象，卒至蔚爲當時義大利文化的主要部分。所以依照布氏之原意，文藝復興是市民階級從中古文化解放後所產生的復古運動，與「以復古爲解放」已有很大的距離⑲。

(3)專業知識的缺乏

任公「高文博學，近世罕見」，這是陳寅恪先生的評價。的確，由清代學術史的著述，即可看出任公學問之廣博，但如果從窄而深的專業角度去衡量，任公缺乏專業知識的訓練，則是無庸爲諱的事實。任公自身亦有自知之明，他歸納總結清代學者整理舊學的成績，對於不懂的專業知識，往往在著述中明白承認，如對地理著作《水經注》，他自言「向未治此學，不敢以門外漢評價各家得失，但述此學狀況如右」⑳，對於曆算學及其他科學列在最後一章，且在篇幅上占最小部分，前已述及是清人在自然科學少有建樹之因素，但另一原因是任公素缺乏此方面之知識，他說：

> 曆算學在清學界占極重要位置，不容予不說明，然吾屬稿至此，乃極惶悚、極忸怩，蓋吾於此學絕無所知，萬不敢強做解事，而本書體例又不許我自藏其拙，吾惟竭吾才以求盡吾

---

⑲　見余英時〈文藝復興與人文思潮〉一文，收入《歷史與思想》。
⑳　《中國近三百年學術思想史》頁244。

介紹之責，吾深知其必無當也。……⑫

所以對於清代算學名家，只能臨時撈拾阮元所編《疇人傳》以充數，而無以下評論，足見其困窘。在樂曲學方面的知識，任公亦只能敘述各家成績，「絕無批評諸家得失之能力，且所敘述亦恐不能得其要領」。

此外，任公對音韻學也素乏研究，所以談清人治音韻學的成績，亦只有簡單敘述，對於內容得失不敢下半句的批評。

其實，近代學術發展的趨勢，是走向窄而精密的研究道路，說到底，沒有一個人能將一門學問各細項目完全包辦，即以擅於史學研究的任公而言，對於柯鳳蓀《新元史》只能有如下的看法：

> 柯著彪然大帙，然篇首無一字之序，無半行之凡例，令人不能得其著書宗旨及所以異於前人者在何處，篇中篇末又無一字之考異或案語，不知其改正舊史者爲某部分，何故改正，所根據何書，著作家作此態度，吾未之前聞，吾嘗舉此書記載事實是否正確，以問素治此學之陳援庵垣，則其所序批評，似更下魏著一等也，吾無以判其然否。最近柯以此書得日本博士⑫

近人金毓黻對此頗表不滿：

> 任公無暇讀柯氏之書，而欲藉其篇首之序及凡例以判斷其價

值，藉令有之，其所得者，蓋亦僅矣！古人謂讀書須破萬卷，不讀其書，何以知其書之真價？不讀其書之全部，而僅讀其序例，則所得者，不過其皮毛而已，仍未能窮神盡相也。蓋梁氏讀書固多，然其所舉之載籍，實未能遍讀，然又不能直認為未讀，以耳代目，姑曰曾讀之云爾。乃柯書曾無一字之序，無一字之凡例，遂使梁氏無可把捉，遂怪其無序例，非著作家之態度，抑何可笑之甚耶！

去歲日本帝國大學博士會議，以柯氏此書為絕作，加以極細極確之批評，授以文學博士，為我國史學界增無上之榮譽，其評語散載各報余見諸《學衡雜誌》第二十期，任公詎未寓目，豈任公所得者尚不若日人所得之深耶？不然，何日人稱許甚至，而竟不慊於任公耶！是則非淺學之所能喻矣❷。

這段議論是極有見地的。然而，一學未涉其樊，則無以知其然否，本屬尋常之事，博學如任公者不能免此，足徵通博已難，專精尤難。噫！治學研究一事，又豈容易哉！

(4)偶有資料不足，以致詳略不一

清人著述繁多，門類茂盛，以一人之精力欲讀遍所有，殆為不可能之事。任公治清學，評騭各家得失，以見其學術淵源與特色，本是極佳之方法，然因時日有限，未暇一一細讀原著，多引「四庫提要」之語或彼時學者之評語，以致論述諸家學術詳略不一，疏闊隨處可見。如《中國近三百年學術史》之〈清初學海波瀾餘錄〉章，

---

❷　見金毓黻《靜晤室日記》（遼瀋書社出版發行，1993年10月第一次印刷）卷第三十，頁1258，民國十三年十二月一日條。

對潘用微之著作未能得見，僅引用唐鑑《國朝學案小識》所載之文字便加論述云「大率也是從宋明學上很用過苦功而力求解放者」，與評論費燕峰及唐鑄萬二人之學，多引原著文字且得其肯綮相較，其粗俗簡略即可概見。又如〈兩畸儒〉章談王船山的哲學，因任公對王氏之著作未致力研讀，以致疏陋寒儉，迭多錯誤之處，今人朱維錚校注《梁啓超論清學史二種》頗有指正❷。

附　錄

　　本節完成後，曾寄送上海復旦大學歷史系朱維錚教授過目，蒙朱教授不棄，復函指教；又有《北京大學研究生學刊》編委會李四龍兄為我邀約唐文明、楊立華、党寶海、彭高翔等諸學友，共聚一堂，析疑商榷，由於他們的認真閱讀，又能提出令人心服的見解，返台灣後，這種真誠的批評反而不多，不由令人懷念起在四合院式的中國文化書院討論室的種種。為紀念這段美好回憶，也感謝他們的厚意，今錄全文以誌此段論學因緣。

一、朱維錚教授來函

銘能先生：

　　一月八日賜函及大作手稿複印件均拜讀。

　　辱承　先生於拙校注《梁啓超論清學史二種》前言不吝賜教，甚

---

❷　如任公云王船山「連門生也沒有」，述他「到處拾些破紙或爛帳簿之類充著作稿紙」，均失實。又引用書名，錯置或遺漏者，往往可見。俱詳朱注原書。

感。那篇校注引言，說梁啓超的學術論著的通病，在於「他自己也不諱言的『粗率淺薄』」，而舉例之一，有「引文刪略而不予標明，修改原文以牽合所論」二語。如今過去十多年，但我仍以爲此說是不錯的，因爲二語只是指出了歷史事實，本身並非價值判斷。我由此類事實引出的一項結論，即梁著「通病」在於「粗率淺薄」，似爲價值判斷，其實不然，也只是指出了以往學術界公認的一則事實，且以爲梁氏於此有自知之明。

大作「以爲梁氏引用古書原文，本有意識地連串，以做成活潑飛動的文章，正是其強調作史文章，當講求剪裁排列之組織上之工夫，此應爲其特色之一」。我也以爲這可以說是梁啓超文章的「特色」，卻是不值得稱道的「特色」，就是說有悖於梁啓超晚年所強調的「史德」。所謂引文，當然指已成歷史的前人成說。那是他人留下的歷史足跡。引者可以批評、指摘，可以引申、發揮，卻無權隨意改動、剪裁，乃至「有意識地連串」。否則就在學術上犯了道德「原罪」。梁啓超深明此理，且在《清代學術概論》中予以肯定，故而他的「引文刪略」、「修改原文」，正式自悖其說。我指出的僅此一點，並不涉及梁著的歷史效應。大作則強調其歷史效應，在我看來似有「辯護論」之嫌。關於「辯護論」，請參看馬克思《資本論》卷一第二版跋。

拙校注即將出修訂版。修訂版將更多指明梁氏引文不忠實原文的缺陷，但盼　先生繼續予以批評。

專此奉覆，即頌

時綏

　　　　　　　　　　朱維錚　一九九七年一月十五日

二、彭高翔：關於「梁啓超與清代學術史研究」的幾點意見

　　吳博士對梁啓超做過較長時間的專門研究，資料掌握得比較翔實，看過吳博士的論文之後，獲得了不少訊息，有一些啓發。既然此次討論會專門針對吳博士的這篇論文，我想態度就應認真負責。因此，由吳博士此文所獲的益處我就不多言了，而是想提一些問題與想法，否則，反倒不能互相切磨，已盡交修之誼了。

　　首先以題目談起，「梁啓超與清代學術史研究」這一題目本身，提供的論域非常廣闊。「清代學術研究」作為一個研究領域，自近代以降，已有許多人物於其中做過工作，取得了不少成績，也正因此，該研究領域才能得以日益充實與豐富。梁任公無疑對清代學術研究做過重要貢獻，但顯然其工作並不等於清代學術本身與全部。其他人比如錢賓四先生等，在清代學術史的研究方面，所做的貢獻亦可與梁任公相提並論。因此，若就「梁啓超與清代學術史研究」這一論域來說，勢必蘊含梁啓超與其它清代學術史研究者的關係，或者說梁啓超其人在整個清代學術史研究中的定位問題。而吳博士此文卻僅僅是就梁啓超個人對清代學術史的研究，做了一番介紹，因此，嚴格而論，這只是梁啓超「的」「清代學術史研究」，若冠之以「梁啓超與清代學術史研究」，則文章所涉及的內容未免不足以盡之。如果改成「梁啓超的清代學術史研究」，便名實相符，不致出現設置論域過寬，而所論內容相對狹窄的問題了。這是我的一個建議，請吳博士考慮。

　　治史大致離不開「史觀」與「史料」兩大塊。「史觀」也可以說是歷史哲學，即梳理、分析歷史材料的理論架構與方法。吳博士

論文的第一部份，我想是談梁任公之「史觀」。該部份既稱任公的「史觀」爲新史學，於是我就想，既然是「新」，那麼這種「新」是相對於何者爲「新」？也就是說，其「新」要在與以往史家的參較中而加以說明。這是第一步，而在與以往史家的比較中，梁啓超的某種看法（當然不是全部），尤其是其具體運用的研究方法，如歸納法、圖表等等，是否就是以往史家所不曾使用？這是我提的一個問題，這個問題如果能在吳博士的論文中得以處理，是否更好呢？

近代思想史有很多思想家前後觀念都有變化與差異。同一思想家的前後矛盾與不一致之處，其實是一個頗值得研究的現象。我認爲它與思想史、社會史的運動發展過程是密切相關的，通過它，當頗能揭示思想史、社會史的某些面相（dimension）。梁任公的善變是出名的，這其實是一個很好的個案。而吳博士論文中對梁氏思想的這種變化與矛盾，僅歸之於性格而一語帶過，我想不免放過了一個重要的問題。即便在此文中對這一問題不做深究而揭示近代思想史的某些特徵，單就解釋梁氏思想的多變與矛盾而言，選擇了性格這個解釋視角而又未順此視角做出較充分的正面申論，或許就失之乏力了。

對吳博士的論文，我們恐怕在討論之初均不自覺地帶有一種「求全責備」的心理。這也很自然。如果我們以認眞負責的態度來閱讀吳博士的論文、參加這次專題討論會，自不免一種批評的眼光。只是，我們在座各位在不同學科背景下，以不同角度對吳博士提出種種問題和想法，並不意味著吳博士的論文觸處皆是問題。恰恰相反，只有一篇好的論文才可能引發許多問題，值得我們去「求全責備」，之所以選擇吳博士的論文舉辦專題討論，本身便意味著對吳博士論

文的肯定。這一點，我想大家是不會有異議的。

三、党寶海：梁啓超學術平議

梁啓超的學術貢獻，表現在兩方面：學術思想與學術實踐。

應當說，在梁啓超所處的那個時代，無論是在中國還是在世界，梁啓超所倡導的新學術具有積極的前瞻性和建設性。他的學術思想表現在史學上，包括對史學的重新定位和治史的技藝。正如吳銘能同學所指出的，梁啓超試圖用新史學代替因襲數千年的「帝王家譜」。新史學是總體史，「探察人間全體之運動進步，即國民全部之經歷及其相互之關係」。就這一點而言，其精神實質是與法國著名的年鑑派（Annals）史學暗合的，儘管這遠不是一個具體周密的行動綱領。

爲了實現總體史就要深化對專門史、當代史的編纂和研究。應該注意的是，梁啓超倡導的「當代史」，僅僅是對當代史的記錄，特別是人物傳記的寫作。這與英國學者克羅齊（B. Croce）提出的「一切歷史皆當代史」並不一致。梁啓超對當代史的重視源於他的經世致用精神，因爲他畢竟不只是一個學者。中國的傳統思想與現實困境、外來的挑戰和潛在的機遇使梁啓超用新的方法和技術開始了學術實踐，如人文地理學方法的引入、強調歸納、圖表法和因果律等。他用自己的「現身說法」，爲後學提供了可供參照和可資批判的範例。吳銘能的論文對此有較充分的概括。

但是，我們更感興趣的，不是陳述梁啓超做了或說了些什麼，而是導致他行爲的動因和這些行爲的效果。套用梁自己的話說「知若者爲優，若者爲劣，因以自鑑，吾儕宜爾，吾儕宜毋爾」。梁活

躍在有救亡與啓蒙雙重需要的中國，這注定了他是一個政治與學術的雙棲人物。由於個人精力智識的侷限性，他無法實踐他的總體史。又由於政治活動的繁冗，他也無暇深入鑽研專門史，遂有「空疏浮淺」之譏。他主張史家四長，首推史德，而在爲同代人

「樹碑立傳」時卻不免「爲尊者諱」。他力陳要增廣史料，可我們看到他的著作常援引別人的序例來構築自己的宏篇大論。

梁啓超有絕好的天分和深厚的知識積累，但他在學術上做出的成績並不能與之成正比。誇張一點說，除了有限的幾部書外，他的大部份「學術」著述近乎報章文字，只在學術史研究上才有意義。究其原因有二：近者，過於強調用世，對歷史的評價缺乏審慎的態度，常隨時勢之變化而更動，寫作上急急忙忙成稿，在史料上是粗疏的，在立論上是無根的；遠者，政治與學術在梁啓超身上緊密結合，從政的熱情吞噬了學術應有規範和深沈的思索。（關於學術與政治的關係及其對中國知識份子的影響，可參看朱學勤在《風聲、雨聲、讀書聲》中的討論。）如果我們準備踏上學術之路，不妨想想梁任公，或許我們會以另一種心態去對待政治與學術。

在一定程度上說，迄今爲止，對梁啓超學術活動的研究還很欠缺，以持平的態度進行細緻的分析必將推進研究的廣度和深度。

本章第二部份「清代學術史的完成」曾以〈梁啓超清代學術史研究述評〉爲題，發表於一九九九年十一月十九至廿一日第二屆國際暨第六屆全國清代學術研討會，現收入《第二屆國際清代學術研討會論文集》（高雄，中山大學中國文學系編印，1999 年 11 月出版）頁 121～165。二○○○年二月一日修訂完成

第五章　梁任公的先秦諸子研究

　　梁任公對先秦諸子的研究，早年〈中國學術思想變遷之大勢〉一文即有相當的篇幅，提出在中國思想史上的意義，可說是有系統研究之始，其中不乏民族主義的意識鎔鑄字裡行間。晚年遠赴歐洲考察一次大戰後歸來所作的學術講演，則主要是反映一己對政治、教育方針及革命後新中國應如何建設等等的見解；雖然丁文江以爲任公此後「絕對放棄上層的政治活動，惟用全力從事於培植國民實際基礎的教育事業」❶，固是不錯的看法，也爲後世學者所認同，但事實上，由大量書信告訴我們，任公仍無法忘懷於政治良窳對國家之影響，甚至有態度游移復出政壇之想法，這正是任公深受儒家「經世致用」傳統思想的顯現！善乎近人陳寅恪先生云：

> 任公先生高文博學，近世所罕見。然論者每惜其與中國五十年腐惡之政治不能絕緣，以爲先生之不幸。是說也，余竊疑之。嘗讀元明舊史，見劉藏春、姚逃虛皆以世外閒身而與人家國事，況先生少爲儒家之學，本董生國身通一之旨，慕伊尹天民先覺之任，其不能與當時腐惡之政治絕緣，勢不得不然。憶洪憲稱帝之日，余適旅居舊都，其時頌美袁氏功德者，極醜怪之奇觀，深感廉恥道盡，至爲痛心，至如國體之爲君

------

❶　《梁任公先生年譜長編初稿》頁570。

　　主抑或民主，則尚爲其次者，迨先生「異哉所謂國體問題者」
　　一文出，摧陷廓清，如撥雲霧而見青天。然則先生不能與近
　　世政治絕緣者，實有不獲已之故，此則中國之不幸，非獨先
　　生之不幸也，又何病焉❷？

中國近百年學術與政治糾葛千絲萬縷，這段沈痛而合乎事實的感慨，
是近代中國苦難之際、知識份子有不能袖手旁觀的道德良知彰顯，
任公亦自知「屢爲無聊的政治活動所牽率，耗其精而荒其業」。

　　世變時潮風起雲湧，政局混亂不靖，人心惶惶，杌隉難安，在
書齋裡想從容做學問，完全置身度外以自適，是傳統知識份子感情
上所無法容許的，何況爲時局提出諍言，正是富於責任心的任公數
十年筆墨生涯寫照，先秦諸子學說的研究，便是在此背景之下形成
的，吾人無法純以學術角度看待，其理由正是如此。

　　其次，任公的善變是有名的，其思想前後矛盾，以性格複雜多
變來解釋，當與彼時時代背景發展是密切相關的，通過它，當頗能
揭示思想史、社會史的某些面相（dimension）。因此本文根據這個
思路，透過任公對先秦諸子的見解，反應當時中國政局與社會巨大
變動，任公的徬徨心情，躍然活現。任公的嗅覺敏銳，表現出善變
的個性，正是時代劇變的縮影，同時也是中國走在岐路徘徊之中，
思索何去何從，在今日看來，毋寧仍有其現實的意義。

---

❷　見陳寅恪〈讀吳其昌撰梁啓超傳讀後〉一文，收入《陳寅恪先生文集》（一），
　　頁148～150。

一、先秦諸子研究的時代背景

任公考察歐戰後歸來，對中國文化，尤其是先秦諸子學說的闡揚，可謂是不遺餘力，充滿了信心，加以個人從政失敗的經驗，以及民國政局的混亂，使他覺悟到唯有從教育方面著手，提昇全體國民的政治道德、政治能力與政治習慣，才能促成健全的全民政治，因此任公致力先秦諸子學說之研究，無疑地，是藉以表達一己對未來中國前景的看法。

（一）歐戰後考察所感

任公自民國七年十二月廿八日啓程赴歐洲考察歷經一次世界大戰後之概況，抵英國、赴法國，歷比利時、荷蘭、瑞士、意大利、德國等，迄於民國九年一月下旬歸返，後將個人旅歐所見所感，撰成《歐遊心影錄》一書發表，由此書可知，戰後歐洲的經濟狀況，在任公眼中是這樣的：

> 我們來歐，已是停戰之後，戰中況味，未曾領受，但在此一
> 年已來，對於生存必需之品，已經處處覺得缺乏，麵包是要
> 量腹而食，糖和奶油，看見了便變色而作，因爲缺煤，交通
> 機關停擺的過半，甚至電燈機器也商量隔日一開。我們是過
> 慣樸素笨重生活的人，尚且覺得種種艱辛狼狽，他門在極豐
> 富、極方便的物質文明底下過活了多少年，那富人便有錢也
> 沒處買東西，那窮人從前一個錢買的東西，如今三五個錢也

買不著，這日子怎麼能過呢❸？

戰後民生工業凋弊，生產工具百廢待舉，親睹日常生活種種不便，真是怵目驚心，任公這段描述，寫出了當時物質極度匱乏的縮影，是深刻而寫實的。

　　至於國與國之間，則是因戰爭結下了仇恨，戰後企求永久的和平，則更是遙遙無期，民族情感的夙怨愈結愈深。「從前巴爾幹小國分立，實為世界亂源，如今卻把巴爾幹的形勢更加放大了，各小國相互間的利害太複雜，時時刻刻可以反目，又實力未充，不能不各求外援，強國就可以操縱期間，此等現象為過去戰禍之媒，戰後不惟沒法矯正，反有些變本加厲」❹。

　　在社會方面，因工業革命以來，機器生產造成大資本家財富增加，但勞工階層的分配不均與受到不公平的剝削，引起貧富階級之間的矛盾與對立日深，於是罷工熱潮風起雲湧，加以戰後百物騰價，無論是戰勝國或戰敗國，老百姓生活是陷入困難之中，所以主張社會革命的暗潮也蘊蓄待發。而追根究底，十九世紀中葉以來，達爾文「生存競爭，優勝劣敗」的生物進化論，以及以自己為本位的個人主義盛行，「所以就私人方面論，崇拜勢力，崇拜黃金，成了天經地義，就國家方面論，軍國主義、帝國主義變了最時髦的政治方針，這回國際大戰爭，其起源實由於此，將來各國內階級大戰爭，其起源也實由於此」❺。

---

❸　《歐遊心影錄節錄》頁5～6。
❹　同前揭書，頁4。
❺　同前揭書，頁9。

　　任公考察歐戰後的西方印象，結果如前所述。所以，以工業革命萌芽及科學主義發達的西方文化，其極致發展的下場，竟是發生一場大戰，破壞了一切文明建設，導致民生凋弊，社會不安，這在在使任公對西方學說理論，產生了懷疑與保留。

　　任公觀察歐洲戰後的慘狀，進而聯想到中國傳統先秦思想中的許多觀念，正是合乎戰後之弊的療藥，任公會如此肯定中國傳統文化，此為原因之一。

（二）西方學者對中國文化的推崇

　　另一個促成任公對中國傳統文化，尤其是先秦諸子思想，抱持肯定態度的原因，則是西方學者對中國文化的推崇。

　　歐洲戰後的破壞，使人感受到戰爭的可怕。任公訪歐期間，西方學者對他表示推崇中國文化之意，任公自言道：

> 我在巴黎曾會著大哲學家蒲陀羅Boutreu（柏格森之師），他告訴我說「一個國民，最要緊的是把本國文化發揮光大，……你們中國，著實可愛可敬，我們祖宗裏塊鹿皮、拿把石刀在野林裏打獵的時候，你們不知已出了幾多哲人了，我近來讀些譯本的中國哲學書，總覺得他精深博大，可惜老了，不能學中國文，我望中國人總不要失掉這分家當纔好」，我聽著他這番話，覺得登時有幾百斤重的擔子加在我肩上。又有一回，和幾位社會黨名士閒談，我說起孔子的「四海之內皆兄弟」、「不患寡而患不均」，跟著又講到井田制度，又講些墨子的「兼愛」、「寢兵」，他們都跳起來說道「你們家裏有這些寶貝，卻藏起來不分點給我們，真是對不起人啊」，

我想我們還毀不上說對不起外人，先自對不起祖宗罷了。近來西洋學者，許多都想輸入些東方文明，令他們得些調劑，我仔細想來，我們實在有這個資格。何以故呢？從前西洋文明，總不免將理想實際分爲兩橛，唯心派哲學高談玄妙，離人生問題都是很遠，科學一個反動，唯物派席捲天下，把高尚的理想又丟掉了，所以我從前說道「頂時髦的社會主義，結果也不過搶麵包喫」，這算得人類最高目的麼？所以最近提倡的實用哲學、創化哲學，都是要把理想納到實際裏頭，圈個心物調和，我想我們先秦學術，正式從這條路上發展出來，孔、老、墨三位大聖，雖然學派各殊，「求理想與實用一致」，卻是他們共同的歸著點。……**❻**

另外，羅素、倭鏗、柏格森等人的來到中國講學，表達對中國文化價值系統的肯定，均對任公有所鼓舞。如任公對羅素推崇老子的話表示贊同，一是講「老子的哲學」就引用羅素研究的「占有的衝動」及「創造的衝動」之哲理爲根據，來解釋老子「生而不有，爲而不恃，長而不宰」，以爲正是提倡「創造的衝動」**❼**；二是講「知不可而爲主義與爲而不有主義」，也是採用羅素的「占有的衝動」哲理來解釋說明「爲而不有」的觀點**❽**。

　　因此，戰後歐洲經濟蕭條，短期無能恢復生機，西方哲人到中

---

❻　同前揭書，頁35～頁36。

❼　《老子哲學》頁16。

❽　梁任公講演「知不可而爲主義與爲而不有主義」，收入《飲冰室文集》之三十七。

國尋求療效妙藥，使任公更具民族文化自信心。

（三）民國政局混亂之不滿

民國肇建，推翻滿清政府，結束了中國二千餘年君主專制之局面，成為亞洲第一個民主共和國家。任公在九月杪由神戶啓程歸國，結束了在日本十五年的流亡生活。

任公返回中國，本有意在政治上有番作為，但他卻失望了。因民國建立以來，他睹視許多領導者政治道德太差，互為爭名奪利，專營一己之私，中國徒有立憲共和之名，而卻無其實，其舉國杌隉愁慘之狀甚於前清，毫無開國氣象，「今日國中氣象，真衰世之氣象而已」❾。他在〈一年來政象與國民程度之映射〉一文中指出，「一年以來未嘗見有國家機關之行動，未嘗見有團體之行動，所見者惟個人行動耳。……既人人皆寓私於公，故國中無所謂政治，無所謂政黨，但見無數之個人朋比以自營已耳」❿。

任公的觀感，乃是實情的反映。民國自建立以後，中國始終在舊派野心家及官僚、軍人的各自為政下存在，由各政黨的相互傾軋排擠、軍閥擁兵自據一方、袁世凱的陰謀稱帝、張勳復辟、南北政府的對抗、北洋政權的賣國借款等觀之，均是彰明昭著之事實，所以任公說「我國被共和之名亦既九年，而政象無一不與共和相反者，蓋緣此共和國並非國民意力所構成，國民自始並未了解何者為共和，何者非共和，自始並未嘗愛慕共和追求共和」⓫。

---

❾ 見《罪言》一文，收入《飲冰室文集》之二十九。

❿ 此文收入《飲冰室文集》之三十。

⓫ 見〈主張國民動議制憲之理由〉，收入《飲冰室文集》之三十五。

一次大戰後，巴黎和會中國在外交上的失敗，使中國在山東的權益被日本攘奪，任公以為失敗之責任固由於日本事前布置周密，而政府實要負最大責任。他呼籲我國民宜有所堅持不承認條約，以及覺悟「所謂正義人道不過強者之一種口頭禪，弱國而欲託庇於正義人道之下，萬無是處」❶❷。

直皖戰爭起，任公更極力主張國民自衛來對抗軍閥的混亂私鬥❶❸。但要國民具有自覺的意識，又談何容易？他了解到唯有由教育著手，在學校中養成關心團體生活的政治習慣，才能具有現代民主社會生活的能力，也進而使國民有監督政府施政的意識❶❹。

所以任公對民國政局混亂的不滿，使他醒悟到國民的政治習慣因傳統之惰性遺傳而欠缺，唯有從教育開始，才是最根本的解決方法，任公晚年從事教育事業，仍不忘講求政治的原因在此。

（四）個人從政失敗之覺悟

民國建立之後，國內各大小政黨林立，任公先加入共和黨，與國民黨在國會選舉競爭中挫敗，繼而任熊希齡內閣之司法總長，最初計劃積極整頓的事很多，後因為經費困難，各方面對司法現狀的攻擊，和袁氏的消極態度，所以才改從維持現狀上努力，不過反對的勢力太大了，結果消極方面的努力，並沒有得到成績❶❺；以後統

---

❶❷　見〈外交失敗之原因及今後國民之覺悟〉，收入《飲冰室文集》之三十五。

❶❸　見〈軍閥私鬥與國民自衛〉及〈無槍階級對有槍階級〉，分別收入《飲冰室文集》之三十五、之三十七。

❶❹　見〈教育與政治〉，收入《飲冰室文集》之三十八。

❶❺　丁文江語，見《梁譜》頁431。

一、共和、民主三黨合併爲進步黨，任公爲進步黨黨魁，旋袁世凱命爲幣制局總長，遂專任幣制之事，不料歐戰以來，幣制借款之事，暫時既無可談判之餘地，任公所研究之政策及其設施之次第，又爲時事所迫，不能實行，於是幣制局遂同虛設，不得不辭退其職❶。民國六年，任公爲段祺瑞內閣之財政總長，他想利用緩付的庚子賠款和幣制借款來徹底改革幣制，整頓金融，可惜事與願違，無功而退❶。

從組織政黨與國民黨對抗，到任司法總長、幣制局總長及財政總長，任公皆沒有達到他預期的理想，在從政的仕宦生涯中，可說是一敗塗地，毫無建樹。

其實，民國二年共和黨在國會競選失敗後，任公即有放棄政治生活，擬從事教育的打算❶，但可惜既知政事不可爲，又改之不勇，於是陷入於政海中浮沈。在袁世凱稱帝時期，任公與蔡鍔密謀發動倒袁護國之役，即相約道「今茲之役，若敗則吾儕死之，幸而勝則吾儕退隱，決不立朝」❶。後討袁之役成功，袁世凱羞憤而死，任公對報館記者談話亦有從事教育之盤算❷。

只是，其後政局的發展，使任公無法袖手旁觀，又再度捲入政治漩渦中。在段祺瑞內閣總辭後，任公屏除百事，專致力於中國通史著述，間亦與同仁有發起松社計畫，擬以講學爲宗旨，作爲轉移

---

❶　見民國三年十月三十日申報載「梁任公之近況」，轉引自《梁譜》頁440。

❶　丁文江語，見《梁譜》頁529。

❶　見民國二年四月十八日家信，《梁譜》頁418轉引。

❶　見《盾鼻集》頁147。

❷　梁任公「與報館記者談話一」，收入《盾鼻集》頁132～133。

社會風氣爲究竟**㉑**，友人亦力勸任公宜聯合同志從事講學**㉒**，任公在對報社記者發表談話，亦表明一己退出政壇之抉擇：

> 自審心思才力，不能兩用，涉足政治，勢必荒著述，吾自覺欲效忠於國家社會，毋寧以全力盡瘁於著述，爲能盡吾天職，故毅然終止政治生涯，非俟著書之願略酬，決不更爲政治活動，故凡含有政治意味之團體，概不願加入。……**㉓**

其後任公歐遊歸來，講學各大學院校，不再涉入政治活動，他對先秦諸子的研究以及其他學術論述，也是在此後十年左右最有成績，中間雖偶有傳聞他涉入政局**㉔**，大體上仍以學術講演及著述爲生活的重心。錢穆先生曾在近代學人點將錄中列舉了章太炎、陳援庵、王國維、陳寅恪等人的論學文字，對梁任公有如下之評價：

> 梁任公於論學內容固多疏忽，然其文字則長江大河，一氣而下，有生意、有浩氣，似較太炎各有勝場，即如《清代學術概論》，不論內容，專就其書體制言，實大可取法。近人對梁氏書似多失持平之論，實則在五四運動後，梁氏論學各書

㉑　見民國七年一月十二日及一月三十日張君勱致任公之信，《年譜》頁541～542引錄。

㉒　見民國七年十月三十一日袁思亮致任公書，《年譜》頁550引錄。

㉓　見民國七年十月二十六日申報載「梁任公之平和談」，《年譜》頁547～550引錄。

㉔　見吳銘能〈一篇湮沒七十餘載的重要佚文—首次發表「梁啓超對於順天時報啓事」原稿〉，收入《北京大學學報》【哲學社會科學版】1996年第二期。

　　各文均有一讀之價值也。㉕

這個評價是公允的，任公學術的價值在此。

二、對先秦諸子的重要觀點

　　任公對先秦諸子研究，主要集中在儒家、墨家、法家及道家。尤其是儒家對他整個人生有莫大的支持力量，他曾自言人生觀受佛家影響之外，另一重要的來源即是儒家，由他從政救國及晚年從事學術研究仍不忘國計民生，則可說其一生是儒家的奉行者。

（一）先秦諸子的派別

　　前言任公對先秦諸子較有系統之研究，始於在日本創辦『新民叢報』所發表的〈中國學術思想變遷之大勢〉，即提出先秦諸家派別的看法。他不同意《漢書・藝文志》本劉歆《七略》的看法，將先秦學派分為九流十家：

> 既列儒家於九流，則不應別著六藝略，既崇儒於六藝，何復夷其子孫以儕十家，其疵一也。縱橫家毫無哲理，小說家不過文辭，雜家既謂之雜矣，豈復有家法之可言，而以之與儒、道、名、法、墨等比類齊觀，不合論理，其疵二也。農家固一家言也，但其位置與兵、商、醫諸家相等，農而可列於九

㉕ 見《錢賓四先生論學書簡》（1960年5月21日），收入余英時《猶記風吹水上鱗——錢穆與現代中國學術》（台北，三民書局出版，1991年10月初版），頁249～255。

流也，則如孫吳之兵、計然白圭之商、扁鵲之醫，亦不可不爲一流，今有兵家略、方技略在諸子略之外，於義不完，其疵三也。諸子略之陰陽家，與術數略界限不甚分明，其疵四也。

因爲有此四項缺失，故任公不取班固之見解。對於《莊子·天下篇》推重儒、墨、老三家，《荀子·非十二子篇》所論列十二家以及司馬談論六家要指，任公皆不滿意，於是重新給予畫分。

　　任公深信地理環境對於人類進化有決定性之影響，所以先秦諸子學派的畫分，仍採用南北自然景觀之差異，以解釋人文思想亦受波及。他認爲「北地苦寒磽瘠，謀生不易，其民族消磨精神日力以奔走衣食維持社會，猶恐不給，無餘裕以馳騖於玄妙之哲理，故學術思想常務實際，切人事，貴力行，重經驗，而修身齊家治國利群之道術最發達焉」，其表現在敬老尊祖，崇古保守之觀念強，內其國而外夷狄，排外之力強，繫親重禮，守法畏天，此爲北學之精神；南地「其氣候和，其土地饒，其謀生易，其民族不必惟一身一家之飽暖是憂，故長達觀於世界之外，初而輕世，既而玩世，既而厭世，不屑屑於實際，故不重禮法，不拘拘於經驗，故不崇先王，又其發達較遲，中原之人常鄙夷之，謂爲蠻野，故其對於北方學派，有吐棄之意，有破壞之心，探玄理，出世界，齊物我，平階級，輕私愛，厭繁文，明自然，順本性，此南學之精神也」。

　　在此觀念之下，任公將先秦學術分爲北派與南派，北派又細按地區畫分爲鄒魯派、齊派、秦晉派及宋鄭派四支，其中以孔子爲首的鄒魯派代表北派的正宗，南派則以老子代表正宗，而以許行及屈

原爲南派支流。

任公將南北兩派中分天下列爲此時代之第一期，並解釋孔子在魯、衛、齊之間，受到歡迎尊崇，至宋而乃至陳蔡，卻遭困阨，乃至楚，則接輿歌之，丈人揶揄之，長沮、桀溺目笑之，乃因學派之不同所致也，此亦是地理環境影響南北地區之民族性的緣故。其後墨子崛起，處於南北之間，而稍近於南，與孔、老鼎足三分天下，代表全盛時代之第二期。其後陰陽家、法家、名家巍然有獨立之姿，皆起於北方，與孔老墨三宗爲全盛時代之第三期。戰國之末，各派相爲薰染，互爲影響，與初期各樹一明顯旗幟實不同，代表全盛時代之第四期，亦名之爲混合時代。

任公對於先秦諸子的研究，前期有鼓舞民氣之精神充乎其中，具有愛國的情操❷，晚年時期的研究，則較持「同情的瞭解」的態度，主要是個人從政失敗，痛定思痛的心境寫照。

（二）論儒道墨法四家之優劣得失

任公體認孔子教誨之精神，而孔子教義其實際裨益國民者，則是「教各人立身處世之道」而已，也就是「養成人格」，「教人以所以爲人者與所以待人者」。

所以，任公對於儒家的肯定，實在於深所體認的心得，他有句話說「若把儒家抽去，中國文化，恐怕沒有多少東西了，中國民族之所以存在，因爲中國文化存在，而中國文化，離不了儒家」❷，

---

❷　《中國學術思想變遷之大勢》頁2。

❷　《儒家哲學》頁7。

這種重視民族文化的傳統的見解，在當時反傳統思潮占上風的五四時期，不免被視爲保守、落伍，任公與胡適等人「道不同」，這是一個極爲關鍵的原因。

儒家根本觀念爲「仁」，任公解釋爲「人格之表徵」，又引鄭玄「仁，相人偶也」的看法，進一步闡述云：

> 若世界上只有一個人，則所謂「人格」者決無從看出。人格者，以二人以上相互間之「同類意識」而始表現者也，既爾，則亦必二人以上交互依賴，然後人格始能完成❷。

因爲儒家重視人之所以爲人，確信「人能弘道，非道弘人」，所以任公以爲「儒家舍人生哲學外無學問，舍人格主義外無人生哲學也」❷，「儒家哲學，一面講道，一面講術，一面教人應該做什麼事，一面教人如何做去」❸。

對於實際政治的作用，儒家主張正名主義，所謂「政者正也，孰敢不正」，所謂「名不正則言不順，言不順則事不成，事不成則禮樂不興，禮樂不興則刑罰不中，刑罰不中則民無所措手足，故君子名之必可言也，言之必可行也，君子於其言，無所苟而已矣」，即是要求循名責實，以達名實相符。儒家先內聖以修己，再外王以安人，是一貫的精神，所以執政者道德修養與政治能力結合而一，自然能將國家治理安好，以臻於郅治；然而，此種聖君在位、聖賢

---

❷　《先秦政治思想史》頁68。

❷　同前揭書，頁69。

❸　《儒家哲學》頁5。

在職的理想並無法有充分的保證，易言之，聖君賢臣可遇難逢，此為儒家人治色彩所無以解決的困境，因此「人存政舉」、「人亡政息」成為儒家政治理想不能落實的原因，其救弊之法，任公以為當以「多數人治」易「少數人治」。如西方的民主，以民眾為政治之骨幹❸。所以，任公以為法治主義未為最妥善根本解決方法，從教育著手，養成多數人的政治道德、政治能力及政治習慣，才是最徹底的方法，任公稱之為「禮治主義」❸。其具體落實步驟，任公以為先以鄉鎮為地方自治的基礎，養成投票選舉的政治能力與習慣，成為立憲政治的初階❸。

對於道家的觀點，由早年的否定抨擊，到晚年從事講學時期的肯定，這種轉變之巨大，正是任公「善變」的性格表徵，亦是他對中國傳統抱持較為同情的態度。如光緒二十九年〈說希望〉一文，對於道家有尖銳批評：

> 老子曰「知足不辱，知止不殆」。此毀滅世界之毒藥，萎殺
> 思想之謬言也。我中人日奉一足止以為主義，戀戀於過去，
> 而絕無未來之觀念，眷眷於保守，而絕無進取之雄心。

以及宣統三年〈違制論〉一文，對於道家也表現極端地嫌惡不滿：

> 老子曰「知其雄，守其雌，為天下谿；知其白，守其黑，為
> 天下谷」。此教人以遠害全身之道，尋常人學之，或不免以

---

❸　《先秦政治思想史》頁79。

❸　同前揭書，頁80～81。

❸　《國民淺訓》第四章〈自治〉，第五章〈自治〉（續）。

巧滑爲病，若主術則眞當如是矣。老子之言教人以不負責任
也，故盡人而學之，則人心世道將受其敝……。

而在民國九年講〈老孔墨以後學派概況〉，對於道家批評就少多了，
有時將之與墨子、孔子相提並論，以爲是中國學術思想所出之淵源：

> 古代學術，老孔墨三聖集其大成。言夫理想，老子近唯心，
> 墨子近唯物，孔子則其折衷也。言夫作用，老子任自然，墨
> 子尊人爲，孔子則其折衷也。三聖以後，百家競作，各有其
> 獨到之處，觀其一節，時或視三聖所造爲深，然思想淵源，
> 蓋罔不導自三聖。

以後講〈老子哲學〉則對道家頗多迴護之言，即使是批評，也往往
較爲溫和，與早年的激進是迴然不同的，由此亦可見任公心境之轉
變，是極爲顯著的：

> 常人多說老子是厭世哲學。我讀了一部老子，就沒有看見一
> 句厭世的語。他若是厭世，也不必著這五千言了。老子是一
> 位最熱心熱腸的人，說他厭世的，只看見「無爲」兩個字，
> 把底下「無不爲」三個字讀漏了。
> 老子書中最通行的話，像那「不敢爲天下先」、「知其雄，
> 守其雌，爲天下谿；知其白，守其黑，爲天下谷」、「將欲
> 歙之，必固張之；將欲弱之，必固強之」都很像是教人取巧，
> 就老子本身論，像他那種「爲而不有，長而不宰」的人，還
> 有什麼巧可取，不過這種話不能說他沒有流弊，將人類的機
> 心揭得太破，未免教猱升木了。

對於法家的肯定，任公以爲即是《韓非子·定法篇》所說的：

> 法者，憲令著於官府，刑罰必於民心，賞存乎慎法，而罰加
> 乎姦令者也。

最能代表法家的特色，也就是說頒定具體的成文法，以國家權力強
制執行❸。由歷史的發展，任公指出，「法治主義在古代政治學說
裏頭，算是最有組織的、最有特色的，而且較爲合理的，當時在政
治上很發生些好影響，秦國所以盛強，確是靠他，秦國的規模傳到
漢代，得有四百年秩序的發展，最後極有名的政治家諸葛亮，也是
因爲篤信這主義，才能造成他的事業」，然而，法治主義可惜自漢
代以後衰熄而消滅了，其主因在於外族入侵及內亂狀態持續太久，
這是政治上的原因。另一原因是法家學說本身的缺失，即是過信於
國家統治的權力，結果是個人之發展易受妨害限制，與儒家的「盡
性主義」不同；其次，法家最大缺點在於立法權仍歸君主，無有保
障法律不爲君欲所搖動，君主享有絕對的權力，也就使法律在落實
方面，不能不受君主的喜好所左右；再有一缺點，是恃法以爲治，
則法律所不及之處，無以約束人民，則必靠道德的力量以濟窮，但
因法律忽略於此，所以很受儒家的攻擊，所謂「導之以政，齊之以
刑，民免而無恥，導之德，齊之以禮，有恥且格」，就說明道德比
法律更能行之久遠❸。

　　墨家的根本觀念在於兼愛，同時具有摩頂放踵利天下的精神，

---

❸　《先秦政治思想史》頁209。

❸　同前揭書，頁147。頁207～208。頁216～217。

此點最爲任公所欣賞，因而稱道墨家非哲學家，亦非政治家，乃是宗教家也㊱。

（三）由諸子研究見理想之寄托

任公所處之時代，正當軍閥割據、內戰頻仍，於是統一問題、寢兵問題成爲時論的焦點，任公對於南北武力之對抗，表現極爲厭惡，由他回答『申報』記者的話可知㊲。

歐戰結束後，國內軍閥之運命並沒有隨之而消滅，任公在《先秦政治思想史》裏，專列兩章討論「統一運動」及「寢兵運動」，其反對軍國主義，主張世界主義，實具有現實的意義：一是既不滿國內軍閥割據所造成紛擾不安的政局，另一是對歐戰所造成的文明摧毀破壞的慘狀，有怵目驚心的見聞。因此，任公肯定先秦諸子所謂天下云者，即是人類全體的意思，此亦即是世界主義之眞精神也，故對儒家的「四海之內皆兄弟」及墨家的「兼愛」有很高的評價，稱之爲「聯邦的統一、平和的統一」，並稱道家與墨家爲超國家主義，尤其墨家「視人之國若其國」及「天子壹同天下之義」，將國家觀念根本消除，具有世界主義的色彩最濃郁。

比較值得注意的，任公既反對軍國主義，對於法家「富國強兵」之主張，即以武力爲統一之手段，不諱言與近世歐美所謂國家主義臭味相類，秦以此手段完成統一，卻不能恆守，漢承其緒業，並參用儒墨之精神，而所謂「定於一」者乃終實現。

㊱　同前揭書，頁129。

㊲　見民國七年十月廿六日申報載「梁任公之平和談」，轉引自《年譜》頁549。

　　任公久見中國分崩離析，兵連禍結，對先秦諸子之闡釋是否盡合於彼時原意，可不必拘泥深究，其謳歌稱頌統一運動，望治之心境直露無遺，實是知識分子深受儒家「樂以天下，憂以天下」傳統薰陶的情懷，在此又一明證也。任公將此統一思想，稱之爲「同類意識的滋長」，以爲是民族的特色，可爲西方軍國主義思潮提供救弊良方，所謂「吾儕誠欲抱吾卞和之璞以獻彼都，不審竟遭刖焉否耳」，正是此意。

　　對於先秦知識階層興起出仕諸國之間，以致通身顯貴，任公並不以爲病：

> 當時人士，異國間互相仕宦，視爲固然，不徒縱橫家之朝秦暮楚而已，雖以孔墨大聖，亦周歷諸侯，無所私於其國，若以今世歐洲之道德律之，則皆不愛國之尤者，然而吾先民不以爲病，彼蓋自覺其人爲天下之人，非一國之人，其所任者乃天下之事，非一國之事也❸。

這一段話可視爲任公對自己政治生涯的注腳。任公先是與舊官僚合作，出入袁世凱幕下之「第一流人才內閣」，希冀能一展長才，後因袁世凱陰謀復辟帝制的野心及與日本訂下二十一條的賣國行徑，毅然指揮反袁護國之役，繼而出任段祺瑞內閣財政總長之職，希望推行他的治國理想，然而在當時軍閥橫行的惡劣環境下，事與願違，任公期待的中國迅速安定統一的美夢破滅。對此，張蔭麟表示極大的惋惜：

---

❸　《先秦政治思想史》頁156。

從學術史上觀之，自辛亥至戊午七年間，實爲先生一生最不幸之時期，蓋自辛亥革命成功後，先生在政治上實與康南海同爲落伍之人物，歷史上之趨勢如此，非人力所能轉移，爲先生計，使自此以後，絕跡仕途，埋頭著述，則其所貢獻於中國學術者當如何，乃不出此，挾其歷史上之寶貴之地位，旅進旅退於軍閥官僚、奸雄宵小之間，卒無補於國，而學亦荒，豈不惜哉❸❾！

梁漱溟亦以此爲任公生平失敗之處❹⓿，兩位先生的看法，不爲無見，然而任公深受儒家內聖外王之學所濡染，其不能不與現實政治無涉，弗能絕屏近世政治惡濁環境，固是不幸，亦是近代中國之不幸也。

　　任公反對軍國主義，在「寢兵運動」章裏，對墨子『非攻』的思想表現行爲上，有極高的評價：

　　　　故中國人可謂爲能守的國民，而絕非能戰的國民，墨家之教也，後此二千年間屢蒙異族侵暴者以此，雖蒙侵暴而常能爲最後之光復者亦以此，若其因侵暴光復展轉相來，而同化力愈益擴大，則文化根柢深厚使然也。

所以，任公對秦國以武力統一，代表軍國主義，十餘年而遂亡，評

---

❸❾　〈近代中國學術史上之梁任公先生〉，原載天津大公報文學副刊民國十八年一月日。

❹⓿　梁漱溟以任公入袁世凱復熊希齡內閣及與段祺瑞攜手執政爲政治上嚴重之失敗，見〈紀念梁任公先生〉一文第二節「任公先生的生平得失」，收入《梁漱溟全集》（濟南，山東人民出版社，1993年1月第一版）第六卷。

價並不高，已如前述，不再贅言。

三、對後人的啓示

近百年來，中國學術思想界有一個共通的問題，一直使學者深深困擾著，即面對西方強大的勢力，中國學習西方是多數者的共識，但傳統中國文化將置於何種位置，則是有分歧的爭論，比較典型的類型，一是「中學爲體，西學爲用」，以張之洞爲代表，其後陳寅恪繼之❹，二是「全盤西化」，以胡適、陳序經爲代表，任公在晚清「將世界學說爲無制限的盡量輸入」❷，並大肆抨擊傳統，如對儒家，就毫不留情地批判，以爲於帝王馭民最爲合適。故霸者，竊取而利用之以宰制天下，儒學實與帝王相依附而不可須臾離也❸。故任公早年醉心西方文明，批判傳統，實爲五四時期反傳統的激進奠下了基礎，其後他雖有懺悔之言「晚清思想界之粗率淺薄，啓超與有罪焉」，晚年並有回歸肯定儒家的傳統，如他爲儒家申辯云：

> 有人説自漢武帝以來，歷代君主皆以儒家作幌子，暗地裏實行高壓政策，所以儒家學問，成爲擁護專制的學問，成爲奴辱人民的學問。誠然歷代帝王假冒儒家招牌，實行專制，此

---

❹ 陳寅恪自言「平生爲不古不今之學，思想囿於咸豐、同治之世，議論近乎曾湘鄉、張南皮之間」，見〈馮友蘭中國哲學史下冊審查報告〉，收入《陳寅恪先生文集》二，頁252。

❷ 《清代學術概論》頁65。

❸ 《中國學術思想變遷之大勢》頁3。

種情形，在所不免，但是我們要知道，幾千年來，最有力的
學派，不惟不受帝王的指使，而且常帶反抗的精神，儒家開
創大師，如孔孟荀都帶有很激烈的反抗精神，人人知道的，
可以不必細講；東漢爲儒學最盛時代，但是後漢書黨錮傳，
皆屬儒家大師，最令當時帝王頭痛；北宋二程，列在元祐黨
籍，南宋朱熹列在慶元黨籍，當時有力的人，摧殘得很屬害；
又如明朝王陽明，在事業上雖曾立下大功，在學問上到處都
受摧殘。由此看來，儒家哲學也可以說是伸張民權的學問，
不是擁護專制的學問，是反抗壓迫的學問，不是奴辱人民的
學問，所以歷代儒學大師，非惟不受君主的指使，而且常受
君主的摧殘，要把賊民之罪加在儒家身上，那眞是冤透了。

（見《儒家哲學》頁9～10）

正是針對五四時期反傳統的過激之論而發，但反傳統既成爲主要潮
流，任公痛定思痛後，對傳統重新加以肯定，卻招來非議批評，反
成爲保守落後的人物，由此可知中國近代學術思想的發展，晚清反
傳統思潮逐漸興起，一直到了民國時期，乃蔚爲主流的位置，「全
盤西化」論者的聲勢始終壓過凌駕於「中學爲體，西學爲用」論者
之上，一直到十年文化大革命，反傳統思潮大到最爲鼎盛時期，一
切的思想、語言、風俗、習慣成爲「破四舊」的對象，中國文化的
傳統全盤崩潰到谷底，作爲中國傳統文化代言人的知識分子之地位
也一落千丈，成爲「臭老九」的身分，儒家的尊崇地位從此一去不
復返！

　　今天重新再整理任公的諸子學研究，可以給予後人之啓示，吾

人認爲對中學與西學的調適，應以更開闊的胸襟，跳脫出中國與西方的二元思考模式，充分地多元接收外來文化。任公早年對西學過於崇拜醉心，使他不可免地將西學與中學作比較，對於西學不遺餘力地宣揚引介，的確使國人耳目爲之一新；然而，他的終極關懷，仍在中學的昌明發展，引進西學不過是達到此目標的重要手段而已。晚年他對先秦諸子哲理的推崇，並肯定爲救西方文明弊病的良藥，可暫不論列，即以在日本「新民叢報」時期對西學最熱衷闡發頌揚的階段，對中學與西學如何調適，即有明確的認識：

> 自今以往二十年中，無不換外國學術思想之不輸入，吾惟患本國學術思想之不發明。夫二十年間之不發明，於我學術思想必非有損也，雖然，凡一國之立於天地，必有其所以立之特質，欲自善其國者，不可不於此特質焉，淬厲之而增長之，今正過渡時代蒼黃不接之餘，諸君如愛國也，欲喚起同胞之愛國心也，於此事必非可等閒視矣，不然，脫崇拜古人之奴隸性，而復生出一種崇拜外人、蔑視本族之奴隸性，吾懼其得不償失也，。且諸君皆以輸入文明自任者也，凡教人必當因其性所近而利導之，就其已知者而必較之，則事半功倍焉，不然，外國之博士鴻儒亦多矣，顧不能裨於我國民者何也，相知不習，而勢有所扞格也，若諸君而吐棄本國學問不屑從事於學界一無影響也，故吾草此論，非欲附益我國民妄自尊大之性，蓋區區微意，亦有不得已焉者爾。

這段文字，可以看出任公在大量輸入西方學說於中國之時期，仍以本國學術思想不發明進展爲憂，輸入西學的目的在追求富強，求手

段爲「因其性所近而利導之，就其已知者而比較之」，其終極在於對本國學術思想有所融匯而發明。任公這種觀點，從中國歷史上是可以找到根據的，如魏晉六朝佛家思想入中國，在上層知識階級中流行，對於內典經義之闡明，爲使聽受者易於領會，往往援引傳統經典意思相彷彿之文字解說，以達到宣揚內典的意蘊，就是「格義」的階段，北宋以後援儒入釋所產生之理學（或稱新儒學），亦屬「格義」之流，近世第一翻譯家嚴復譯介西方名著，在有意無意中以傳統儒家的觀念闡明西學，雖或有稍失於原怡，但對當時知識階級起了啓蒙的作用，也是透過「格義」❹。在中國與外來兩種不同思想初次接觸時，透過「格義」的方式以吸收融合而轉化成爲本民族的文化思潮，使民族文化的生命力更爲活潑旺盛，徵諸史實是必須而不可迴避的。

四、結　論

　　學者研究指出，中國近百年的思想發展，其根源全在受外國帝國主義勢力的入侵，中國處在一種「求變」的思想籠罩著，無論是

---

❹　見陳寅恪〈支愍度學說考〉，收入《陳寅恪先生文集》之二，頁141。黃克武〈嚴復對約翰彌勒自由思想的認識——以嚴譯《群己權界論》（On Liberty）爲中心之分析〉，收入《中央研究院近代史研究所集刊》第二十四期上冊（台北，中央研究院近代史研究所，1995年6月）。最近皮後鋒找到上海華東師範大學圖書館所藏《原富》的英文底本和嚴復手校《原富》首二部相核校，發現了不少字句內容或曲譯原文，間接表達自己的理念，詳見皮後鋒〈《原富》的翻譯與傳播—兼與賴建誠教授商榷〉，收入《漢學研究》第十八卷第一期（台北，漢學研究中心，2000年6月出版）。

維新或革命的主張，都是在此思想之下的反應，但不幸是民國建立
之後，中國社會的性質仍無法面對新的情勢，民國初年袁世凱的稱
帝及張勳的復辟運動，又利用了尊孔讀經，於是引起反動，使對傳
統文化的評價就逐漸深化，深化的結果就是激烈化，進而以爲中國
的傳統要負最大責任，五四時期可說是反對傳統的一個高峰；在現
實的政治混亂之下，只有以變革、變動、革命爲基本的價值，但最
大的徬徨在不論是保守派或激進派，他們之間沒有一個共同座標，
最後是反傳統的勢力占了上風，成爲思想界的主流❹。以新文化爲
中心的北大陣營，自蔡元培、胡適之等反對讀經之後，以儒家爲中
心的中國傳統文化，則地位更加衰落，所以任公晚年對孔子的稱頌，
胡適稱他「竟走上衛道的路上去」❹，心裡是頗爲不屑的。任公當
時在政治上的失敗，以及學術上與胡適等人的歧異，使他不幸在新
派人物眼中是保守一方，而被北大陣營視爲保守的學衡派作者群中，
任公與他們又非同道，談不在一起。如有位學生回憶任公與學衡派
之微妙關係：

> 學衡派（南京東南大學一批教授組織了學衡社，按月出版學衡雜志，銳意
> 提倡復古，常時被一些進步刊物指爲復古派）也在攻擊梁啓超。……
> 這時圓月初上，餘興未盡，有人轉變話題到顧實教授早年作
> 品〈人生二百年〉，立時引動梁啓超的興會，説出「……我
> 梁啓超一定要活到七十八歲」，立時引來了教授們的不同意

---

❹ 余英時〈中國近代思想史上的激進與保守〉一文，收入《猶記風吹水上鱗》。
❹ 轉引自楊向奎〈胡適之對梁啓超的學術評價〉，收入《商鴻逵教授逝世十
 週年紀念文集》（北京，北京大學出版社，1995年3月）。

見。

吳梅（瞿安）說：「生死何足道」。

王樸安說：「未知生，焉知死」。

柳貽謀說：「人生實難，死如之何」。

陳佩君說：「生死事大，無餘涅槃」，

看來教授們的人生觀也是五花八門的，總覺在態度上都是反對梁的。最後陳斟玄（鐘凡）調侃說：「我們顧先生會算八字，請他給梁先生算算！」梁啟超剛說完「我梁啟超生平從不迷信」，就引起顧實大爲震怒地說「我不像梁啟超！我自己算過，我要活八十歲零一早晨，最後一早晨要與死神拼命！」連最好的一次會也不得不使人掃興了。……**④⑦**

因此，任公既與胡適等人學術政見有所不同，又與學衡派諸人亦不同道，任公晚年在學術上的落落寡合是可想而知的！

任公在現實政治上的挫折，使他相信政治的基礎在於社會，唯有從社會事業立下基礎，政治才有改良的希望**④⑧**。任公又相信人民教育的品質不高，就沒有組成良好政治的條件，而儒家所倡導的人格教育，尤爲他所傾心認同，以爲是儒家教育的泉源。因此，觀夫《先秦政治思想史》在「統一運動」及「寢兵運動」兩章之後，接著談「教育問題」、「生計問題」、「鄉治問題」及「民權問題」，正是希望經由教育、社會與政治相結合在一起改革的理想，由此亦可覘任公晚年講先秦政治思想史，基本上已由原先政治改革的想法，

---

④⑦　黃伯易〈憶東南大學時期的梁啟超〉，文史資料第九十四輯。

④⑧　見〈政治之基礎與言論家之指針〉一文，收入《文集》之三十三。

轉變成由教育及社會實業入手，再逐步尋求政治上的改革。在上述教育、生計、鄉治及民權問題，任公找到了以儒家作爲立論的根據，所以對於道家主張「愚的教育」、不注重生產、不承認人民參與政治的思想，是不取的，對於墨家主張「節用」的消極態度看待生產，亦是不取的，對於法家重視生產，但所重在國家的基礎上，使個人空虛，任公亦是不取的。任公以儒家的思想作爲一己理想之比附闡揚，不僅是新文化運動陣營者所無法認同，連以「昌明國粹，融化新知」爲宗旨的「學衡派」學者亦不與認同，譏諷任公所談的爲「儒家的先秦政治史」。以常理推測，「學衡派」學者與新文化運動者（以北大爲中心）因理念之不同，展開不休的論戰而形同水火，「學衡派」學者往往被歸類成文化傳統主義者，對梁任公的講演該加以同情才是，而事實不然，張蔭麟對此提出了他的看法：

> 及歐戰甫終，西方智識階級經此空前大破壞後，正心驚目眩，旁皇不知所措。物極必反，乃移其視線於彼等素所鄙夷而實未了解知東方，以爲其中或有無限寶藏焉，先生適以此時遊歐，受其說知薰陶，遂確信中國古紙堆中，有可醫西方而自醫之藥，既歸，力以昌明中華文化爲己任，而自揆所長，尤專力於史，蓋欲以餘生成一部宏博之中國文化史，規模且遠大於韋爾思之《世界史綱》，而於此中寄其希望與理想焉。……《先秦政治史》及《墨家學案》、《老子哲學》等書，推崇、比附、闡發及宣傳之意味多，吾人未能以忠實正確許之。……❹

---

❹ 《先秦政治思想史》頁156。

所以，任公對先秦諸子的研究，「推崇、比附、闡發及宣傳之意味多」，應是得不到「學衡派」學者認同的原因。

　　前述任公主張由教育及社會實業入手，再逐步謀求政治上的改革，基本的思路，是回到儒家傳統「身修而後家齊，家齊而後國治，國治而後天下平」的格局，他將此理想稱之爲「國民運動」，即全體國民能夠「思想著實解放，意志著實磨練，學問著實培養，抱定盡性主義，求個徹底的自我實現」，以對抗南北軍閥的混亂割據❺⓿，任公在各地講演「國民自衛第一義」、「軍閥私鬥與國民自衛」、「無槍階級對有槍階級」、「市民的群眾運動之意義及價值」等❺①，都是宣揚「國民運動」理念的具體表現。但廣開民智、喚醒全體國民有自覺的意識，具備現代守法自治及組織參與政治的能力，並非是一朝一夕所能竟其功的，任公對此也有極清楚的認識：

> 我們現在著手的國民運動，總要打二、三十年後的主意，像區區這種年紀，是不指望看見成功的。其實二、三十年光陰，在國史教科書上不過占一葉半葉，算什麼呢？我們只管興會淋漓的做去便好了❺②。

而可惜往後中國內政的發展，是極爲不幸的，先後有直皖戰爭（一九

---

❺⓿　《歐遊心影錄》上篇之十二「國民運動」章。另參之三「階級政治與全民政治」章。

❺①　「國民自衛之第一義」、「軍閥私鬥與國民自衛」見《文集》之三十五。「無槍階級對有槍階級」見《文集》之三十七。「市民的群眾運動」見《文集》之三十九。

❺②　見《歐遊心影錄》之四「著急不得」章。

二〇年)、第一次直奉戰爭(一九二二年)、第二次直奉戰爭(一九二四年)、馮玉祥與張作霖作戰(一九二六年)、直奉聯盟對段祺瑞作戰(一九二九年),戰爭接二連三,整個國家陷入軍閥混戰的時期共歷十餘年之久,國家元氣大傷,史家稱一九一五年至一九二八年爲「軍閥時期」,顯然任公所著手的「國民運動」在當時是失敗緩不濟急的,最終仍要靠南方國民黨軍隊以武力統一全國。一九三七年起對日本侵略全面抗戰,歷時達八年之久,最終中國雖贏得勝利,損失之慘重猶如雪上加霜,緊接著國民黨與共產黨爆發內戰,共產黨在最終雖取得政權,但中華民族文化的生機與活力,在抵抗外侮與內戰中,已盡極嚴重的消耗,往後再歷經反右運動、大躍進運動,以及十年「文化大革命」的浩劫,傳統文化全面潰決,學術文化的重創卻難以短期內撫療康復,這是民族的悲劇,中國付出了慘痛的代價!

今日,中國重新走向改革開放的道路,省察梁任公當時的理想與希望,並沒有在國內紮實地認眞試驗,在經濟條件逐漸得到改善之後,吾人重新思考如何提昇人的文化素質,梁任公所主張由先秦諸子所擷取的道德意識及教育理念,也許可以提供我們一些參考的價值。

第六章　梁任公與胡適論學
的時代意義

　　梁任公（1873～1929）與胡適（1891～1963）兩人都是三十歲以前在中國學術思想界享有大名的人物，同時也是領導文化學術的鉅子❶，梁任公比胡適大十八歲，當胡適由美國哥倫比亞大學學成歸國，以北京大學爲據點，與陳獨秀、傅斯年、顧頡剛、錢玄同等人掀起『新文化運動』之熱潮時，梁任公早已經歷過變法維新、辦報論政，鼓吹開啓民智，又實際參與組織政黨、從事政治活動等，因此梁任公在「誓起民權移舊俗，更挈哲理牖新知」方面，可說是胡適等人的先驅前輩，胡適在《四十自述》中明白說明梁任公對他的啓迪：

　　　　我個人受了梁先生無窮的恩惠。現在追想起，有兩點最分明。
　　　　第一是他的「新民說」，第二是他的「中國學術思想變遷之
　　　　大勢」。梁先生自號「中國之新民」，又號「新民子」，他
　　　　的雜志也叫做『新民叢報』，可見他的全副心思灌注在這一

----

❶　據余英時的研究，三十歲以前在中國學術思想界即享有盛名者，在近代唯
　　有梁任公與胡適二人。見氏著〈中國近代思想史上的胡適〉第一節，此文
　　收入《中國思想傳統的現代詮釋》（台北，聯經出版事業公司，1987年3月
　　初版）。

點。……「新民說」諸篇給我開闢了一個新世界，使我徹底
相信中國之外還有很高等的民族，很高等的文化；「中國學
術思想變遷之大勢」也給我開闢了一個新世界，使我知道四
書五經之外，中國還有學術思想。

可見胡適受惠於梁任公之啓蒙，其影響是既深刻且久遠的！

　　然而，儘管梁任公是胡適等輩的「導夫先路」人物，胡適在歸
國後不久，提倡白話文學運動及《中國哲學史大綱》上卷的出版，
基本上已取得學術界重要發言地位的資格❷，梁任公「治諸子雖遠
在胡適之前，並且對胡適有啓蒙之功，但是這時他反而因爲受到胡
適的影響而重理舊業了，他的《先秦政治思想史》和《墨經校釋》
是在胡適的《中國哲學史大綱》和《墨辨新詁》的刺激之下而撰寫
的」❸，因此，梁任公與胡適兩人相互影響，在學術上有許多切磋
交鋒，學術見解也互有異同，而在這些「不同」的觀點中，追尋兩
人的學術淵源與思想，或許更能彰顯其間所蘊含的時代意義，這是
本文的要旨所在。

一、墨子的切磋

　　胡適初知梁任公是壬寅、癸卯年間所發表在《新民叢報》的文
字，胡適初見梁任公是在一九一八年（民國七年），據《梁譜》所載
錄，徐振飛先有信介紹胡適，胡適數日後再致函梁任公，乞求見面。

---

❷　同前揭書，頁541～546。

❸　同前揭書，頁547。

胡適說得極爲誠懇，「一以慰生平渴思之懷，一以便面承先生關於墨學之教誨，倘蒙賜觀所集墨學之材料，尤所感謝。」❹其後的歲月，胡適與梁任公在墨子研究有許多往返商榷論辯：

（一）一九二〇年（民國九年）梁任公完成《墨經校釋》一書，請胡適做一篇序，胡適也鄭重其事，除了恭維他在校釋及版本上下了許多工夫，接著便不客氣地質疑梁任公所提出一條重要的公例：

> 凡經說每條之首一字，必牒舉所說經文此條之首一字以爲標
> 題，此字在經文中可以與下文連續成句，在經說中絕不許與
> 下文連續成句。

依胡適的意見，此公例所限制的條件太狹窄了，不必如此拘泥，也不該大膽刪削許多自以爲是衍文的文字；其次關於校勘學的方法，胡適覺得「例如韓非子說的『舉燭』一件故事，那種心理上的錯誤便不在校勘學的範圍之內」❺；任公對於胡適的意見，並不同意，他認爲：

> 此公例確爲「引說就經」之一良標準，在全書中既有什之八
> 以上不煩校改而得此例正確妥帖之適用，其餘一二，亦引申
> 觸類而可通，何爲而不用之？故謂時有例外焉則可，謂此例
> 不足信憑則不可也❻。

---

❹　見《梁任公先生年譜長編初稿》（台北，世界書局，1972年8月再版），頁551所引錄。

❺　見梁啓超《墨經校釋》（台北，中華書局，1968年4月臺三版），頁99～104。

❻　同前揭書，頁10。

於是將胡適之序殿於《墨經校釋》之末，對此，胡適頗有微詞，他在日記上寫道：

> 梁任公的《墨經校釋》出來了，他把我的序放在書末，卻把他答我的序的書稿放在前面，未免太可笑了❼。

（二）梁任公在《墨子學案》自序言胡適於墨子多創見，第七章談墨家之論理學及其他科學，以及第五章總論墨子的篇目分類，即自承多採胡適之說，但對於墨子之年代考證，二人有極大差異，任公亦肯定胡適「其論亦有相當的價值」❽。

（三）最激烈的一次爭執是任公在北京大學爲哲學社講演〈評胡適之中國哲學史大綱〉，引起胡適極大的不悅，胡適在日記上記道：

> 昨天哲學社請梁任公講演，題爲〈評胡適的哲學史大綱〉，借第三院大禮堂爲會場。這是他不通人情世故的表示，本可以不去睬他，但同事張競生教授今天勸我去到會——因爲他連講兩天——我仔細一想，就到會了，索性自己去介紹他。他講了兩點多鐘；講完了我又說了幾句話閉會。這也是平常的事，但在大眾的心裏，竟是一齣合串好戲了。……❾

梁任公與胡適在墨子及《中國哲學史大綱》的爭論，本是二人不同

---

❼ 見《胡適的日記》（台北，谷風出版社，1987年4月），民國十一年四月三十日條。

❽ 見梁啓超《墨子學案》（台北，中華書局，1978年9月臺四版），頁82。

❾ 《胡適的日記》，頁277。

學術見解應有之現象，不必深以爲怪，然而深層分析，卻由於兩代學者治學方法之差異及對中國傳統不同理解所致。

二、清代學術的商榷

其次，胡適對梁任公另一影響是曾建議他寫一部自傳❿，因爲梁任公在中國近代政治、思想及文學界具有歷史地位，他本人的傳記即是近代史的一部分，這是不爭的事實，任公對此也頗有自知之明：

> 近三十年來的中國歷史，若把西太后、袁世凱、孫文、吳佩孚……等人──甚至於連我梁啓超──沒有了去，或把這幾個人抽出來，現代的中國是個甚麼樣子，誰也不能預料，但無論如何，和現在的狀況一定不同⓫。

可惜，任公自己也並沒想到竟會六十歲不到即過世。不過，《清代學術概論》一書的完成，除了係爲友人蔣百里之書作序外，胡適的建議亦是功不可沒，任公自言道：

> 胡適語我，晚清『今文學運動』於思想界影響至大，吾子實躬與其役者，宜有以記之。……『今文學』之運動，鄙人實

---

❿　胡適生前曾勸梁任公、蔡孑民及范靜生做自傳。見《胡適的日記》，民國十一年四月二日條。

⓫　見梁啓超《中國歷史研究法》補編（台北，中華書局，1981年6月臺十四版），頁29。

　　爲其一員，不容不敍及，本篇純以超然客觀之精神論列之，
即以現在執筆之另一梁啓超，批評三十年來史料上之梁啓超
也。其批評正當與否，吾不敢知，吾惟對於史料上之梁啓超
力求忠實，亦如對於史料上之他人之力求忠實而已矣。（見《清
代學術概論》自序）

因此，《清代學術概論》一書爲後人提供梁任公評價之一部分根據，
或可稍補他本人未寫自傳的缺憾。

　　梁任公《清代學術概論》脫稿後，曾請胡適提意見⑫，胡適也
不客氣地承受，認眞細讀，並提出許多見解，他在日記記下此段原
由，由語氣揣測，不無得意心情：

　　車中讀梁任公先生的《清代學術概論》。此書的原稿，我先
讀過，當時曾把我的意見寫給任公，後來任公略有所補正。
《改造》登出之稿之後半已與原稿不同，此次付印，另加惠
棟一章、戴氏後學一章、章炳麟一章，皆原稿所無。此外，
如毛西河一節，略有褒辭，袁枚一節全刪，姚際恆與崔適均
加入，皆是我的意見。

---

⑫　民國九年任公致胡適書有云「公前責以宜爲今文學運動之記述，歸即屬稿，
　　通論清代學術，正宜鈔一副本，專乞公評騭。得百里書，知公已見矣。關
　　於此問題資料，公所知當比我尤多，見解亦必多獨到處，極欲得公一長函，
　　（原注：亦以此要求百里）爲之批評，既以裨益我，且使讀者增一層興味，
　　若公病體未平復，則不敢請，倘可以從事，望弗客教」，見《梁譜》頁590
　　引錄。在《清代學術概論》第二自序亦言「此書成後，友人中先讀其原稿
　　者數人，而蔣方震、林志鈞、胡適三君，各有所是正」。

任公此書甚好，今日亦只有他能作這樣聰明的著述。此書亦有短處，他日當爲作一評，評其得失❸。

此後，我們並沒有見到胡適撰寫對《清代學術概論》的評價文章。

梁任公在《清代學術概論》中，把清代三百年思潮分爲啓蒙期（生）、全盛期（住）、蛻分期（異）及衰落期（滅），並將之與歐洲的『文藝復興』相提並論，他說：

> 「清代思潮」果何物耶？簡單言之，則對於宋明理學之一大反動，而以「復古」爲其職志者也，其動機及其內容，皆與歐洲之『文藝復興』絕相類，而歐洲當『文藝復興期』經過以後所發生之新影響，則我國今日正見端焉，其衰盛之跡，恰如前節所論之四期❹。

任公並解釋這種見解與其十八年前所著《中國學術思想變遷之大勢》（刊於『新民叢報』）第八章論清代學術之根本觀念，並沒有太大的不同，「惟局部的觀察，今視昔似較爲精密」❺。但這點，胡適是大不以爲然的，胡適認爲「中國的文藝復興」應包括他所倡導的新文化運動，他在日記寫道：

> 夜赴文友會，會員 Philip de Vargas 讀一文論《Some Aspects of the Chinese Renaissance》，我也加入討論。在君說 Chinese

---

❸　《胡適的日記》，民國十年五月二日條。

❹　梁啓超《清代學術概論》，頁3。

❺　同前揭書，第二自序。

Renaissance 一個名詞應如梁任公所說，只限於清代的漢學，不當包括近年的文學革命運動；我反對此說，頗助原著者。其實任公對於清代學術的見解，本沒有定見，他在〈論私德〉篇中，痛詆漢學，有云「夫宋明之學，曷嘗無缺點之可指摘？顧吾獨不許鹵莽滅裂之漢學家容其喙也。彼漢學則何所謂學？……吾見夫本朝二百年來學者之所學，皆牛鬼蛇神類耳！」

又云「若漢學者，則立於人間社會以外，而與二千年前地下之僵石為伍，雖著述累百卷，而絕無一傷時之語，雖辯論千萬言，而皆非出本心之談。……於是名節閑檢，蕩然無所復顧，故宋學之敝，猶有偽善者流，漢學之敝，則並其偽者而亦無之。……漢學家者，率天下而心死者也。此等謬種，與八股同毒，盤踞於二百餘年學術之中心，直至甲午、乙未以後，而其氣燄始衰，而此不痛不癢之世界，既已造成，而今正食其報，耗矣衰哉！」

任公編集時，不刪此文，而獨刪去《中國學術思想變遷之大勢》之第八章，近來因為我們把漢學抬出來，他就也引他那已刪之文來自誇了！但此長段文字，他也應該設法刪去才好 ❶❻。

這大有嘲諷任公善變之意味。其實，任公的《新民說》始發表於光緒二十八年正月，以連載方式在《新民叢報》刊登，其中在光緒二十九年正月訪美前已撰有〈論公德〉、〈論國家思想〉、〈論權力

---

❶❻　《胡適的日記》，民國十一年二月十五日條。

思想〉、〈論自由〉、〈論進步〉、〈論合群〉等文，胡適在日記所引〈論私德〉一文，係任公訪美歸來後所作，而任公作《新民說》諸系列文章，主要受到清末義和團運動所反應出無知的價值取向之刺激，以為普及知識與「新民德」為當務之急的啓蒙運動，另外，戊戌變法及自立軍之役的失敗，使他更徹底覺悟以宣傳來啓發民智的重要性。《新民說》便是在此時代所迫及自身經歷的二重因素形成的❼。任公訪美歸來後所作〈論私德〉一文，明顯轉變為反對凤所主張之破壞主義，以為任何文化的改良都應保留社會的根基，否則必陷入更大的混亂，於是他特別提出陽明學派的正本、慎獨與謹小等觀念為個人修身之參考❽。任公自言「取吾史中類似之時代相印證焉，庶可以校彼我之短長而自淬勵也」，論清代學術既有此目的，胡適似不必取〈論私德〉舊作來嘲諷任公「沒有定見」之前後矛盾？但問題並非如此簡單，原來胡適所倡導的新文化運動，在當時學術思想界已形成一股沛然莫之能禦的熱潮，他的學生傅斯年、顧頡剛以及汪敬熙、羅家倫等人，組織了社團，並發行了一份叫做《新潮》的學生雜誌，其英文刊名即用「Renaissance」，意即為『文藝復興』，並有意識地覺得中國推行新文化運動，與歐洲從新文學、新藝術、新科學、新宗教所產生文藝復興有相似之處，一是對傳統所逐漸發展的白話故事、小說、戲劇、歌曲等文學活動，給予肯定與提倡，二是一種強調個人從傳統舊風俗、舊思想和舊行為的束縛

---

❼　見黃克武《一個被放棄的選擇：梁啓超調適思想之研究》（台北，中央研究院近代史研究所，民1994年2月），第二章「新民說的創作背景及影響」。

❽　同前揭書，頁45。

中解放出來❶，胡適並撰了〈新思潮的意義〉一文，總結了「新思潮的根本意義，只是一種新態度，這種新態度可叫做『評判的態度』」，而「重新估定一切價值」八個字便是評判的態度的最好解釋；這種評判的態度，在實際表現上，有兩種趨勢，「一方面是討論社會上、政治上、宗教上、文學上種種問題，一方面是介紹西洋的新思想、新學術、新文學、新信仰，前者是研究問題，後者是輸入學理，這兩項是新思潮的手段」，而這樣的結果，對於舊有的學術思想，則產生了一個用科學方法來做「整理國故」的工夫，其終的唯一目的在「再造文明」❷。明白了這個背景，再來考慮胡適反對 Chinese Renaissance 一詞「只限於清代的漢學，不當包括近年的文學革命運動」之說法，就會有深遠的意義，換言之，即是對自己歷史地位之爭，承認任公的說法，無異即否定自己數年來新文化運動所努力的心血，所以胡適在日記上費盡許多筆墨在此問題的討論，決不能泛泛滑眼看過，應是有這一層莊嚴而慎重的意義！

梁任公對胡適學術地位之評價，左舜生〈記梁任公〉一文爲後人提供極重要的線索：

> 在梁著《清代學術概論》中亦有一處涉及胡者，則異常簡略。先是梁著在印單行本以前，曾以其初稿在當時中華書局所印行之『改造』雜志發表。時予在中華任編輯，兼理雜志事項。一日，任公忽自天津以快函抵予，予頗以爲怪，蓋予於任公

---

❶ 見《胡適口述自傳》頁171～172。

❷ 見胡適〈新思潮的意義〉一文，收入俞吾金編選《胡適文選》（上海，遠東出版社，1995年12月第一版）。

僅僅有一面之雅，平日雖素敬其人，但從未以一書致候，在誼固不應由任公先施也。及拆閱，則親筆竟兩紙，首對上海一度晤面表示拳拳，次乃託予將其所寫《清代學術概論》中之一段有關胡先生者如另文代爲改正。現在單行本中提及適之先生者，僅有如下之二十五字，即「而績溪諸胡之後有胡適者，亦用清儒方法治學，有正統派遺風」是也。較其最初之原稿，已省略十餘字，此等處可見任公對於同時代人有所稱許，其態度固異常矜愼也❷。

三、白話文學的討論

遠在《新民叢報》時期，梁任公文字風格就極爲奔放自如，完全與古文不同，他也嘗試寫了不少傳記、小說與戲曲，算是提倡白話文學的先驅，有名的〈論小說與群治之關係〉提出「小說爲文學之上乘」的觀點，更爲大家愛引用（如陳平原《小說史：理論與實踐》即以之作爲討論的起點），但理論尚在摸索階段，旗幟並不是很鮮明。

胡適提倡白話文學運動，主張「國語的文學，文學的國語」，並有所謂的「八不主義」，頗能引起風潮。用他自己的話說：「我們只用了短短的四年時間，要在學校內用白話代替文言，幾乎已完全成功了，在民國九年（1920），北京政府教育部便正式通令全國，於是年秋季始業，所有國民小學中第一、二年級的教材，必須完全

---

❷ 此文收入《名作家筆下的名作家》（台北，落花生出版社，1970年10月15日出版），頁14～15。

用白話文」❷，這是胡適白話文學運動的初步勝利❷。

其實，根據胡適事後回憶線索，胡適在一九一六年七月底八月初，「就決定不再寫舊詩詞，而專門用活的語言文字來寫白話詩了」，他把創作白話詩詞的集子定名爲《嘗試集》❷，已可以看出一股拼搏到底的決心！《嘗試集》完成後，胡適曾請「白話文學前輩健將」梁任公提意見。梁任公在歐戰後基本已退出政壇，於政治上的影響力大不如先前擁有勢力，但在學術界仍具有莫大之影響力，這是胡適所重視的，因此梁任公的觀點，無疑是對胡適極爲重要的。梁任公在讀完「嘗試集」之後，立即寫信表達了他的看法：

> 嘗試集讀竟，歡喜讚歎得未曾有，吾爲公成功祝矣，然吾所尤喜者，乃在小詞，或亦夙昔結習未忘所致耶？竊意韻文最要緊的是音節，吾儕不知樂，雖不能爲必可歌之詩，然總須努力使勉近於可歌，吾仰先輩招子庸先生創造粵謳，至今粵人能歌之，所以蓋顯其價值，望公常注意於此，則斯道之幸矣。

另外一封信，由文句內容揣測，當是任公對胡適新作二首白話詩的回復意見：

---

❷ 唐德剛譯註《胡適口述自傳》（上海，華東師範大學出版社，1993年4月第一版），頁163～164。

❷ 同前揭書，胡適說在1919至1920兩年間，全國大、小學生刊物總共約有四百多種，全是用白話文寫的；另一成就是從1918年起，《新青年》雜誌也全部以白話文編寫。

❷ 同前揭書，頁147～148。

兩詩妙絕，可算「自由的詩」，石湖詩書復那首若能第一句
與第三句爲韻—第一句仄、第三句平—則更妙矣。

去年八月那首「月」字和「夜」字，用北京話讀來算有韻，
南邊話便不諧了，廣東話更遠，念起來總覺不嘴順，所以拆
開都是好句，合誦便覺情味減，這是個人感覺如此，不知對
不對？

我雖不敢說無韻的詩絕對不能成立，但終覺其不能移我情，
韻固不必拘定什麼《佩文》，參《詩韻》、《詞林正韻》等，
但取用普通話念去合腔便好，句中插韻固然更好，但句末總
須有韻，自然非句句之末，隔三幾句不妨，若句末爲語助詞，
則韻挪上一字（如匪報也，永以爲好也），我總盼望新詩在這種
形式下發展❷。

胡適收到這兩封主張「押韻合腔」的復信，不知是作何感想？後來
沒有可靠的資料證明他內心的感受，但可以肯定這與他一貫的主張
是不合的。胡適〈文學改良芻議〉其中之一即主張「不講對仗」，
「不講對仗」自然不必重視合韻與否，也不必拘泥平仄的問題，於
梁任公所謂「不敢說無韻的詩絕對不能成立，但終覺其不能移我情」
的話，當然是覺得礙眼的，胡適絕不會心悅誠服的！。任公過世後，
胡適對二人彼此因學術爭論有段話提到：

他對我雖有時稍露一點點爭勝之意——如民八之作白話文，

❷　以上摘錄二封任公給胡適的信，原件現藏中國社會科學院近代史研究所。
　　影印件收在耿雲志主編《胡適遺稿及密藏書信》第三十三冊。

如在北大公開講演批評我的哲學史，如請我做墨經校釋序，
把他的答書登在卷首而不登我我的答辯。但這都表示他的天
真爛漫，全無掩飾，不是他的短處，正是可愛之處。近年他
對我很好，可惜我近年沒多機會多同他談談❷。

當然這是後話，也是胡適寬厚之處。

這裏必須再回顧一下胡適對中國文學的概念。

胡適以爲「一整部中國文學史，便是一部中國文學工具變遷史
——個文學或語言上的工具去替代另一個工具，中國文學史也就是
一個文學上的語言工具變遷史」，所以「一部中國文學史也就是一
部活文學逐漸代替死文學的歷史」，而「今日之文言乃是一種半死
的語言，今日之白話是一種活的語言」，故「凡文言文之所長，白
話皆有之，而白話之所長，則文言文未必能及之」（見《胡適口述自傳》
頁 140 至頁 145）。以白話寫成的小說、故事、戲曲、詩詞、語錄等，
胡適皆視爲「活文學」，以爲是中國近千年來唯一有文學價值的作
品，相反的，以古文（文言文）所寫成的作品，自當在排斥之列，自
然就不能受胡適所首肯了。胡適在〈嘗試集自序〉裏曾說：

> 我們主張白話可以做詩，因爲未經大家承認，只可說是一個
> 假設的理論。我們這三年來，只是想把這個假設用來做種種
> 實地試驗——做五言詩，做七言詩，做嚴格的詩，做極不整

---

❷　見胡適日記（微卷）民國十八年一月二十日，轉引自張朋園〈胡適與梁啓
　　超—兩代知識分子的親和與排拒〉一文，收入李又寧主編《胡適與他的朋
　　友》（紐約，天外出版社，1990年12月）頁19～69。

齊的長短句；做有韻詩，做無韻詩，做種種音節上的試驗——
——要看白話是不是可以做好詩，要看白話詩是不是比文言詩
要更好一點。這是我們這班白話詩人的「實驗的精神」❷。

所以這種文學形式的改革，並不僅僅是文字體裁的解放，更深層次
上，它同時代表一種新思想和新精神的工具，因此被視爲進步的象
徵。

　　文學革命既有「先要做到文字體裁的大解放，方才可以用來做
新思想新精神的運輸品」的認識，是故胡適講「白話文學史」，就
是要重新整理中國文學史，打破傳統以古文爲正宗的文學觀，使白
話文學重新在文學史上定位，得到應有的重視與價值，肯定「白話
文學史就是中國文學史的中心部份，中國文學史若去掉了白話文學
的進化史，就不成中國文學史了，只可叫做『古文傳統史』罷了……
現在講白話文學史，正式要講明……中國文學史上這一大段最熱鬧，
最富於創造性，最可以代表時代的文學史」❷。

　　這就是胡適對中國文學的變遷與發展的基本思路，他整部《白
話文學史》的撰寫即是循此觀點。梁實秋說：

　　胡先生的《白話文學史》是新月書店出的第一本書，也是最
　　暢銷的一本書❷。

可見此種文學觀點在當時受到的注意，以及在學術界的影響力了。

---

❷　此文收在《胡適文存》第一集，頁203。

❷　胡適《白話文學史》（台南，東海出版社，1981年6月5日），自序。

❷　梁實秋《秋室雜憶》（台北，傳記文學出版社，1980年12月），頁74。

梁任公治學與他早期在日本辦報論政，有一個極突出的共通特色，即是「經世致用」的色彩極爲濃厚，他研究學術往往以資作爲改革的手段，故能敏銳觸嗅社會動脈，頗富時代使命感，文字讀來令人深感親切而有韻味。梁任公在清華學校講演〈中國韻文裏頭所表現的情感〉以及《中國美文及其歷史》的發展，雖未明言是針對胡適的文學觀點而發的，以任公對時潮的敏感度及經世致用的治學特色而言，無疑地，可以視爲對胡適派的見解之另一突起異軍。梁任公講〈中國韻文裏頭所表現的情感〉是有深切的意義，據他自己說：

> 我講這篇的目的，是希望諸君把我所講的做基礎，拿來和西洋文學比較，看看我們的情感比人家，誰豐富誰寒儉，誰濃摯誰淺薄，誰高遠誰卑近，我們文學家表示情感的方法，缺乏的是那幾種，先要知道自己民族的短處去補救他，纔配說發揮民族的長處，這是我講演的深意❸⓪。

這樣已充分肯定中國「韻文」可以和西洋文學相提並論，與胡適以「白話文學史」爲名來談中國文學，可說是大異其趣。另外，值得注意者，任公將曲本如《牡丹亭》之〈尋夢〉、《桃花扇》及《長生殿》的彈詞等，均列入爲有韻之文學作品，與胡適以爲是白話的文學作品，也是明顯不同的；再則胡適〈文學改良芻議〉主張文學

---

❸⓪ 梁啓超《中國韻文裏頭所表現的情感》（台北，中華書局，1983年9月臺四版），頁213。

改良須由八事入手，其中之一即主張「不用典」**❸**，而梁任公談辛稼軒的詞，卻肯定他有「本事」藏在裏頭，所以能將胸中疊塊盡情傾吐**❸**，此「本事」即是「用典」也。除了上述之不同之外，對於中國文學的特質、發展與變遷，也是迥然不同的，梁任公以為：

> 我們的詩教，本來以溫柔敦厚為主，完全表示諸夏民族特性，三百篇就是唯一的模範，楚辭是南方新加入之一種民族的作品，他們已經同化於諸夏，用諸夏的文化工具來寫情感，攙入他們固有思想中那種半神秘的色彩，於是我們文學界添出一個新境界。漢人本來不長於文學，所以承襲了三百篇、楚辭這兩份大遺產，沒有什麼變化擴大，到了「五胡亂華」時候，西北方有好幾個民族加進來，漸漸成了中華民族的新份子，他們民族的特性，自然也有一部分溶化在諸夏民族性的裏頭，不知不覺間，便令我們的文學頓增活氣，這是文學史上很重要的關鍵，不可不知。
>
> 這種新民族特性，恰恰和我們的溫柔敦厚相反，他們的好處，全在伉爽真率。三百篇裏頭，只有秦風的小戎、駟鐵、無衣諸篇，很有點伉爽真率氣象，這就是西戎系的秦國民族性和諸夏不同處，可惜春秋以後，秦國的文學作品，沒有一篇流傳，燕趙古稱多慷慨悲歌之士，文學總應該有異采，可惜除

---

❸ 〈文學改良芻議〉言文學改良，須從八事入手，此八事一曰須言之有物，二月不摹仿古人，三曰須講求文法，四曰不作無病之呻吟，五曰務去爛調套語，六曰不用典，七曰不講對仗，八曰不避俗字俗語。

❸ 《中國韻文裏頭所表現的情感》，頁24～26。

　　了易水歌之外，也看不著第二首，到五胡南北朝時候，西北
　　蠻族紛紛侵入，內中以鮮卑人爲最強盛，鮮卑人在諸蠻族中
　　文化像是最高，後來同化於我們也最速，他們像很愛文學和
　　音樂，唐代流傳的「馬上樂」，什有九都出鮮卑，他們初初
　　學會中國話，用中國文字表他情感，完全現出異樣的色彩。……
　　經南北朝幾百年民族的化學作用，到唐朝算是告一段落。唐
　　朝的文學，用溫柔敦厚的底子，加入許多慷慨悲歌的新成分，
　　不知不覺便產生出一種異彩來，盛唐各大家，爲什麼能在文
　　學史上占很重的位置呢？他們的價值，在能洗卻南朝的鉛華
　　靡曼，參以伉爽直率，卻又不是北朝粗獷一路，拿歐洲來比
　　方，好像古代希臘羅馬文明，攙入些森林裏頭日耳曼蠻人色
　　彩，便開闢一個新天地㉝。

唯有對中國文學深入其中地體會涵泳，才能臻至如此的見解，這與
胡適先擬出一套理論在前，再以批判的眼光看待中國文學，自然是
得出迥然不同的看法。

　　由此看來，胡適的偏侑處，在於以爲「白話文學史就是中國文
學史的中心部分」，完全忽略了中國文學自然發展的演進過程，所
產生的優美韻文及豐富而多姿的用典傳統。陳寅恪〈庾信哀江南賦
與杜甫詠懷古跡詩〉一文，最足以說明此層之關係㉞。

㉝　同前揭書，頁33～37。
㉞　見《金明館叢稿》二編，收入《陳寅恪先生文集》（台北，里仁書局，1985
　　年2月），第二集。

四、對傳統認知不同的爭執

接下來，對於傳統價值的認知不同與自身親歷經驗的差異，梁任公與胡適二人在表現對中國傳統文化的態度，也有鮮明的對比。此可作為中國近代學術思想史上極堪玩味的一個現象。

胡適在〈介紹我自己的思想〉一文中，有段話說：

> 我的思想受兩個人的影響最大：一個是赫胥黎，一個是杜威先生。赫胥黎教我怎樣懷疑，教我不信任一切沒有充分證據的東西。杜威先生教我怎樣思想，教我顧到當前的問題，教我把一切學說理想都看作待證的假設，教我處處顧到思想的結果。這兩個人使我明瞭科學方法的性質與功用❸⑤。

這是胡適把他的思想，做了最明白的說明。民國八年五月，胡適的老師杜威來到了中國，共住了兩年又二個月，在離開中國時，胡適曾讚美道：

> 我們可以說，自從中國與西洋文化接觸以來，沒有一個外國學者在中國思想界的影響有杜威先生這樣大的❸⑥。

回顧胡適於民國六年與陳獨秀、錢玄同等人共同討論白話文學之演進，而後一連串的新文化運動，在中國近代史上寫下了極重要的一

---

❸⑤　此文收在《胡適文存》（台北，遠東圖書公司，1953年12月初版），第四集。

❸⑥　胡適〈杜威先生與中國〉，收在《胡適文存》（台北，遠東圖書公司，1953年10月初版），第一集。

頁，因此胡適如此稱讚杜威，絕非是溢美之辭。胡適介紹杜威的哲學方法，稱他為「實驗主義」，分開來看，可為兩點：

（一）歷史的方法——「祖孫的方法」　他從來不把一個制度或學說看作一個孤立的東西，總把他看作一個中段：一頭是他所以發生的原因，一頭是他自己發生的效果；上頭有他的祖父，下面有他的子孫。捉住了這兩頭，他再也逃不出去了！這個方法的應用，一方面……指出一個制度或學說所以發生的原因，指出他的歷史的背景，故能了解他在歷史上佔的地位與價值，故不致有過分的苛責。一方面……處處拿一個學說或制度所發生的結果來評判他本身的價值，故最公平，又最屬害。這種方法是一切帶有評判（Critical）精神的運動的一個重要武器。

（二）實驗的方法　實驗的方法至少注重三件事：（1）從具體的事實與境地下手；（2）一切學說理想，一切知識，都只是待證的假設，並非天經地義；（3）一切學說與理想都須用實行來試驗過；實驗是真理的唯一試金石❸。

這也就是他所謂的「尊重事實」、「尊重證據」、「大膽的假設，小心的求證」的科學方法❸。胡適將此尊重事實與證據的方法，運用在中國傳統學術研究上，提出了三個方向：第一，用歷史的眼光

---

❸　同前揭書，頁381。

❸　胡適〈治學的方法與材料〉，收在《胡適文存》（台北，遠東圖書公司，1953年12月初版），第三集，頁109～110。

來擴大國學研究的範圍，第二，用系統的整理來部勒國學研究的資料，第三，用比較的研究來幫助國學的材料的整理與解釋❸。

　　相形之下，對於「國學」之概念，梁任公與胡適有極大的差異。梁任公自歐洲考察回來後，對中西文化及近代科學的看法有了很大的改變，由《歐遊心影錄》一書可以知道任公思想的轉變，他對於中國文化深具信心，更以爲中國人對世界文明有重大的責任，可以輸出向外擴充，使人類全體都得著好處❹。在梁任公的認知，以爲「國學」應有兩種，一種是「文獻的學問」，也就是胡適他們所講「整理國故」的事業，是應該用客觀的科學方法去研究，而另外一種是「德性的學問」，是應該用內省和躬行的方法去研究，梁任公所重視的在於「德性的學問」甚於「文獻的學問」：

> 近年來國人對於知識方面，很是注意，整理國故的名詞，我們也聽得純熟。誠然整理國故，我們是認爲急務，不過若是謂除整理國故外，遂別無學問，那卻不然，我們的祖宗遺予我們的文獻寶藏，誠然可以傲世界各國而無愧色，但是我們最特出之點，仍不在此，其學爲何，即人生哲學是❹。

這可以看出是與胡適的見解大相逕庭。由於雙方對傳統文化認知的不同，所以在學術的論爭上，不獨只是治學方法即能說明二者之差異。例如任公對於胡適的《中國哲學史大綱》極表推崇肯定，以爲

❸　胡適〈國學季刊發刊宣言〉，收在《胡適文選》頁66～79。

❹　吳銘能〈梁啓超對國學的新解—兼談梁氏肯定中國文化價值的心路歷程〉，收在《鵝湖》（台北，鵝湖月刊雜志社，1995年12月），第246期。

❹　梁啓超〈治國學的兩條大路〉，收入《飲冰室文集》之三十九。

「這書自有他的立腳點，他的立腳點很站得住，這書處處表現出著作人的個性，他那敏銳的觀察力，縝密的組織力，大膽的創造力，都是『不廢江河萬古流』的」❷，可見此書之價值；任公除肯定胡適「關於墨學多創見」，並援用其說以爲墨子研究之參考（見前引述），但也有甚多的批評，尤其對於孔子也拿知識論做立腳點，以及莊子以生物進化的觀點，並不滿意：

> 講墨子、荀子最好，講孔子、莊子最不好。總說一句，凡關於知識論方面，到處發見石破天驚的偉論，凡關於宇宙觀、人生觀方面什有九很淺薄或謬誤❸。

也正因爲如此，任公於是有「中國聖哲之人生觀及其政治哲學」的演講❹，以爲對疑古學派提倡「物觀的史學」的回應。此外對於胡適的疑古，也有以下的批評：

> 胡先生的偏處，在疑古太過，疑古原不失爲治學的一種方法，但太過也很生出毛病。諸君細讀這書，可以看出他有一種相定的規律，凡是他所懷疑的書都不徵引，所以不惟排斥左傳、周禮，連尚書都一字不提。殊不知講古代史，若連尚書、左傳都一筆勾消，直是把祖宗遺產蕩去一大半，我以爲總不是

---

❷ 梁啟超〈評胡適之中國哲學史大綱〉，收在《飲冰室文集》之三十八。

❸ 同前註。

❹ 梁啟超講《先秦政治思想史》係受胡適《中國哲學史大綱》的刺激完成的，這是錢穆的話，見余英時《中國近代思想上的胡適》，頁42引。《先秦政治思想史》又名《中國聖哲之人生觀及其政治哲學》，見原書序。

學者應採的態度。

胡適對於梁任公的批評，是無法同意的，他在日記上宣洩了不滿的情緒：

> 他今天批評我講孔子、莊子的不當，然而他說孔子與莊子的理想境界都是「天地與我並生，而萬物與我爲一」，不過他們實現這境界的方法不同罷了！這種見解，未免太奇特了！他又說莊子認宇宙是靜的！這話更奇了。
>
> 他講孔子，完全是衛道的話，使我大失望。……我覺得孔子的學説受了二千年的尊崇，有了那麼多的護法神了，這個時候，我來做一個小小的 advocates diabolic，大概總還可以罷？我又覺得莊子的話──與其譽堯而非桀也，不如兩忘而化其道──爲害不淺，致使中國兩千年沒有一個爲思想爲眞理爲宗教而死的人；莊子的書，受了兩千年的盲從，──大家都覺得他「説不出個所以然」的好──替他辯護的人也夠多了，我來做一個小小的 advocates diabolic，大概也還可以罷❹❺？

由於胡適及其弟子顧頡剛、傅斯年等人以攻擊傳統典籍，「化神奇爲臭腐，化玄妙爲平常」，並以灌輸新思潮爲使命，表現破舊立新的精神，而對梁任公而言，彼在《新民叢報》時期所做的「新民說」，即是胡適等人的類似寫照，但梁任公已走過那樣的經驗了，攻擊傳統的弊病與宣揚儒家美好的一面，衡諸整個社會風氣及利害得失，他選擇了後者；胡適與任公二者在立足點已有了如此的不同，加以

---

❹❺　同註9。

對「國故」的體驗及認識不同，胡適對於任公的推崇孔子，有了如上的反應，自然是可以理解的。

循此理路的探索，胡適與梁任公皆應「清華週刊」記者之邀，為青年學子開列書單，便有大大的不同。梁任公在「國學入門書要目及其讀法」的目錄裏，共列了五類，即(1)修養應用及思想史關係書類 (2)政治史及其他文獻學書 (3)韻文書類 (4)小學書及文法書類 (5)隨時涉覽書類，洋洋大觀，總共收錄有數百種之多，但值得注意的，梁任公把有關「德性的學問」的書列首位，在(2)類裏選了一本崔述的《考信錄》，旁加按語說明道：

> 此書考證三代史實最謹嚴，宜一一瀏覽，以為治古史之標準。

這樣的安排順序，絕不是偶然的。也就是說，胡適及顧頡剛等人所看重的人物如崔述之流，在任公的眼光裡並不是第一重要的，還有「德性的學問」比「文獻的學問」更重要的。胡適所開列的書單，除了傳統的詩詞、佛經、子書等之外，白話小說如《西游記》、《儒林外史》、《水滸傳》、《紅樓夢》皆選入，這恰好與他的白話文學史觀是一貫的。

另外，對於科學與玄學論戰的立場聲明，如果能深入理解梁、胡二人的立足點，就會對二人均能深表「同情性的了解」，而不至於有所偏袒了❹。

---

❹ 梁任公以為人類生活涉及理智方面的事項，絕對要用科學方法來解決，而情感以「愛」與「美」最帶有神秘性，是絕對超科學的，見梁氏〈人生觀與科學—對於張丁論戰的批評〉，收在《飲冰室文集》之四十。胡適則對梁任公在《歐遊心影錄》高談歐洲科學破產的說法，表示不滿，因為梁任

五、學術論戰的意義

綜上述所言，吾人可以進一步再談二人學術論戰的意義。

梁任公與胡適均是近代學術思想界的領袖人物，他們皆相同在年輕時代對傳統做了許多破壞的工作，尤其在近代白話文學的發展，兩人各自領有一片天空，梁任公提出「小說爲文學之最上乘」、「欲新一國之民，不可不先新一國之小說」的主張，賦予小說的新意義與價值，使小說正式登入中國文學的廟堂地位，完成白話文學的先導作用，而任公自身以「新民叢報體」的特殊文字風格（融合俚語、韻語及外國語法），宣揚西方文明，足以使他在近代文學史及思想史上不朽。胡適的「白話文學運動」，則使古文更速退居幕後，引導白話文學創作成爲現代文學發展的主流，古文傳統從此一去不復返（其得失可暫不論），奠定他在近代文學有一席之地，亦是一世之雄也。

然而他們的差異，在於學術訓練背景不同與人生經歷的前後不相逢，胡適受現代西方知識訓練的影響，處處以講求事實與證據，「有幾分證據，說幾分話」，爲治學的方法，所以不取梁任公對於墨子採取「傳者輒思補滿之」的心理揣測方法，梁任公因受戴、段、二王訓詁學方法之訓練及一己讀書心得的體會，採取傳統依文義上下文句之通順與否爲校勘的方法，是較傾向於清代乾嘉學派的路子，

公的影響力大，「確曾替反科學的勢力助長不少的威風」，胡適以爲，「歐洲的科學已到了根深蒂固的地位，不怕玄學鬼來攻擊了」，而「中國此時還不曾享著科學的賜福，更談不到科學帶來的災難」，所以他要爲科學的人生觀聲援。胡適的觀點見〈科學與人生觀序〉一文，收在《胡適文選》頁286～303。

因此兩者在學術上的論爭，實質上的意義，是傳統轉向與現代拉鋸較勁的結果。

對於「文藝復興」一詞見解的不同，胡適以他自美學成歸國所做的種種工作，如文體的解放、整理國故、抨擊束縛人性的禮教等，具有新的時代意義，所以稱作「新潮」爲「Renaissance」，稱之爲「文藝復興」，梁任公則不同，他編撰《新民叢報》時期，即有所寄託而發的，認爲清代「此二百餘年間總可命名爲中國之『文藝復興時代』，特其興也，漸而非頓耳，然固儼然若一有機體之發達，至今日而蔥蔥鬱鬱，有方春之氣焉，吾於思想界之前途，抱無窮希望也」，同樣是具有新的時代意義，而胡適批評任公於清代學術無定見，因爲在任公編集時，刪去了「中國學術思想變遷之大勢」之第八章，而後又「引他那已刪之文來自誇」，乃因胡適把漢學抬出來；其實，當事者皆欲推挹己功，爭千秋之名，不免各據有主觀臆見，然而對「文藝復興」所造成的一股革故鼎新之氣象，則是其精神所在，亦是二人一致的洞見！

梁任公與胡適兩人是不屬於同一時代的領航人，梁在完成破壞與啓蒙工作之後，步入中年，已厭倦攻擊傳統與醉心無限制地輸入西學，轉而趨向冷靜求索中國文化傳統之精義，所以他講「中國韻文裏頭所表現的情感」，講「先秦政治思想史」，講「清代學術」，講「中國歷史研究法」等，而此時胡適及其弟子卻剛萌發銳氣新芽，以初生之犢勇猛氣概，大刀闊斧「化神奇爲臭腐」，還他傳統「原來不過如此」，因此，兩者在心態上與意圖已截然不同。其次，梁任公辦報論政及從政失敗之背景，使他不再以爲從前的方式能有效轉移時潮世風，返向學術事業成爲他晚年的生活寫照，同時也是友

人力勸及自身思悟的抉擇的結果；胡適則不然，這些推行新文化運動的經驗，對胡適是新鮮而從來沒有的歷程，同時抱定勇往無退卻的決心，窺見社會種種落伍愚昧的弊端，更促使胡適與陳獨秀、傅斯年等年輕人結合一起，成爲新文化運動陣營之重鎮。

因此，可以這麼說，胡適的時代，正像旭日東昇，梁任公與之交錯，正好是晚霞餘暉。江山代有才人出，各領風騷一片天。以後歷史發展的軌跡，始終是代表年輕銳氣的一方佔上風。

> 本章第四節「傳統認知不同的爭執」有部份內容曾以〈梁啓超對國學的新解──兼談梁氏肯定中國文化的心路歷程〉爲題，於《鵝湖》月刊第 246 期（台北，鵝湖月刊雜誌社，1995 年 12 月）發表，現在基本觀點未變，但順序有些調整。

結　論

梁任公以飛動健筆爲後人留下可觀的學術論著，結果已如前數章所述，然而吾人最感遺憾者，他一向硬朗身子，正當在學術思想趨向成熟、創作力正如日中天，自信能活八十歲以上，卻不幸以六十歲不到的年壽即過世，是繼王靜安先生之後，清華國學研究院又喪失一位重要的導師！如果追尋線索統計，就任公已完成的學術著作與他原先計畫的理想相較，則可明顯看出英年早逝是任公在近代中國學術上的一大損失，因爲許多著作都因健康因素而中斷，甚或

他在講學期間也有諸多講義未能完成，今列表如下所示：

名　　稱	未完成部分	原　　因
中國歷史研究法補編	五種專史的作法 1.人的專史（人表的做法未做） 2.事的專史（完全未做） 3.文物的專史（社會科學史、自然科學史、文學史、美術史的做法未做） 4.地方的專史（完全未做） 5.斷代的專史（完全未做）	健康
古書眞僞及其年代	僅講完經部，子部未講。	健康
中國學術史	1.先秦學術（大致都完成） 2.兩漢六朝經學及魏晉玄學（完全未做） 3.佛學史（完成部分，後收集名爲《佛學研究十八篇》） 4.宋明理學（大多未做，僅講王陽明知行合一之教） 5.清學（大部分完成，有《清代學術概論》、《中國近三百年學術史》、《近代之學風的地理分布》，而《清儒學案》及《章實齋之史學》均未做）	1.健康 2.範圍太廣
辛稼軒年譜	後七年未做，任公絕筆之作。	健康
中國之美文及其歷史	1.周秦時代只完成《詩經》之篇數、續集及年代考證。 2.完成古歌謠、樂府、漢魏詩歌之作者眞僞、五七言詩之起源。 3.其餘均未作。	健康
中國政治思想史	僅講完先秦，漢以後則均未講	健康
陶淵明	僅完成年譜，原擬新作《陶集私定本》未完成	健康
中國圖書大辭典	已完成有 1.簿錄之部：官錄及史志一冊（已完成） 　　　　　　跋釋及鑑別（完全未做）	1.健康 2.範圍太廣

	藏目及徵訪（完全未做） 部分別錄（完全未做） 載籍掌故（完全未做） 2.史部：譜傳類年譜之屬一冊（已完成， 　未見） 3.金石書畫部：叢帖之屬一冊（已完成） 4.史部：雜史類晚明之屬一冊（已完成， 　未見） 其餘未做	
中國圖書索引	完全未做	1.健康 2.範圍太廣

　　由上表可知，任公未能完成預定計畫之原因有三：如前所言，
健康因素實是首要；其次，中國儒家經世致用的傳統，在他早年思
想深處已留下不可磨滅的烙印，「樂以天下，憂以天下」的懷抱、
無法忘情於國事的關注，使他即使在晚年息影政壇、講學研究之餘，
仍不得不發表時論，而致分散鑽研學術的精力；另外，任公屬性情
中人，輒有情感奔放而無以深入持久研究，如他在課堂上講過之學
問，便不再重講，陳寅恪稱他「大而化之」，應是針對此而言的❶。

　　本文就任公已完成之學術論著，分別就目錄學、辨偽學、清代
學術史及諸子學四方面來考察，一一評騭其得失，結果已如第二章
至第五章所述，本可不必贅言重提，今為使讀者知悉本文主旨，僅
再略敘其要。

---

❶　筆者就學期間，每到黃昏輒環繞未名湖慢跑，經常與鄧廣銘先生不期而遇，
　　鄧先生和藹可親，平易近人，對民國藝文掌故知之甚詳，有次造訪其府第，
　　鄧先生謂筆者言，陳寅恪先生曾說，梁任公太「大而化之」，陳及王靜安
　　先生在為他作修補的工夫。

　　就目錄學言之，任公最大貢獻在於提出「建立中國的圖書館學」命題，使吾人反思中國典籍的文化，其內涵是豐富而獨具民族特色的丰姿——從歷代典籍的分類傳統、書籍槧刻印刷的衍化、學者對古籍閱讀與收藏題跋所熔鑄的文化情懷……，這是一種文化生命的湧動，亦是中國人自己形成的典籍文化傳統；同時就讀書方法而言，任公特別欣賞自宋代陳振孫、晁公武以來的「提要」或「書錄解題」傳統，其優點能為讀者揭示治學門徑，省卻不少時間與精力，此種特長不是西方杜威十進位分類法所及的，因此，就圖書管理及索閱利便而言，杜威十進位分類法確有其長處值得取法，但也不必因此就把老祖宗的「傳家寶」拋棄掉。

　　就辨偽學言之，任公總結前人辨偽方法之大成，形成自己的理論——《古書真偽及其年代》歸納出「就傳授統緒上辨別」及「就文義內容上辨別」兩大系統，前者注重書籍的來龍去脈，後者注重書籍的本身內容，每大系統之下又細分若干方法，比明代胡應麟《四部正訛》的方法更為完備精密。今人杜澤遜研究清人《四庫全書總目提要》的辨偽方法，指出有五七五篇與辨偽有直接關係的提要，經過歸納整理，共得二十條例辨偽方法，將之與任公的辨偽條例相對照，仍未能超越任公的水平；以及已故台灣師範大學國文研究所高明教授「治學方法」課程談辨古書真偽法，皆是沿襲任公的條例。因此可以說辨偽方法的整理，任公是民國以來個中翹楚！但值得注意者，辨識古書真偽並不是最終目的，那只是任公講授「歷史研究法」的一小部分——即史料的蒐集與鑑定，其作用在於研究能建立在堅實客觀的依據之上，而不致枉費工夫；同時，任公「善於提出問題」，有很多篇章經由他的提出而引發後人的討論，如老子的時

代問題、陶淵明的年壽、陰陽五行的起源、佛學傳播路線及佛學經典的眞僞與時代等，儘管是「幾乎無一篇無可議者」，但「解決問題，固然是學術上一種成績，提出問題，也算一種成績」，後人青勝於藍的表現，又何足傷任公但開風氣之功乎？

　　任公對清代學術史的專著，完成了《清代學術概論》、《中國近三百年學術史》及《近代之學風的地理分布》三書，在撰述體例、方法皆有傳承與創新，而對清代學術發展的解釋主軸，以政治高壓統治作爲助長乾嘉考據學的興盛，這種觀點影響半世紀以來學者對清學的評價。本文對此表示不完全同意，較傾向於後人提出「內在理路」作爲補充意見，亦不諱言指出任公將清學比附歐洲「文藝復興」之偏頗、專業知識訓練的不足、資料引證詳略不一，均是任公研究清學的缺失。

　　任公對先秦諸子的研究，無法博得以「昌明國粹、融化新知」爲宗旨之「學衡派」學者同情，乃是因「推崇、比附、闡發及宣傳」之意味多所致；深究任公所以會大力宣揚先秦諸子思想，本文認爲，乃是有當時之背景，即一次大戰後考察歐洲殘破所感、西方學者彼時推崇中國文化爲救時弊之良藥、民國政局混亂之不滿，以及個人從政生涯挫折之覺悟四項因素所促成；同時不容否認，任公反對軍國主義，主張世界主義，實具有現實的意義──既不滿國內軍閥割據造成紛擾不安的社會，對歐戰所摧毀文明之慘狀，有怵目驚心之警惕，而他在從政的挫敗中，更覺悟到政治的基礎在於社會的健全，唯有全體國民文化品質的提昇，才有組成健全社會的條件，也才能更進一步形成良好政治的機會，所以儒家所倡導的人格教育，講求盡性主義以實現自我的理念，尤爲任公所關注，他晚年研究先秦諸

子，以爲取資泉源，實則是一己對中國未來的理想所尋得的依據。可惜，以後中國內政有意想不到的發展，任公的理想也就難以伸張，今日重新檢討他的觀點，本文仍覺得其主張全體國民有自覺的意識，具備現代守法自治及組織參與政治的能力，發展教育及社會實業，再以漸進方式謀求政治上的改革，是值得肯定的。

就文獻發掘與考訂，本文在研究過程中，曾就所知見任公原稿一一細密披閱，得了一個有意義的發現，即任公身後所編纂的《飲冰室文集》，就現存原稿核對，文字脫漏錯簡頗多，如以北京圖書館收藏任公碑帖題跋墨跡校勘今本《飲冰室文集》之四十四（上）碑帖跋類文字，共校勘了一百零四篇（文集共收錄有一五五篇），明顯文字有誤或顛倒者，有三十八篇（見本文第二章後附錄二）；如以《梁氏飲冰室藏書目錄》與《飲冰室文集》之四十四（下）書籍跋類校勘，則知文集所列之書名失之太簡略，且未能標明卷數及版本，少數文字亦稍有異同情況存在（詳見本文第二章第四節）。由此可見，林志鈞先生在編纂任公著作，雖在例言中有言「全書據初印舊本覆校，其有手稿者則悉依原稿校定」，但在六十餘年後的今天（任公逝世於民國十八年一月十九日，林志鈞先生爲任公合集編纂、做序於民國二十一年八月），吾人就所知見原稿再核勘比對，文字的校對並不能令人滿意；其次，任公著作等身，林志鈞先生能爲死友身後編集，並有楊樹達先生與陳寅恪先生的協助，合集「以編年爲主，搜集已印未印諸作，分兩大類，甲類文集，附詩詞、題跋、壽序、祭文、墓誌等，乙類專著，附門人筆記若干種，約以時代先後爲次」，均可見編集蒐羅極勤、費耗心力極夥，對任公可是仁盡義至，但往後任公的文字陸續被發現，使人油然生起重編合集的念頭。如梁任公的許多書信收入在年

譜之中，但在彼時政治環境氛圍之下，有多數是有意諱飾摘錄或有篡改塗抹者（詳見本書〈學術的良知和嚴謹——梁啓超年譜和手跡校讀感言〉一文，不贅述），對於研究任公的政治思想，不免有所影響；書信的完整原件披露，可使後人對任公個人生活瑣事的理解更加深入與全面（詳見本書〈北京大學收藏《梁啓超給蹇季常等書信》書後——兼談書信的文獻價值〉一文），因此如果重編全集，書信類應是極爲重要的一部分。另外，許多的原件或文章也陸續重見天日，其價值是不可輕估的，如〈梁啓超對於順天時報啓事〉（原稿現藏北京大學圖書館善本室），是了解任公愛打牌等私生活的直接證據，同時也反映民國政局多變詭譎、光怪陸離之現象；〈飲冰室讀書記〉（有二千餘言，原稿現藏中國社會科學院近代史研究所）、〈孟子遺稿〉（約有二萬字之多，原稿現存湖北某人手中，筆者一直連繫而未能如願一見，頗悵悵焉），是研究任公對孟子思想評價的第一手史料，又如〈社會學在中國方面的幾個重要問題研究舉例〉一文，係任公在燕京大學社會學會的演講（原載民國十六年六月《社會學界》第一卷），可以看出任公對社會學的研究方法，提出極爲精闢的見解❷。諸如此類的文章很多，可在現有基礎上依編年順序或分類編纂，對研究梁任公及近代學術史提供更爲完整的史料。

---

❷　任公以爲社會學研究目的，在解決自己民族的問題，總要以合乎歷史條件及斟酌實際出發，不可盲目硬搬西方原理來駕馭中國的問題，比其後吳文藻、費孝通教授致力於「社會學的中國化」，主張中國的社會學應當聯繫中國的社會實際情況，算是頗爲相近的卓識。關於吳文藻、費孝通致力「社會學的中國化」，可參見費孝通〈舊燕歸來〉及〈孔林片思〉二文，均收入費孝通雜文選集《逝者如斯》（蘇州，蘇州大學出版社，1993年8月第一版）。

下

篇

梁任公與徐志摩的交誼

　　梁任公是中國近代學術界的風雲人物，他的文字縱橫恣肆如汪洋大海，對於讀者深具煽動性，別有一股魔力，迄今爲止，其學術論著如《清代學術概論》、《中國歷史研究法》及補編、《中國近三百年學術史》、《近代之學風的地理分布》等，無論就史學與文學而言，均具有極高之參考價值；儘管近人多譏其博而不精❶，然而就同一類型之著述，平心而論，沒有人寫得比他更有文采、更有思想、更能引起讀者內心的震撼與共鳴，即此，梁任公可以不朽矣。無怪近人錢穆先生在近代學人文辭點將錄，列舉了章太炎、梁任公、陳援庵、王靜安、陳寅恪等人，而對梁任公有如下之評價：

> 梁任公於論學內容固多疏忽，及其文字則長江大河，一氣而下，有生意，有浩氣，似太炎各有勝場，即如《清代學術概論》，不論內容，專就其書體制言，實大可取法。近人對梁氏書似多失持平之論，實在五四運動後，梁氏論學各書各文均有一讀之價值也。❷

---

❶　如梁漱溟即說：「情感浮動如任公者，亦是學問上不能深入的人。其一生所爲學問除文學方面（此方面特重情感）外，都無大價值，不過於初學有啓迪之用。」梁氏之言，雖非無見，但欠缺具體說明，無法令人折服。

❷　見〈錢賓四先生論學書簡〉（1960年5月21日），收入余英時《猶記風吹水

錢賓四先生之言是眞知任公學術，是公允的。作爲梁任公的弟子，徐志摩就沒有其師光芒耀眼，徐志摩在一九一八年六月經由張君勱介紹拜梁任公爲師，兩個月後（八月十四日）即赴美留學，僅爲二十一歲，風華正茂，懂得英語、日語、法語等數種外語，同時舊學也有根底，其師在八月四日特贈序〈飲冰室讀書記〉二千餘言以壯行❸，觀其文意，對志摩頗爲期許，希望他在學問上開闢出一番事業。其後，徐志摩在學問上雖未能達成其師之期許，但在新詩及散文創作上，均有傑出成就，此爲現代文學史所公認，不必一一徵引，本文略談梁任公與徐志摩師生交往的情誼，也許透過許許多多零零碎碎的瑣事，可以更清楚師生二人的神采、亦師亦友的風誼，是我們這一代人所不及的。

徐志摩的外語極佳，深得任公所倚重。如梁任公的學術著作《先秦政治思想史》的英譯本，就是由徐董其事❹。此外，北海公園松坡圖書館在民國十二年（1923）十一月成立，開館以後，任公致書好

上鱗—錢穆與現代中國學術》（台北，三民書局出版，1991年11月初版），頁249～255。

❸ 梁任公〈飲冰室讀書記〉係在戊午（民國七年）暑假爲兒女講《孟子》大意，共得筆記有百數十則，此二千餘言僅爲發端耳。此文原件未發表，直至中國社會科學院近代史研究所耿雲志教授主編《胡適遺稿及密藏書信》（安徽，黃山書社，1994年12月第一版），才首次公諸於世。另梁任公《孟子》遺稿有近二萬言，原稿現藏湖北某人，當是了解梁任公對《孟子》研究最具系統之著作，惜近五年來筆者設法透過親函與央人傳口信等方式，仍未能一睹原件手跡，此點令人深感遺憾。

❹ 《先秦政治思想史》序云：「書成後，徐志摩擬譯爲英文」，可知任公對志摩之倚重。另見註8，任公給志摩的信，亦有「政治思想史全部脫稿矣，甚盼弟能迻譯」的話。

友謇季常有「相助之人一時固不易得，同人中即使有熱心者，其不通歐文亦與吾兩個同」的感嘆❺，徐志摩入館擔任幹事，負責處理外文函件，這個問題才得到解決。另一件較著名的事，爲印度大詩人泰戈爾的來訪，由徐志摩擔任翻譯，而在住所的安排上，任公可說是大費周章，尤其在一、兩個月前仍未有著落，任公頗表心急，在給友人信中責備志摩沒有認眞去辦理的話，屢屢可見❻。其後泰戈爾訪華期間，徐志摩在招待與翻譯等事宜做得很稱職，其師極爲歡喜。

　　民國十三年中秋，梁任公夫人病逝，喪事初了，愛子又遠行赴美留學，中間還夾著群盜相噬，變亂如麻，風雪蔽天，生人道盡，在精神苦痛之下，讀詞集句排遣孤寂，寫成〈苦痛中的小玩意兒〉一文應晨報紀念增刊催稿，隨手拈來眾多集句，第一即是送給愛徒徐志摩的，任公說道：

> 我所集最得意的是贈徐志摩的一聯。
>
> 臨流可奈清癯，第四橋邊，呼棹過環碧
>
> 此意平生飛動，海棠影下，吹笛到天明。

這六句分別集綴詞人吳夢窗〈高陽臺〉、姜白石〈點絳唇〉、陳西

---

❺　見《梁譜》頁660引民國十三年六月七日梁任公給謇季常的信。

❻　如民國十三年三月七日給謇季常的信，有「獨泰戈爾房須別覓，眞是一問題，渠不過一個月後便來，非趕緊設法不可，我想城裡找適當的很難，最好是海淀，其次則香山，你說怎麼樣？……志摩既來，我想此事要陳博生負點責任」的話。另有信亦對志摩沒有及時告知覓屋消息，任公頗有微詞。以上原件手稿，北京大學圖書館善本室收藏。

麓〈秋霽〉、辛稼軒〈清平樂〉、洪平齋〈眼兒媚〉及陳簡齋〈臨
江仙〉的句子而成，韻致橫生，渾然天成，誠佳作也，任公自注云：

> 此聯極能表出志摩的性格，還帶著記他的故事，他曾陪泰戈
> 爾游西湖，別有會心，又嘗在海棠花下做詩，做個通宵。❼

唯有對志摩有相當了解，才能臻至於此，師生二人情深，充分流露。

徐志摩追求林徽因未果、再與陸小曼相戀而結合的前前後後，
是現代文壇詩人最膾炙人口的一段韻事，梁任公極不贊成徐志摩與
其妻張幼儀離婚，然後又與有夫之婦陸小曼結合。當徐、張離婚時，
梁任公寫了一封長信提出勸阻❽，徐覆信二封，加以申意，其一曰：

> 我之甘冒世之不韙，竭全力以鬥者，非特求免凶慘之苦痛，
> 實求良心之安頓，求人格之確立，求靈魂之救度耳。
>
> 人誰不求癰德？人誰不安現成？人誰不畏艱險？然且有突圍
> 而出者，夫豈得已而然哉？我將於茫茫人海中訪我唯一靈魂
> 之伴侶。得之，我幸；不得，我命。如此而已。

其二曰：

> 嗟夫吾師！我嘗奮我靈魂之精髓，以凝成一理想之明珠，涵
> 之以熱滿之心血，明照我深奧之靈府，而庸俗忌之嫉之，輒

---

❼　〈苦痛中的小玩意兒〉一文收入《飲冰室文集》之四十五。

❽　此信原件首次發表於《傳記文學》第十四卷第二期（台北，傳記文學雜誌
　　社，1969年2月），頁24～27。此信寫於民國十五年元月二日夜三時，任公
　　自上海滄州旅館發出。足見任公對此事之重視。

　　欲麻木其靈魂，搗碎其理想，殺滅其希望，污毀其純潔！我
　　之不流入墮落、流入庸懦、流入卑污，其幾亦微矣！❾

此二信揭示徐志摩對愛情追求之熱烈與執著，即使其師反對亦罔爲
效用也。徐、張二人爲何離婚，頗難索解，今日恐亦不易清楚其中
原委曲折。❿

　　而在徐、張離婚之前，林長民之女林徽因與徐相識相戀於英國，

---

❾　以上所錄二信，具見《徐志摩書信集》（鄭州，河南教育出版社，1994年7
　　月第一版），頁89～90.

❿　據傅光明〈一個生命的信徒〉一文云一九一五年十月由父母作主，徐志摩
　　與上海寶山縣羅店巨富張潤之女張幼儀結婚。不滿這門親事的志摩，婚
　　後不久就去了上海就讀，遂於一九一六年秋，轉學入天津北洋大學法科預
　　科。傅文收入前揭書代序。另張朋園〈梁啓超的兩性觀—論傳統對知識分
　　子的約束〉（收入廣東康梁研究會編《戊戌後康梁維新派研究論集》，1994
　　年12月第一版）轉引胡適的話，謂志摩一生的信仰，「只有三個大字，一
　　個是愛，一個是自由，一個是美，他一生追求的就是這個信仰，他覺得他
　　的婚姻與這三大信仰不合，所以要求分手」。然而，當事人張幼儀的姪孫
　　女張邦梅（Pang-Mei Natasha Chang）在《小腳與西服—張幼儀與徐志摩的
　　家變》（原名Bound Feet and West Dress，譚家瑜譯，台北，智庫文化，1996
　　年11月第一版）卻爲我們提供另類觀點，即徐志摩一開始就不喜歡張幼儀，
　　以爲是鄉下土包子，他只是奉父母之命勉強結婚；結婚兩年後，張幼儀跟
　　隨徐志摩到英國，她一度幻想西方生活能改變志摩對她的態度，但志摩一
　　直對她很冷淡，並以「纏過的小腳」與「西式服裝」來形容二人不搭調，
　　最終抗拒傳統而以離婚收場；此書因係由張邦梅經過五年長期訪談記錄（張
　　幼儀口述），先是寫成爲哈佛大學東亞系主修中國文學的畢業論文，然後
　　再充實爲一本傳記文學作品，因此其可靠性是極高的。詳參見吳銘能〈徐
　　志摩與張幼儀「伉儷情篤」—《小腳與西服—張幼儀與徐志摩的家變》讀
　　後〉（全國新書資訊月刊，第20期，台北，2000年8月）。

然而在諸多因素下，林徽因卻在其父林長民與至交梁任公首肯下，與梁思成結婚⓫，婚姻的不幸福及戀人失去的挫折，使徐之情緒跌落到谷底，由致林徽因一信可知：

> 我真不知道我要說的是什麼話，我已經好幾次提起筆來想寫，但是每次總是寫不成篇。這兩日我的頭腦總是昏沈沈的，開著眼閉著眼卻只見大前晚模糊的月色，照著我們不願意的車輛，遲遲的向荒野退縮。離別，怎麼的叫人相信！我想著了就要發瘋。這麼多的絲，誰能割得斷？我的眼前又黑了……⓬

徐志摩失去林徽因之後，在失意落魄的情況下，與北京著名交際花陸小曼相戀，但在「社會的不諒解，家人指責非議的滿城風雨的夾縫中，依然愛得如癡如迷、愛得死去活來，志摩在那一時期的詩、日記和致小曼的信中，記錄下這般狂熱的戀情，但為了暫時逃避最尷尬最難堪的地位，志摩於一九二五年三月第二次赴歐洲做一次感情作用的旅行」⓭，在打算行前計畫時，其師梁任公對於他經費籌湊也極為關心，由二月十三日致好友蹇季常之信可知：

> 志摩歐游，吾所力贊，故雖在至窘之中，亦欲助其成，但以

⓫　其始末，見傅光明〈一個生命的信徒〉及張朋園〈梁啓超的兩性觀─論傳統對知識分子的約束〉第三節。

⓬　見《徐志摩書信集》頁90。據編者注云「此信未刊，未收集。據保存者英國恩厚之透露，一九二四年五月二十二日，林徽因在北京車站送泰戈爾去太原，徐志摩、恩厚之均隨泰戈爾行。徐志摩在火車車廂內匆匆寫此信，未完即開車。恩厚之見徐志摩十分傷感，搶過此信收進了自己的皮包」。

⓭　見傅光明〈一個生命的信徒〉一文。

現在情勢，恐旅費極不易集，所挾太少，冒險以行，亦宜斟酌，公謂如何？❶

一九二六年十月，徐志摩與陸小曼結婚，證婚人梁任公在婚禮上大加斥責，其始末在十月四日的家書有云：

> 我昨天做了一件極不願意做之事——去替徐志摩證婚。他的新婦是王受慶夫人，與徐志摩愛上，才和受慶離婚，實在是不道德之極！
>
> 我屢次告誡志摩而無效，胡適之、張彭春苦苦為他說情，到底以姑息志摩之故，卒徇其請。我在禮堂演說一篇訓詞，大大教訓一番，新人及滿堂賓客無一不失色，此恐是中外古今所未聞之婚禮矣。今把訓詞稿子寄給你們一看，青年為感情衝動，不能節制，任意決破禮防的羅網，其實乃是自投苦惱的羅網，真是可痛！真是可憐！徐志摩這個人其實聰明，我愛他不過，此次看著他陷於滅頂，還想救他出來，我也有一番苦心，老朋友們對於他這番舉動，無不深惡痛絕，我想他若從此見擯於社會，固然自作自受，無可怨恨，但覺得這人太可惜了，或者竟弄到自殺；我又看著他找得這樣一個人做伴侶，怕他將來苦痛無限，所以想對於那個人當頭一棒，盼望他能有覺悟（原注：但恐甚難），免除將來把志摩弄死，但恐

---

❶　此信原件收在《梁啓超給蹇季常等書信》中，現藏於北京大學圖書館善本室，另年譜亦有收錄。

> 不過是我極癡的婆心罷了。**⑮**

關愛徐志摩的心情，在此信有極深刻的表白。只是，徐志摩與張幼儀離婚，再與陸小曼結婚，箇中酸楚，就恐非局外人所能理解了。**⑯**

梁任公自民國十二年（1923 年）在晨報登報謝絕各種邀稿及演講三個月，健康狀況即已透露出了警訊，往往迭次進出醫院，加上其著述的狂熱，使他難以戒除讀書思考的習慣；他常有用腦過度、失眠之苦，這種習慣對他養病是極為不利的，朋友力勸無效，任公有時也無法自我克制。在一九二八年冬，任公病情進入危險期，徐志摩曾多次去看他，在十月三日給表弟蔣慰堂的信中，起首則言：

> 第一件急於要問的是梁先生的病，聽說寒老有電來，說病情不輕，不知如何？果然者，我日內當北上省師，當不出十日也。**⑰**

在十二月十三日給陸小曼的信有云：

---

⑮ 此信見《梁啓超未刊書信手跡》（北京，中華書局，1994年10月初版）編序第三二九號，另年譜亦收錄。

⑯ 如張朋園〈梁啓超的兩性觀—論傳統對知識分子的約束〉一文引梁實秋的話說「徐志摩的婚姻前前後後頗多曲折，其中有些情節一般人固然毫無所知，他較接近的親友們即有所聞也諱莫如深，不欲多所透露。這也是合於我們中國人隱惡揚善和不揭發隱私的道德觀念。所以凡是有關別人的婚姻糾紛，局外人最好不要遽下判斷，因為參考資料不足之故。而志摩的婚戀，性質甚不平常，我們尤宜採懸疑的態度……，徐志摩的婚姻之前前後後完全是失敗的，我們應寄與同情」。又引徐志摩的表弟蔣復璁對其一再言「志摩有隱痛」。

⑰ 見《徐志摩書信集》頁71。

第二天星期一，早上去協和，先見思成，梁先生的病情誰都
不能下斷語。醫生說希望絕無僅有，神智稍微清寧些，但絕
對不能見客，一興奮病即變相。前幾天小便阻塞，過一大危
險，亦為興奮。因此我亦只得在門縫裡張望，我張了兩次：
一次是躺著，難看極了，半隻臉只見瘦黑而焦的皮包著骨頭，
完全脫了形了，我不禁流淚；第二次好些，他靠坐著和思成
說話，多少還看出幾分新會先生的神采。昨天又有變相，早
上忽發寒熱，抖戰不止，熱度升至四十度以上，大夫一無捉
摸，但幸睡眠甚好，飲食亦佳。老先生實在是絞枯了腦汁，
流乾了心血，病發作就難以支持；但也還難說，竟許他還能
多延時日。⓲

任公平日是生龍活虎般過著趣味生活，由此信所顯示狀況，大抵透
露任公病情之嚴重，而任公容貌憔悴，不成人樣，「瘦黑而焦的皮
包著骨頭，完全脫了形了」，無論任何正常人看了，都是會心疼的，
何況有深摯情誼的師生關係？徐志摩看了，「不禁流淚」，可是蘊
含著無限深情與關懷！

在次年（1929 年）一月五日給蔣慰堂的信仍問道：

梁先生病如何？到滬三日，未聞消息，或有轉機耶？盼去協
和一問。⓳

同年一月十五日給蔣慰堂的信仍問道：

⓲　同前揭書，頁184。
⓳　同前揭書，頁71。

任師聞有轉機，果人參有靈耶？抑天如之功？**❷⓪**

一九二九年一月十九日，梁任公在北京協和醫院過世。

徐志摩次日立即給胡適寫了一封長信，專爲商量任公身後之事：

> 快函諒到。梁先生竟已怛化，悲愴之意，如何可言。計程兄
> 昨晚到平，已不及與先生臨終一見，想亦惘惘。先生身後事，
> 兄或可襄助一二，思成、徽因想已見過，乞爲轉致悼意，節
> 哀保重。先生遺稿皆由廷燦兄掌管，可與一談，其未竟稿件
> 如何處理，如《桃花扇考證》已十成八九，亟欲設法續完，
> 即由《新月》出版，如何？又《稼軒年譜》，兄亦應翻閱一
> 過，續成之責，非兄莫屬，均祈留意。《新月》出專號紀念，
> 此意前已談過，兄亦贊成，應如何編輯亦須勞兄費心。先生
> 各時代小影，曾囑廷燦兄掛號寄滬，以便製版，見時並盼問
> 及，即寄爲要。今晨楊杏佛來寓，述及國府應表示悼意，彼
> 明晚去寧，擬商同譚、蔡諸先生提出國府會議。滬上諸友擬
> 在此開會追悼，今日見過百里、文島及新六等，我意最好待
> 兄回滬，主持其事。兄如有意見，盼先函知。又宰平先生等
> 亦有關於梁先生文章，能否匯集一起，歸兄去編，連同遺像
> 及墨跡（十月十二日《稼軒年譜》絕筆一二頁似應製版，乞商廷燦），
> 合成紀念冊，何如？寒老亦盼與一談。叔永、莎菲均候。**❷①**

三天後，一月二十三日徐志摩再函胡適商談此事：

---

❷⓪ 同前揭書，頁72。

❷① 同前揭書，頁64。

昨天與實秋、老八談《新月》出任公先生專號事，我們想即
以第二第一期作爲紀念號，想你一定同意。你派到的工作：
一是一篇梁先生學術思想論文；二是搜集他的遺稿，檢一些
能印入專號的送來；三是計畫別的文章。關於第三，我已有
信致宰平，請他負責梁先生傳記一部。在北方有的是梁先生
的舊侶，例如蹇老、策仲、天如、羅孝高、李藻蓀、徐君勉、
周印昆等，他們各個人都知道他一生一部的事實比別人更爲
詳盡。我的意思是想請宰平薈集他們所能想到的編制成一整
文，你以爲如何，請與一談。我們又想請徽因寫梁先生的最
後多少天，但不知她在熱孝中能有此心情否，盼見時問及。
專號遲至三月十日定須出版，《新月》稿件應於二月二十五
日前收齊，故須從速進行。此外，梁先生的墨跡和肖像，我
上函說及，你以爲應得印入專號的，亦須從早寄來製版。在
滬方，新六允作關於歐游一文，放園亦有貢獻，實秋及我都
有，通伯、一多處亦已去函徵文。還有我們想不到的請你注
意。我們想上海的追悼會即在開弔日同日舉行，明日再與君
勉商議，容再報。❷

徐志摩爲其師梁任公身後編纂紀念專號，可以說是費盡心力，由前
引二信即可概見。另在三月五日給英國友人恩厚之（L. K. Elmhurst）
的信，也提到他的忙碌及對梁任公的評價：

　　最後我要告訴你，有兩件事使我一直忙個不停，就是梁啓超

❷　同前揭書，頁65。

在我離北京後三週，即一月十九日，逝世了，年紀不過五十六歲，這項使人感傷的消息，你一定在報上讀到了。他的死對我和不少的人，都是無可補償的損失。他比同輩的人偉大多了。連孫中山先生也不例外，因爲在他身上，我們不但看到一個完美學者的形象，而且也知道他是唯一無愧於中國文明偉大傳統的人。他在現代中國歷史上帶進了一個新的時代；他以個人的力量掀起一個徹底的思想革命，而就因著這項偉績，以後接著來的革命才能馬到成功。所以他在現代中國的地位是無以倫比的。胡適和我正在編纂一本約在五月可以面世的紀念刊，盼望對梁先生的偉大人格以及多面性的天才，能作出公正的評價。另一件就是我在籌備一個全國美術展覽……。㉓

可惜，《新月》往後並沒有如期出版梁啓超紀念專號，爲何遲遲沒有影子，是否有隱情，殊不易索解。

一九三一年十一月十九日，徐志摩搭乘飛機在濟南失事，結束了三十五歲的年輕生命。

從徐志摩拜梁任公爲師起，任公就不斷給予志摩深厚的關愛，留學寫長文贈序相勉、婚姻離合的勸誡、歐游爲其旅費的張羅而著急等，均表現出長者愛護晚輩的惜才之情。而志摩在婚姻的選擇上，終未聽從其師的勸告，本屬各人理念有差別，不必強求以爲同；志摩對於任公的協助亦不遑多讓，著作的翻譯、北海松坡圖書館外文函件的處理、印度文豪泰戈爾來訪的招待翻譯、任公身後的布置等，

㉓　同前揭書，頁36～37。

則表現學生輩的敬重勤懇態度，兩人平生風誼，亦師亦友般的相濡以沫，是令人神往的！

原載《北京大學研究生學刊》1996 年第五期（1996 年 12 月出刊）
二○○○年一月十七日修訂完成

北京大學收藏《梁啓超給蹇季常等書信》書後——兼談書信的文獻價值

　　北京大學圖書館收藏學者名流文稿豐富，稿本現存有一千餘種，堪稱門類齊全，早已爲學界重視。在一九八七年由天津古籍出版社出版了《北京大學圖書館館藏稿本叢書》，其質量精粹，史料價值極高，既有人物事件、典章制度記載，也有語言文學的研究，廣及經史子集各類。一九九四年秋，筆者負笈北京就學，是年冬季利用課暇時間飽覽北京大學圖書館善本書室稿本收藏，閱讀有一、二百通梁啓超寫給摯友的書信（有九成以上是寫給蹇季常），在仔細拜讀之下，興味濃郁，配合重溫丁文江編撰《梁任公先生年譜長編初稿》（以下簡稱梁譜）所引相關材料，始知丁文江固然引錄許多書信材料，但也有不少遺漏，於是深入鑽研，揭開許多鮮爲人知的逸聞掌故，而在研究過程之中，也引發許多值得深思的問題（詳後餘論），其次，透過書信的細覽覃思，使吾人對歷史人物梁啓超的認識，也更加地深入與全面。

　　後人對梁啓超的研究，大多從其一生所經歷之若干過程談起，於是對梁啓超的印象，就以政治活動、辦報論戰、啓迪民智與學術

教育事業是極重要的部分，這些都是眾人所熟知的梁啓超印象，然而，他的私生活後人研究的卻不多見❶，因此我們所理解的梁啓超就不免有所不足，當然他的門生故舊均作古已久，無從諮詢，其子孫也無甚多印象❷，是原因之一，而傳統「爲賢者諱」的觀念，也往往使人不欲深究，只知其一端，好在書信原件的出現，恰可稍補這個缺漏。

一、對傳統醫學的態度

梁啓超在民國十二年五月二十五日於《東方雜誌》發表〈陰陽五行說之來歷〉一文，文章開宗明義即說：

> 陰陽五行說，爲二千年來迷信之大本營，直至今日，在社會上猶有莫大勢力，今當辭而闢之，故考其來歷如次。

同時也感慨國人：

> 將宇宙間無量無數之物象事理，皆硬分爲五類，而以納諸所謂五行者之中，此種詭異之組織，遂二千年蟠踞全國人之心理，且支配全國人之行事，嘻！吾輩生死關係之醫藥，皆此

---

❶　於梁啓超的私生活，晚近以梁啓超的外孫女吳荔明《梁啓超和他的兒女們》（載登《民國春秋》，北京，1991年，第一、二期）以及張朋園《梁啓超的家庭生活》（載於《近代中國人物論文集》，台北，中央研究院近代史研究所，1994年6月），這兩篇文章最詳實。

❷　筆者曾於1993年4月訪梁啓超幼子梁思達先生及外孫女吳荔明女士，皆言已無甚印象。

> 種觀念之產物，吾輩最受敬之中華民國國旗，實爲此種觀念
> 最顯著之表象；他更何論也。❸

如此看來，眾所皆知的傳統醫學，就是陰陽五行觀念所比附的產物，
梁啓超頗不以爲然。可是，很矛盾的現象，在發表這篇文章之前，
梁氏就已經接受傳統醫藥的治療，甚至直到晚年在全國最好的西醫
醫院（協和醫院）治療下，仍多次嘗試傳統醫藥，而且深信其療效！

他在民國七年九月十二日給蹇季常的一封信說：

> 服天如藥日起有功，中秋後當可出遊矣。田村前尚言恐須以
> 藥鍼吸引肋膜中之水，頃乃大訝其瘳痊之速，自今以往，不
> 敢菲薄國醫也。❹

可見他本瞧不起傳統醫學，但在試過療效，「大訝其瘳痊之速」之
後，就「不敢菲薄」了。

民國十一年，梁啓超赴濟南、上海、南京等地講學，因勞累過
度，且與友人痛飲，大醉而歸，西醫大夫檢查出「心臟稍有異狀」，
可是他卻「不覺什麼」，繼續他的講學活動。在往後的十二月十八

---

❸ 見《古史辨》（台北，藍燈文化公司，1987年11月初版），第五冊，頁343
　及352。梁氏發表此文時，中國南北方仍未統一，彼時中華民國以黑、藍、
　紅、黃、白五色條形旗爲幟，正是戰國時代五德終始學説之孑遺。關於傳
　統醫學等觀念與五德終始之關係，今人饒宗頤先生充分運用出土文物史料
　與文獻相結合，提出若干新的見解，研究最爲精到全面，詳見氏著《中國
　史學上之正統論》（香港，龍門書店，1977年9月）。
❹ 原件藏北京大學圖書館善本書室（以下簡稱北大善本書室），梁譜收錄在
　頁546。

日致其女兒的信中有「前幾天唐天如先生來，細細診察我身體一番，說的確沒有病」的話❺。

　　民國十三年梁夫人患乳癌酷疾，也曾嘗試以傳統醫藥治療❻。

　　民國十五年二月，梁啓超因血尿入德國醫院醫治，三月轉協和醫院，割去右腎乙枚，仍未查出病源，便血依舊，社會輿論頗不諒解，梁啓超也以爲的確可以不必動手術❼，於是他改服中藥，也收到一時之效果，令他很有信心❽。往後時好時壞，迭次進出醫院，但他對傳統醫藥的篤信不疑，由他建議朋友請中醫大夫看診❾，以及他醫治的資料，可見其端倪❿。

　　由以上材料，吾人可知梁啓超既相信西醫療效，但在西醫無法治療痼疾之際，他並不排斥看診中醫，由他與其夫人的治療過程，即是例證，這與魯迅大肆抨擊中醫，進而否定傳統的態度，可說是大異其趣。

---

❺　梁譜頁624。

❻　在四月四日致其女兒的信有「汝母服中藥日起有功」的話，見梁譜頁657。

❼　梁譜頁699至700。

❽　同前注。

❾　寒季常生病，梁啓超有信建議他請中醫大夫看診的話：「天如昨由津返京，盍邀彼一診」，原件藏北大善本書室。

❿　一九二八年冬天，梁啓超病情進入危險期，一九二九年一月十五日徐志摩給蔣慰堂的信問到「任師聞有轉機，果人參有靈？抑天如之功？」，徐信見《徐志摩書信集》（鄭州，河南教育出版社，1994年7月第一版）頁72。

二、陰陽五行與風水扶乩

　　既然以「陰陽五行說，爲二千年迷信之大本營」，尋此邏輯，對於堪輿家以陰陽五行談所謂的「風水」，梁啓超應該不會太相信才對，可是事實不然，他不但相信「風水」之說，更可怪者，他居然也相信扶乩，而且躬身嘗試行之。如梁夫人病危之際，梁啓超對於墳地之選擇可是大費周章，由下封對他給蹇季常的信則知：

> 有一事欲奉商，昨行忘卻，今補述。
>
> 湯家所訂購之墳地內舊碑，前欲購取，公言不便，誠然，湯家地不買此碑，故必令其遷出，亦屬正當辦法，但默記賣主亦恐有爲難之處，或致不成。今頗思以吾所新購之臥佛寺旁地與湯家互易。臥佛地本不惡（原右旁小字注：有堪輿家言甚佳），其所不逮此地者，則缺樹木及此碑也，請一商四嫂，若願相讓，則補價互易（原右旁小字注：賤地地價相若，惟畝數較少），但不必勉強，若四嫂感覺有一毫不便，則置之。
>
> 若四嫂有意，則告仲策陪四嫂往臥佛一看，又告策一看此地。❶

　　對於夫人病情無法根治，梁啓超早已心理有數，所以尋覓臥佛寺旁預作墳冢的土地，相信堪輿家說風水甚佳，但他希望能有一塊大舊碑，故有此互易的念頭。今日梁家墓園位於北京近郊臥佛寺旁，墓園舊碑聳立，正是易地未成，花大筆金錢購得。

　　梁夫人在民國十三年九月過世，停屍廣惠寺，在居喪期間，他

---

❶　原件藏於北大善本書室，梁譜未收錄。

給女兒的信提到扶乩的情形：

> 去北戴河時，我原想寫一靈位，請去朝夕上食，扶乩說不必，那四十天也沒有上食了。想在我常常扶乩，每燒香後一兩分鐘便到了（原注：昨日中元別供水果而已），也不必用此具文了，你們意爲何如。⓬

梁夫人入土安葬擇日，他也相信所謂的「黃道吉日」，於是把原擬定夫人葬期往前挪移⓭。

以上這些舉動，使我們很難想像竟是出自於寫出〈陰陽五行說之來歷〉文章以抨擊迷信的梁啓超，因爲他們實在太不相稱了。

三、打牌──飲酒抽煙另一嗜好

梁啓超民國十一年八月六日在南京東南大學爲暑期學校學員講演「學問之趣味」，強調做學問當培養趣味出來，生活才會覺得有價值，並以自己的經歷勉勵大家。在這場講演中，他有一段話說得極爲痛快：

> 中國人見面最喜歡用的一句話「近來作何消遣」，這句話我

⓬　梁譜頁682。

⓭　他說：「初時本擬九月乃葬，經日者選定，謂八月十六日辰時爲千年難得之良辰（原注：日者列傳見史記，即擇日也。此日者乃同鄉一老進士），故提前半月趕工，中間曾有四日夜，每日工作二十四小時，分四班輪做，二叔之辛勤，不可名狀矣。」見梁譜頁683，民國十四年九月二十日給其小孩的信。

聽著便討厭，話裏的意思，好像生活得不耐煩了，幾十年日子沒有法子過，勉強找些事情來消他遣他，一個人若生活於這種狀態下，我勸他不如早日投海。

他又把「趣味」下一個註腳：

凡一件事做下去不會生出和趣味相反的結果的，這件事便可以爲趣味的主體。賭錢趣味嗎？輸了怎麼樣？吃酒趣味嗎？病了怎麼樣？（中略）諸如此類，雖然在短時間內像有趣味，結果會鬧到俗語說的「沒趣一齊來」，所以我們不能承認他是趣味。**⓮**

然而，梁啓超自己又是如何呢？由他給蹇季常的一封信，吾人赫然發現首句正是「日來作何消遣」。**⓯**

飲酒、抽煙及打牌，是梁啓超極重要的休閒生活，飲酒到大醉而歸，是屢見不鮮的**⓰**，打牌一次十幾二十圈是常有之事。

根據資料，梁啓超有一段時間，每週必定要和朋友打牌，而且興致極爲濃郁，不下於飲酒、抽煙與寫文章。他自承「五塊錢一底

⓮ 〈學問之趣味〉一文收入《飲冰室文集》（台北，中華書局，1960年5月台一版），之三十九。

⓯ 此信全文爲：「日來作何消遣？據敬民所述，濱地於半年內外絕無良機，公索居彼間，乏朋友之樂，殊足損神害性，盍歸乎來？吾久絕遊戲，兒曹見其勞瘁，屢勸小憩，公來當作數日息也」，梁譜未收錄，原件現藏北大善本書室。

⓰ 梁啓超有飲酒習慣，一是「晚飯之酒，隨飲食成習」，一是「獨處不適，狂飲自遣」，關於此，張朋園先生《梁啓超的家庭生活》一文有詳細討論。

的麻雀，每禮拜總要打一、兩場」❶。由他給朋友的信件中，屢屢出現呼朋引伴共約打牌的話：

> 昨天乘汽車，遵馬路入京，攜有新牌一副，欲即試之，望告文伯約人。

另外一封信也有類似的話：

> 昨日守戒，今日宜爲例戰，已約印弇先來讀碑，以餘日講武，公宜必至，並盼代約慕蘧也❶。

「例戰」，即是照往常打牌也。
　　再一封信也是如此：

> 滬函已發，決星期六入都小聚，星期一返津，請準備戰地，並告舍弟。❶

「準備戰地」，即是準備打牌的場地也。其他的信件中，除了談正事之餘，也屢見附提打牌，如有一封信結尾說：

> 在都小住，並往西山厚生處作數日酣戰，公有興耶？❷

---

❶　見「梁啓超對於順天時報啓事」一文，此文稿原件現藏北大善本書室。首次由吳銘能專文探討，詳見〈一篇湮沒七十餘載的重要佚文—首次發表『梁啓超對於順天時報啓事』原稿〉，收入1996年第2期《北京大學學報》哲學社會科學版。

❶　原件藏北大善本書室。梁譜未收錄。

❶　同前注。

❷　同前注。

「作數日酣戰」，即是放輕鬆好好打幾天牌的意思。

如此喜歡打牌，在牌桌上除了聯絡感情之外，對於緊張的政治活動、學術演講以及文債稿約，自然可以暫得心情一時的抒解，而最難過的，莫過於沒有及時約上牌友，他在一封信起首即流露沮喪的心情：

> 前星期六入城，一人不見，廢然而返。

有了如此不見牌友的失望經驗後，在相約打牌時，自然不避煩冗地將各種可能情況及時間講清楚，也就可以理解了，所以接著說：

> 本星期六陳師曾面約往女高師講演，惟聞是日各校全體學生皆有助賑服務，恐師曾或未知之，請用電話一詢（原右小字注：因不知師曾住址，不能直接往詢），若無更動，當以是日午飯後入城，講演畢，即從公等遊。（原右小字注：請籌備）若有更動，星期日乃來矣。正作書至此，得溯初書，言星期日下午二時約在彼處，想公已知耶？㉑

「即從公等遊」之「遊」字，原信件特在右旁畫兩個小圈圈，並書「請籌備」三字，其意義外人自然無從索解，但對多年牌友而言，可要心領神會，一切盡在不言中矣！另一封信也是以外人不易明白的文字邀約牌友：

> 此星期決不下山，甚盼星六能踐約，春秋佳日易過，一往便當賦，苦熱行矣。㉒

㉑　同前注。
㉒　同前注。

「踐約」，其意同於前述之「遊」，即打牌也。再則，有一信之信尾附語是如此寫的：

　　罷戰數日，改埋頭著述矣。㉓

「罷戰」，即停戰，就是不打牌的意思。

　　綜覽言之，梁啓超邀熟友打牌，用了「宜爲例戰」、「準備戰地」、「作數日酣戰」、「踐約」等隱語，若非極熟朋友，豈能明白其中深意耶？然而，他給子女寫信，就不會用如此暗寓的隱語，恐怕其子女不知所指，應是主要原因。根據《梁譜》，梁啓超自民國十一年下半年赴南京、上海等地講學，因過度勞累，老友陳三立請吃飯，「開五十年陳酒相與痛飲」，「大醉而歸」，檢查出「心肌稍有異狀」，次年（民國十二年）只好謝絕各種邀稿及演講，登報養病三個月㉔。在給子女的信件有這樣的話：

　　回家後打算幾個月戒講演了，打算轉門寫字和打牌。㉕　、

從此之後，他給子女的信有「一連打了三日三夜的牌」㉖以及「打了二十多圈牌」㉗的話。民國十二年五月十一日給女兒的信提到寫作及打牌的情形：

㉓　同前注。
㉔　梁譜頁624。
㉕　梁譜頁634。
㉖　梁譜頁639。
㉗　梁譜頁643。

> 我昨日已返西山著我的書了。今晨天才亮便已起，現在是早
> 上九點鐘，我已成了二千多字，等一會塞七叔們要來（原注：
> 今日禮拜六）和我打牌了。❷❽

梁啓超的健康狀況變壞之後，他的親友開始勸告他減少奔波及用腦，暑假他總要到近郊北戴河避暑療養，有時也回天津或北京與朋友聚聚，除了寫作之外（其妾王桂荃經常阻止他寫作太勞），打牌是最主要的消遣。❷❾

---

❷❽　同前注。

❷❾　民國十四年養病期間，打牌的紀錄：打了幾圈牌，不到十點又睡了。（四
　　月十七日給女兒的信，梁譜頁667）。

　　本來是來休息，不打算做什麼功課，但每天讀得書還是不少，著述也沒有
　　間斷，每天四點鐘以後便打牌，和「老白鼻」頑頑，絕不用心，所以一上
　　床便睡，後沒有熬夜的事。（八月三日給女兒的信，梁譜頁679）

　　每天七點多鐘起來，在院子裏稍微散步，吃點心下來，便快九點了，只做
　　兩點鐘正經功課，十一點便下海去，回來吃午飯，睡一睡午覺，起來寫寫
　　信，做些雜課，四點後便打牌，有時閒談，便過一天了。（八月十六日給
　　女兒的信，梁譜頁686）

　　民國十五年，梁啓超便血極嚴重，在多次進出醫院治療，打牌的機會就少
　　多了（只有民國十六年一月二日有信說「我近來極少打牌了，一個月打不
　　到一次，這幾天（中略）倒回了幾回橋」，梁譜頁718）

　　民國十六年，有多封給子女信談到打牌之事：

　　我在百忙中還打了兩天牌。（二月廿八日給孩子們的信，梁譜頁724）

　　十五舅現常居天津……隔天或每天來打幾圈，倒也快活。（六月十五日給
　　孩子們書，梁譜頁740）

　　頃十五舅在津，每日來家晚飯，飯後率打牌四圈至八圈。（六月廿三日與
　　順女書，梁譜頁741）

　　這幾天熱的很，樓上書房簡直不能坐，我每天在大客廳鋪張藤床，看看書

　　所以，梁啓超除了臨摹碑帖、寫文章、抽煙、喝酒（此二項因健康晚年已戒）之外，打牌是他休閒生活中極重要的部分，許多人都說他晚年已把消耗光陰的打牌習慣戒除掉**❸⓿**，由大量已公開及未發表的書信觀之，是不符合事實的；何況在打牌桌上，與好友談論時局大事與寫作文章心得，對梁氏未必是消耗光陰，反倒是有益於文思。

四、下筆如神之外

　　梁啓超書寫文章極快，有著述的狂熱，而且才思敏捷，往往下筆如行雲流水而不能自休。最著名的例子，是他的《清代學術史概論》本是爲他人之書作序，但「既而下筆不能自休，遂成數萬言，篇幅幾與原書埒，天下古今固無此等序文，脫稿後，只得對於蔣書宣告獨立矣」（原書自序），於是回頭請原作者蔣方震另作一篇序，成爲近代學界罕見趣談。**❸❶**

　　其次，他許多文章常是一鼓作氣之下完成的，因此連續工作三、

睡睡午覺，十五舅來打打牌，就過一天。（七月三日與順書，梁譜頁741）晚飯後打完了「三人六圈」的麻雀，時候尚早，抽空寫這封信，尚有許多話要説，被王姨干涉，改天再寫。（十二月二日給孩子們書，梁譜頁752）民國十七年，便血又復發嚴重，再幾度進出醫院，除了一月二十二日信提到回家過年，「過了幾回橋」，（梁譜頁757），未見有任何打牌的紀錄，直到民國十八年一月十九日過世爲止。

❸⓿ 北京一九九五年某月一期的《文摘報》即持此看法。

❸❶ 參見吳銘能〈梁啓超的治學方法與現時代之意義〉，收入《國立中央圖書館台灣分館建館七十八週年暨改隸中央二十週年紀念論文集》（台北，國立中央圖書館台灣分館，1993年10月），頁323。

四十個鐘點也是常有之事❷，因為他在提筆著述過程之中，往往能陶醉其中，筆端融入情感，獲得許多的樂趣。但是，他並不是每次寫文章都能得心應手，尤其在各種政治活動及演講忙碌干擾下，也有為人背後所不知的苦悶。如民國剛建立，元年九月梁啓超自日本歸國，結束了十餘年（公元 1898 年～1912 年）的海外流亡生活，民國二年國內政黨林立，政局詭譎複雜，瞬息萬變，他除了忙碌政黨活動外，又要草擬文稿，大有難以承受之苦，他寫給女兒的信，有如此的話：

> 今日又瞎忙了一日，自早起至今，未嘗一刻斷客，頃已一時半矣，乃須埋頭作文，精神憊倦已極，從何作起，而所立須作者，乃新黨之宣言書也，真苦極矣。❸

其後國會選舉，他所組織的政黨敗給國民黨，加以目睹種種社會腐敗的現象，他的心情極為消沈：

> 吾黨敗矣，吾心力俱瘁，無如此社會何，吾甚悔吾歸也。吾復有他種刺心之事，不能為汝告者，我的心緒惡極，仍不能不作報中文字，為苦乃不可狀，執筆兩小時，乃不成一字，頃天將曙，兀兀枯坐而已。❹

因此，忙碌的生活固然使他無法從容撰文，而心情的惡劣，才是影響寫作的因素。「執筆兩小時，乃不成一字」，才華橫溢、著作等

---

❷　如寫《戴東原的哲學》即是不眠不休三十四小時完成。見原書序。
❸　梁譜頁415。
❹　梁譜頁418。

身如梁啓超者，恐怕無人會相信！

　　民國四年袁世凱擬進行稱帝，梁啓超在七月被推定爲憲法起草委員，當時國事動盪不安，他的心境受到衝擊極大，由八月二十二日給女兒的信中提到他自己的感受：

> 昨日覺頓來，今日柳溪來，備述都中近況，稍可安心，吾此後擬仍出席於起草會，若不出席反有嫌疑，大約此半年中可望無他異動，過此以往，再圖補救耳。此會或亦有關係，星期五吾當一入京也，或再遲一星期乃來亦未定。迴廊獨坐，明月親人，茲景佳絕，恨汝不來共此，吾旬日來寫字極多，文思依然澀滯，受外界牽迫，心緒至不甯謐，可恨也。

此信《梁譜》引錄不全，係依照《梁啓超未刊書信手跡》一八〇號全文，所謂「文思依然澀滯，受外界牽迫，心緒至不甯謐，可恨也」，更直接說明外界干擾情緒對他文思所造成不利影響，他是頗引以爲苦惱的。

　　他最大的一次打擊，是夫人長期臥病在床，沈綿半年，卒以不起，影響他原本元氣淋漓、活活潑潑的朝氣生活。有一封信可以透露此個中消息：

> 内子病頗劇，醫有難色，心緒惡劣之至，日内或再入京，校課擬暫停矣。知念奉聞。敬上
>
> 　季　常　　　　啓超　　　　十八日

此信《梁譜》未收錄，日期僅書「十八日」，推測當寫於民國十三年八月十八日，因爲梁夫人逝世於九月十三日，在同年九月五日寫

給商務印書館張元濟及高夢旦的信，也有類似的話：

> 內子病瀕危，心緒不寧，不能執筆爲館效力，至歉，至歉，
> 並希鑒原。㉟

對於課堂講學與撰寫文章抱持有濃厚「趣味主義」的梁啓超，竟然
打算把學校課程暫停，也無法爲老友撰寫文稿，其內心的沈痛，精
神頓失依靠，是不言可喻的！所以這一段時期可以說是著述的低潮
期，他在十二月三日爲《晨報》紀念增刊所寫「苦痛中的小玩意兒」
一文，有一段清楚表白：

> 晨報每年紀念增刊，我照例有篇文字，今年眞要交白卷了。
> 因爲我今年受環境的酷待，情緒十分無俚，我的夫人從燈節
> 起臥病半年，到中秋日奄然化去，他的病極人間未有之痛苦，
> 自初發時醫生便已宣告不治，半年以來，耳所觸的，只有病
> 人的呻吟，目所接的，只有兒女的涕淚。喪事初了，愛子遠
> 行，中間還夾著群盜相噬，變亂如麻，風雪蔽天，生人道盡，
> 塊然獨坐，幾不知人間何世。哎！哀樂之感，凡在有情，其
> 誰能免？平日意態活潑，興會淋漓的我，這回也嗒然氣盡了。
> 提筆屬文，非等幾個月後，心上的創痛平復，不敢作此想。
> 晨報記者索我的文比催租還兇狠，我沒有法兒對付，只有撒
> 個爛污，寫這篇沒有價值的東西給他。㊱

這可謂是實然寫照，也是梁氏極微罕見的沮喪語。

㉟ 梁譜頁663。
㊱ 梁譜頁665。

　　此外，他爲文或有相關知識不足，或生澀不暢，無大把握，有時也頗有自知之明，文稿完成後，還是要請好友提提意見，以爲修改之參考，如給徐佛蘇的信說：

> 弟日來作中國法理學發達史論一篇，約六、七萬字，已成過半，又作中國成文法編制之沿革得失一篇，……惟弟於法律上智識極幼稚，其中必多不中肯綮之言，甚或僞謬，亦所不免，彼文將來欲以印單行本……不願草率以貽誤學人，欲乞公於閱報時，加以批評於眉端，或賜糾正，欲賜發明……俾再印時改正，感且不朽。❸❼

給林宰平的信也有類似的話：

> 十年不作詩，生澀殊甚，望公細爲推敲，並評其長短得失，俾成完璧，並日早擲復，俾得速寫，至盼。❸❽

當然，他請朋友提意見修飾文稿，絕對不是虛應故事、門面客套話，而是眞能躬自實行也。以下兩篇材料可以證明。其一是他給蹇季常的信：

> 希陶、亮才函呈閱。昨又一夜未睡成此文，公爲何如？若無甚語病（原左小字注：太露骨否），請即交來，俾早車帶去，若認不可發，或須改，請即來此一商，頃方就榻，公來當爲公起耳。

---

❸❼　梁譜頁208。
❸❽　梁譜頁669。

此信未標日期，《梁譜》也未收錄，不知何所指，但由原件可以清楚看出「請即來此一商」之「即」字，右側特書三小圈圈，顯然「此文」非常重要，梁氏急欲好友先看看提點意見，但又一夜目不交睫，趕寫文稿，在疲憊之餘，只好勞駕好友多費神了。把那種知己好友相互理解之深厚情誼，完全表露出來，同時也顯映其謙沖爲懷的寫作態度。其二是〈梁啓超對於順天時報啓事〉的草稿，在《飲冰室文集》及《梁譜》均未收錄此文，由其至友蹇季常在草稿之末加了按語，可知這篇稿子始終沒有發表：

> 此稿無聊之極，我扣留未登報，亦保全其名譽之一，若家子弟知之否？季。

《順天時報》是當時在北京比較風行的報紙，係日本人所辦的漢文報❸，由梁啓超這篇〈啓事〉內容看來，大抵是駁斥日本人對他捏造謊言（其始末，吾另有專文探討，詳見本書〈一篇湮沒七十餘載的重要佚文—首次發表『梁啓超對於順天時報啓事』原稿〉），其友以爲不妥，「扣留未登報」，也許有當時的種種考慮，可暫不論，但當時沒有發表，未嘗不是好友先睹爲快的結果？而如今輾轉經過七十餘年之後，重現天日，足徵當時朋友相互愛護之誼，在今日重商輕義之社會，尤彌珍貴。

---

❸ 見千家駒《千家駒讀史筆記》（美國，八方文化啓業公司，1992年3月初版，頁189）。

五、餘　論

　　透過許許多多書信原件的閱讀，使吾人對梁啓超的私生活及思想有了更加深刻的理解，與學術講演所呈現的梁啓超是迥然不同的，學術上的梁啓超，抨擊傳統陰陽五行說爲二千年來迷信之大本營，傳統醫學就是此種觀念延伸的產物。他也以爲打牌賭錢及喝酒不能稱爲趣味，因爲最終的結果會沒趣一起來。然而私生活的梁啓超究竟是如何呢？大量的書信告訴我們，他原先排斥傳統醫學，但在試過有療效之後，就一直相信，甚至有西醫無效、中醫可能有效的觀念，他及夫人的治療過程就是活生生的例證；其次，他迷信風水、扶乩和擇日，沒有這些書信原件，豈可知乎？。再則，他文筆洗煉流暢，創作質量驚人，風靡文壇數十年，而他也有文思窘困枯竭、江郎才盡的時候。他嗜好打牌，尤其晚年，不管是在忙碌講學或療疾休養，總是要邀好友「酣戰」或「小戰」一番。這些鮮爲人知或根本不爲人所接受的形象，如今終於大白於人世。

　　上海戲劇學院院長余秋雨教授曾說他最喜歡王羲之父子的傳本法帖，「大多數是生活便條，只是爲了一件瑣事，提筆信手塗了幾句，完全不是爲了讓人珍藏和懸掛。今天看來，用這樣美妙絕倫的字寫便條實在是太奢侈了，而在他們卻是再自然不過的事情」[40]，我不知道梁啓超信手寫來的便條或信件，是否「完全不是爲了讓人珍藏和懸掛」？但他的字體的確稱得上是「美妙絕倫」，尤其他對信紙的選擇及設計極爲考究，而且樣式很多，如今經過數十年的歲

---

[40]　余秋雨「文化苦旅」（台北，爾雅出版社，1992年11月初版），頁382。

月淘洗，那一手龍飛鳳舞、墨色光亮的毛筆字，書寫在頗有特色的宣紙信箋上，仍然凜凜猶生，令人愛不釋手，簡直就是一幅又一幅精美絕倫的藝術品。我記不清多少次冒著寒冬，一早即到善本書室，小心翼翼地欣賞兩大巨冊裝潢保存完好的梁啓超眞跡，有章草、有隸體，也有行書，都寫得很具功力，瀟灑而書卷味十足，洵爲寒冬中一大享受！

我在仔細觀照之餘，曾經企圖尋找「一種包括書寫者、接受者和無數相類似的文人們在內的整個文化人格氣韻」，是否就能在「這短短的便條中洩漏無遺」❹❶？意外的發現，民國十三年他在湯山養病期間，對當地的水質並不滿意，理由只因爲不好研墨，他給蹇季常的信說：

> 此間水不適研墨，所書殊有怪色。❹❷

我怎麼看，也看不出「怪色」在那裏？因爲我覺得這短短幾行行草毛筆字寫得漂亮極了，和其他封信一樣好看，也許是梁氏的要求標準高，馴致有此看法？後來我找到了他給女兒的信，其中有一段話：

> 我新造這些信箋信封，你說好不好？本來不打算寫信，就是專爲試新，才寫這兩張。❹❸

此時，我才恍然大悟，原來我所看到的每張皆可當作藝術品欣賞的

---

❹❶ 同前注。

❹❷ 此信原件藏北大善本書室，梁譜亦收錄，見頁661。但這句話是寫在信末補筆，梁譜脫此，因此極有價值。

❹❸ 梁譜頁635。

信箋，梁氏頗爲用心經營，像他如此忙碌的人，不用現有的墨汁，但要講究水質，用上好的墨塊耗時研磨，如此一來，一種文化生活與舊式學人的氣質，完全在寫信中展現開來。

　　幾度核對《梁譜》，心中既充實且愉悅，但也有許多難解的疑團盤旋著，不妨說出就教大雅君子。丁文江在編纂《梁譜》時，動用了大量的遺札和家信，據胡適說「總計大概有一萬封之多」，「請任公的朋友把他書札眞跡借給梁家抄副本或照相片送給梁家」，「但其中引用的信件，或任公先生的詩文，或他種文件，都是剪貼的晒藍本，當初編纂的計劃必定是把準備引用的傳記資料，如信札及他種文件，一概都用晒藍複寫，以便剪下來分黏在各個稿本裏」❹，既然是「一概都用晒藍複寫，以便剪下來分黏在各個稿本裏」，何以有的信札，現本《梁譜》有收錄，有的卻未收錄？推測原因，有兩種可能，一是並非所有借來的準備引用的晒藍資料，概都剪裁黏貼，必定是有所取捨，所以如〈梁啓超對於順天時報啓事〉之類的文稿就沒有收錄；另一可能是現在所見原件也許當時未被發現，而是《梁譜》初稿完成後才發現，不及再補抄入。然而，有收錄在現本《梁譜》，拿原件核對，有文字明顯錯誤或脫漏者，而且比例不低，顯然是在排版鉛印字，校勘不仔細所致，現在我都依所見原件做了校勘，別附章後。胡適又說「因爲文件是晒藍剪黏的，故偶有模糊不能辨認的字」❺。今翻檢全本《梁譜》，確有許多模糊不能辨認的字，以空格框框（□）表示之，即此可知，《梁譜》初稿沒有

---

❹　梁譜胡適序。

❺　同前注。

再核對原件，也許原件在曬藍剪貼之際，早已歸還給原件收藏者，以致這項工作沒法進行。

過去史學家對於歷史名人的研究，往往取其大評論其得失短長，至於其細微瑣事，以爲「無關宏旨」，也就無暇措意或缺乏興趣，此本無可厚非，難以求全，但是如有相當充分條件，應該儘量做到鉅細靡遺，方能一窺全豹。學者研究梁啓超迄今累積不下數十家，然而眞能將梁氏這一個有血有肉、眞情至性的人物描繪得眞切，幾家能夠呢？後世學者皆知梁氏思想善變與性格複雜，而由上述書信顯示，的確超乎吾人所能想像；本文寫作的意義，就是要提出一個觀念，即是書信原跡筆觸不經意所反映一個人內心深處最細微、最錯綜複雜的思緒，在後人編纂文集中是不易顯見的，同時也最被忽略，唯有深入其間反覆模擬想像彼時環境氛圍，體會作者悲、欣、愁、嗔等情感，企圖使「場景再現」，透過書信原件的「抽絲剝繭」，其文獻的價值自然彰顯。

後　記

在閱讀梁啓超原稿書信的過程中，曾經以之校勘台北世界書局出版的《梁任公先生年譜長編初稿》（以下簡稱《梁譜》），寫下近百條校勘記，並將初稿心得以論文形式提交一九九五年十月在貴陽召開的「貴州文化與傳統文化國際學術研討會暨中國歷史文獻研究會第十六屆年會」發表，可惜沒見該年會出版論文集，事隔多年後，我只恐無人知曉，心血白費。一九九四年十一月北京中華書局出版了《梁啓超未刊書信手跡》，直至一九九六年春初才在海淀書城購

得，寫成一篇書評在《北京大學學報》發表，我意猶未盡，再校勘舊作，並補充許多觀點，整理成現在的樣子。本來一九八六年八月上海人民出版社出版了《梁譜》，就是在丁文江、趙豐田初稿的基礎上，增列梁啓超生前許多好友與親屬批注意見以及後來發現相關信札，因此材料更爲豐富，校對也較仔細，如此一來，世界書局出版的《梁譜》相對就失去了價值，我這一百五十四條校勘記，正是要說明這一點，同時也爲我梁啓超研究留下一點努力記錄。

這篇文章寫來極爲曲折，投注不少情感，有我學思歷程片段，有必要一提。

一九九三年春天，初次踏入中國大陸，對寶島生長的青年而言，這一葉「秋海棠」是教科書留下的印象，內心眞有無限激動。先是得知冰心老人藏有梁啓超親筆對聯——「世事滄桑心事定　胸中海嶽夢中飛」，可惜無緣一睹，寫下一篇短文吟歎，算是抒發仰慕之情！

拜訪梁啓超住在北京的後代子孫，他們告訴我文革時期紅衛兵銷毀不少資料，家屬留下些微紀念文件書稿，也絕大多數蕩然無存，只有少許家書照片僥倖留下，供後世緬懷而已！我感到殊爲可惜，又莫可奈何。

不過在一九九三年四月二十三日拜訪當時北大圖書館館長莊守經先生，有了一項重大的發現，我有記載日記習慣，現照錄如下：「上午九時到北大圖書館找莊守經館長。莊館長得知我的要求後，立即找人幫我尋資料。岳仁堂老師在文科資料室帶我看普通資料，並不能滿足我的需要，於是帶我到善本書室，我在此看到梁啓超給蹇季常的書信原稿。由於梁書法具功力，加以裝裱精美，在拜讀之餘，除領略梁之眞情流露外，也欣賞了珍貴藝術品：這是用精緻宣

紙寫成的，每封信長則數百字，短則二、三十字，每封信具見梁完
成一幅又一幅藝術品，他的字極雄俊秀美，有股飛揚飄灑韻氣，在
濃淡相間墨跡中，尤顯筆力萬鈞，氣概不凡！他的便箋有自己設記
者，旁有浮水印『飲冰室用牋』，也有買現成有圖畫爲底之宣紙者，
也有臨時應急找來便條者，都是以毛筆字書寫，具爲行草，分外好
看，使人愛不釋手。由於他書寫沒有固定用何種宣紙，可以顯見他
時間匆促，立揮而就，但卻封封具可觀性，也可見其才思不凡。我
在上午及下午欣賞至管理員欲關門才不捨歸來，嘗想：我是幸運的，
能一親睹心目中心儀歷史人物之手跡，能如此自由而翻閱抄錄，彷
彿七十多年前梁之心情重新感受」，以上文字頗多複沓贅語，除了
「具爲行草」有誤外，由今觀之，保存我當時內心眞正的感動，確
是極爲寫實！

其後入學北大古文獻研究所，想起過去在北大善本書室發現梁
啓超書信原稿，竟能裝潢保存完好如新，在欣喜過望之餘，透過導
師孫欽善先生的介紹，以及善本書室張玉範教授的關愛，提供我閱
讀原稿的方便，並同意我帶《梁譜》進入善本書室與原稿校對，這
種優待與禮遇，使我感激莫名。初稿完成後，因嘗試提出許多新觀
點，本無太大把握，沒想到初稿提交一九九五年十月在貴陽召開中
國歷史文獻年會發表，承蒙許多學者謬加讚賞，不由信心大增。趁
赴貴陽開會之便，首途天津梁啓超飲冰室故居參訪，其堂廡森森，
外觀氣象宏大，曾是一代文豪住居處所，令人仰之彌高！遠望紅磚
建築挺拔固實，景色依舊，但居然因經費拮据而無力修繕，聽任內
部斑駁損毀，雜什之物橫豎倒仆廊間，昔日文苑英華藏書數萬冊圖
籍，飲冰室主人在此完成多少擲地有聲篇章，而今蕭條寂寥，淪落

猶如大雜院般，今昔滄桑之感頓時油然而生，此番情懷已無關風花雪月了！到了廣東新會茶坑梁啓超家鄉，其原址已整修爲紀念館，新會陳占標先生以古稀之年、視網膜又不佳情況之下，把持手電筒，拖著蹣跚身軀，與我素昧平生，僅先前數封書信往返，卻堅持陪我全程參觀，又將日本學者寄贈資料複件見貽，這種愛護晚輩惜才之情，是我永遠難忘的！

　　梁家墓園位在北京近郊植物園內臥佛寺旁，鬱鬱蒼蒼松木環繞，一代學者梁啓超先生即長眠於此。我曾三次來到墓園憑弔，墳塚墓碑前總有不知何人祭拜鮮花有序地擱置在臺座，找不著署名布條，無法知曉是否梁家後人或門生故舊。當我把這塊「風水寶地」的來龍去脈弄清楚之後，不由產生困惑：中國新民先驅喪命在西醫手中，又曾寫文章抨擊陰陽五行學說，在夫人病危之際，卻不能免俗地請堪輿家看風水，一個人的思想豈是這麼容易被瞭解？光憑藉書面資料能眞確地反映一個「完整的人物性情」嗎？憑藉書面資料以外，又有何可供佐證？人們常說梁氏善變，但往往說得不是不夠眞契，就是彷彿有點訶責意味，而我到底瞭解他多少？我眞正瞭解他嗎？事實上，在爬梳清理史料之中，當思慮沈澱澄清之際，平心靜氣想來，我是用心中一把尺來衡量這個人，我怎知道是不是個人偏見或情感因素糾葛其間呢？我怎麼又能知道我說得完全眞契呢？讀到北京中華書局出版《梁啓超未刊書信手跡》，原跡留眞照相印刷，讀來興味淋漓，我再次進入善本書室摩挲原件，感受原件與印刷物之間有何不同？這是否影響到我的心情與判斷？我無法確知。我可以肯定對書法筆墨臨摹用情愈深，整個思緒涉入，心境的確受原件不經意筆觸神采所左右。這種微妙感覺，是不易以言語形容的。於是

我知道人文領域研究，的確需要費盡心思，沒有情感，沒有揣摩想像，如何深入而有所得？今人強調研究對象的客觀性，又豈只是資料堆砌而已！發現原件來歷不明，不知何人何時捐存於北大，對於文獻在歲月淘洗與戰亂之中能倖存一二，我有極大感慨，幾度疏理舊作，詳加校勘文字，化作文化情懷的一部份，留待他年說夢痕。

承《書目季刊》主編陳仕華先生厚愛，願意將這篇習作文稿刊載，本人表示萬分感謝。

想起五年前寒冬，外面呼呼風嘯，窗櫺乒乓作響，室內暖氣舒適，見到心儀已久的大師墨寶，一連興奮好幾天，不能自己，有時酣睡夢中還以為身在善本室呢！這是筆者北京就學經驗值得回憶的一頁，是充實而愉悅的。

又本文發表之後，曾寄送日本京都大學人文研分館狹間直樹教授指正，今摘錄來函要點如後，並感謝狹間教授的提示：《書目季刊》一文對我有很大的啓發。您的認真學風，十分發揮。所說的「思想善變」，有可能您發現了京大即將出版論文集《梁啓超·明治日本·西方》注意的若干側面，可是「性格複雜」，注意得很不夠。蹇念益是研究梁啓超的重要人物。但是，我們知道的有關資料很少。只知道《花隨人聖盦摭憶》裡的陳叔通「墓誌銘」和林宰平「墓表」等。

一九九五年九月初稿，一九九七年四月二稿，
二○○○年元月三稿，二○○○年四月完成定稿
原載《書目季刊》第三十四卷第一期（2000 年 6 月）
二○○一年一月十三日赴美探親前十小時再做修訂

台北世界書局版《梁任公先生年譜長編初稿》校勘記

一、　梁譜頁 184，光緒廿九年閏五月廿七日致伯笙、慧之兩弟書，
　　「此是極要事項，打一電報專爲此事」句，斷句有誤，據《手
　　跡》應爲「此是極要事，頃打一電報，專爲此事」。

二、　梁譜頁 232，光緒三十二年與皙兄書，「以我兄與弟久交」句，
　　「我」字應爲「吾」字；「弟自爲計」句，「弟」字下缺一
　　「今」字；「即加尊處」句，「加」字下缺一「入」字；「則
　　能相助者弟箇人之資格耳」句，應爲「則能相助者，惟弟箇
　　人之資格耳」；「則兩團體現時雖不能合併」句，「不」字
　　應爲「未」字；「夫今日我黨其力之單已甚」句，標點及文
　　字稍有小誤，應爲「夫今日民黨，其力之單已甚」；「毋寧
　　聽其各事發生」句，「事」字應爲「自」字；「此誠我輩最
　　痛心之事」句，「我」字應爲「吾」字；「可能的互相補助
　　是也」句，「能」字應爲「成」字；「即對于他日別成立之
　　黨派」句，「于」字應爲「於」字；「然我輩之理想自以網
　　羅一國中同主義之人」句，「我」字應爲「吾」字；「若因
　　其不與我輩結合之故而非排斥焉」句，應無「非」字。以上
　　均據《手跡》。

三、　梁譜頁 298，致美洲各埠帝國憲政會書，「弟向以事多不能兼
　　　顧」句，「顧」應爲「涉」；「當由港局報告」句，「當由」
　　　應爲「當別由」；「貶價必至虧本而後已」句，「貶價」下
　　　缺「則」字；「而其祖母九十餘歲」句下缺「父母皆七十餘
　　　歲」。以上均據《手跡》。

四、　同前揭書，頁 299，「近兩年來因力漸竭，減至九十元」句，
　　　應爲「近兩年來因力竭，漸減至九十元」；「諸君試想本局
　　　資本共有幾何」句，「想」應爲「思」；「而歷年積書資本
　　　及爲他事牽累所虧如此」句，「資」應爲「責」；「他種之
　　　書彼不能銷」句，「彼」應爲「雖」；「現今朝局能容弟一
　　　切不問盡全力著書否」句，應爲「現今朝局能容弟一切不問，
　　　盡全力以著書否」；「共約值六七萬餘金」句，應無「六」
　　　字；「乃由弟委任，非人所致」，應爲「乃由弟委任非人
　　　所致」；「若諸公公議謂必須弟填」句，「諸公」應爲「諸
　　　君」；「弟仍負責」句，「負責」應爲「負責任」。以上均
　　　據《手跡》。

五、　同前揭書，頁 300，「現聞各埠皆言弟無信，言及此事」句，
　　　應爲「現聞各埠皆言弟無信言及此事」；「或因事多不能兼
　　　顧」句，「顧」應爲「涉」。以上均據《手跡》。

六、　梁譜頁 405，民國元年十月五日與嫻兒書，「因風稍遲數小時
　　　乃到大沽」句，應爲「因風稍遲，數時乃到大沽」；「初生
　　　命且五晨十時到沽」句，應爲「初五晨十時到沽」；「船到
　　　埠後」句，「埠」應爲「步」。以上均據《手跡》。

七、　梁譜頁 406，民國元年十月八日與嫻兒書，「惟以子葉戲度日」

句，據《手跡》，「子葉」應爲「葉子」。

八、　梁譜頁 406，民國元年十月十一日與嫻兒書，「統計所核」句，「核」應爲「損」；「因初十在湖北開國紀念」句，「國」字下缺「慶」字；「大約一月內成立發表」句，右旁缺注「現甚祕密」；「思成病痊癒否」句，「痊」應爲「全」。以上均據《手跡》。

九、　梁譜頁 407，民國元年十月十三日與嫻兒書，「現所難支者」句，「支」應爲「處」；「兩黨員皆有哀鳴思戰鬥，迴立向蒼蒼之意」句，「兩黨員」應爲「兩黨黨員」；「雖人事難知」句，「雖」應爲「然」。以上均據《手跡》。

一〇、梁譜頁 407，民國元年十月十七日與嫻兒書，「連日多黨議合併大略就緒」句，「多」應爲「兩」；「祖父大人比來心緒如何」句，「心緒如何」應爲「心緒何似」；「宜常侍遊以慰岑寂」句，「遊」應爲「游」。以上均據《手跡》。

一一、梁譜頁 408，民國元年十月十八日與嫻兒書，「日來最困之問題」句，右旁缺注「大學總長亦是一難題，吾頗樂此，然國人不許我也」；「彼蓋深忌多黨之合併也」句，「多黨」應爲「吾兩黨」；「現都中各報記事」句，右旁缺注「論說時評」；「聞上海各報亦然」句，右旁缺注「擎一來述」；「終虛作痛也」句，應爲「終慮作病也」。以上均據《手跡》。

一二、梁譜頁 408，民國元年十月廿四日與嫻兒書，「已由汝兩叔彙齊」句，「齊」應爲「寄」；「平均每日來訪百人」句，應無「來訪」二字；「然亦無法矣」句，「矣」應爲「也」；「中有一二且致贊美之辭」句，「致」應爲「改」；「國民

心之勢可窺一斑」句，「之勢」應爲「之趨勢」；「頗思北京房子」句，「頗思」應爲「頗思念」；「吾初亦有遷北京之意」句，「遷」字下缺「居」字；「迫得我不隨意，買一二閒書來」句，應爲「迫得我不隨意買一二閒書」；「汝現在方治他學，暫不寄，如此百忙中，抽寫數紙，可持慰重堂」句，應爲「汝現在方治他學，暫不寄，何如？百忙中抽寫數紙，可持慰重，餘續聞」。以上均據《手跡》。

一三、梁譜頁 409，民國元年十月廿九日與嫻兒書，「吾到後已十餘處相迎口口之演說，本非甚佳，都以爲得未曾有，昨日總統府開歡迎會，國務員全體作陪」云云，應爲「吾到後已十餘處相迎矣，吾之演說本非甚佳，而都人以爲得未曾有。昨夕總統府開歡迎會，國務員全體作陪，自趙秉鈞、陸徵祥以下皆是先來謁見。吾除項城外，惟先拜剛甫耳，各都督來電歡迎者，已有十省」；「五點至六點即直隸公民會也」句，「即」應爲「則」；「聞彼見吾穿華裝起敬云」句，「吾」應爲「我」；「竟至初一乃能行」句，右旁缺注「究竟不識能行否」；「若以天津租屋」句，「租屋」應爲「屋租」；「須請汝母來布置矣」以下脫缺文字若干，完整應爲「則須請汝母來布置矣。匆匆寫數紙，俾汝得呈祖父奉慰一切」。以上均據《手跡》。

一四、梁譜頁 410，民國元年十二月一日與嫻兒書，「各報俱載」句，「俱」應爲「具」；「更恐鬧笑話」句，「更恐」應爲「恐更」；「吾乃掃其穢氣」應爲「吾乃一掃其穢氣」；「昨日吾自開一芥會於湖廣會館」句，「芥」應爲「茶」；「只須名之日李鴻章雜碎而已」句，「須」應爲「得」；「蓋各口

口皆請食西荼」句，「口口」應爲「團」字；「往來皆坐專車」句，「往來」應爲「來往」；「吾國火車大優於日本」句，「大」應爲「本」；「到京後來未嘗得一浴也」句，無「來」字；「然彼每日必須浴」句，無「須」字；「各種日用車馬費在外」句，「日用」應爲「食用」；「吾必稍安息乃行也」句，應爲「然吾必稍安息乃行也」；「當須歷游東南各省」句，「當」字應爲「尙」字；「居京則一身於賓客而已」句，「一」字應爲「賣」字；「黨成後項城許助吾二十萬」句，「吾」字應爲「我」字。以上均據《手跡》。

一五、梁譜頁412，民國元年十一月十三日與嫻書，「不知今年如何過法也」、「辭客散後」句，據《手跡》，應爲「不知今年作何過法也」、「群客散後」。

一六、梁譜頁412，民國元年十二月十八日與嫻兒書，「果爾則家計粗自足矣」，據《手跡》，應爲「果爾則家計粗足自給矣」。

一七、梁譜頁412，民國元年十二月二十日與嫻兒書，「終以戒斷爲善」句，「善」應爲「是」；「故念汝不能去懷，幾欲東渡月餘，謝絕一切，以自蘇息也」句，標點有誤，應爲「故念汝不能去懷，幾欲東渡，月餘謝絕一切，以自蘇息也」。以上均據《手跡》。

一八、梁譜頁414，民國二年二月廿日與嫻兒書，「吾頃爲時勢所迫」句，「時」應爲「事」；「惟我斷不欲組織第一次內閣」句，「我」應爲「吾」；「借款各路口絕」句，「口」應爲「俱」。以上均據《手跡》。

一九、梁譜頁414，民國二年二月廿七日與嫻兒書，「正月二十六日

都中有數十人來津」句，「二十六」應爲「廿六」；「但我
欲回請一次則所費不皆矣」、「我日來益忙」句，「我」應
皆爲「吾」。以上均據《手跡》。

二〇、梁譜頁 415，民國二年三月五日與嫻兒書，「國內種種紊亂腐
敗情狀，筆難能罄」句，「紊」應爲「棼」，「難」應爲「安」；
「我在此日與妖魔周旋」句，「我」應爲「吾」；「我生日
各人爲我慶祝」句，「我」應爲「吾」；「而廿七日之夕又
會談起來」句，「而廿七日」應爲「兩日、廿七日」；「以
我之地位」句，「我」應爲「吾」；「惟以憂患終其心而已」
句，「心」應爲「身」。以上均據《手跡》。

二一、梁譜頁 415，民國二年三月廿五日與嫻兒書，「第三十三號稟
悉」句，「三十」應爲「卅」；「我多日來爲政界惡現象所
刺激」句，應爲「吾兩日來爲政界惡現象所激刺」；「其所
指目之人第一爲元」句，「元」應爲「袁」；「我亦倍自攝
衛」句，「我」應爲「吾」；信末缺注「今日往友人處看了
一日古董，稍解煩襟」語。以上均據《手跡》。

二二、梁譜頁 415，民國二年三月廿七日與嫻兒書，「車中一切已佈
置嚴密」句，「佈」應爲「布」；「促我加愼」句，「我」
應爲「吾」；「吾行無險」下缺一「詖」字；「勿緣愛我廢
學致病」句，「愛」應爲「憂」；「今日得一頗妙之位置」
句，「日」應爲「思」；「原擬袁爲總理」句，「擬」應爲
「議」；「本不設」應爲「本不設長」；「刺宋之人」句，
右旁缺注「眞主使者陳其美也」。以上均據《手跡》。

二三、梁譜頁 415，民國二年四月十日與嫻兒書，「卅八號四十號稟

悉」應爲「卅八至四十號稟悉」；「衣裙等即帶去」句，右旁缺注「並汝師禮物」；「召集一時名士於萬牲園修禊賦詩」應爲「召集一時名士於萬生園續禊賦詩」；「有一老畫師爲我像，尚有二十年前名伶能彈琵琶者」，應爲「有一老畫師爲我繪圖，座尚有二十年前名伶能彈琵琶者」；「老宿咸集矣」句，左旁缺注「吾作七言長古一篇，頗得意，歸國後第一次作詩也」；「歸國來第一次樂事」句，無「次」字；「京、津第一幽勝地」句，應爲「京師第一幽勝地」；「我恨不得汝即日歸來」句，「我」應爲「吾」；「不知更作何狀」句，應爲「不審京師更作何狀」；「故我望汝速一睹此盛」句，「我」應爲「吾」；「法源寺主持今日來請往看牡丹丁香」句，「主持」應爲「住持」。以上均據《手跡》。

二四、梁譜頁 417，民國二年四月十二日與嫻兒書，「我第一次作詩也」，「我」應爲「吾」；「吾此詩殆壓卷矣」句，右旁缺注「汝將來可補作一首」；「方將盡南中名流各爲題詠」句，「盡」下缺「徵」字，此句右旁缺注「將裱成長手卷」；「有圖兩幅一爲姜□生畫一爲林琴南畫□□□□□□□□師也」句，應爲「有圖兩幅，一爲姜穎生畫，一爲林琴南畫，穎生年七十餘矣，當代第一畫師也」；「世人亦不復知有癸丑二字矣」句，「亦」應爲「恐」；「故我末聯云云」句，「我」應爲「吾」；「蘭亭集末句後之覽者」句，應爲「蘭亭序末句云後之覽者」。以上均據《手跡》。

二五、梁譜頁 418，民國二年四月十八日與嫻兒書，「我黨敗矣」、「我雖爲壯語解之」、「我本不欲告汝，但寫信亦略解我煩

憂也」各句，「我」皆應爲「吾」；「冗冗枯坐而已」句，「冗冗」應爲「兀兀」；「恐黨人終不許我耳」句，右旁缺注「所謂黨人者，共和黨也，民主鬼，吾恨之刺骨」；「「我之地位更無何逃避」句，「何」應爲「所」。以上均據《手跡》。

二六、梁譜頁 418，民國二年四月廿二日與嫻兒書，「吾昨日不嘗有書與汝」句，「吾」應爲「我」；「不料我書到京」句，「我」應爲「此」；「我本以該信登報」句，「信」字下有「命」字；「總統府立刻乞求各報勿登」句，「乞」應爲「先」；「我尙未應之」句，「我」應爲「吾」。以上均據《手跡》。

二七、梁譜頁 419，民國二年四月廿三日與嫻兒書，「數日來以我微示隱退之意」句，「我」應爲「吾」，「隱」應爲「引」；「五月二十一日吾必在津俟若曹也」句，「二十」應爲「廿」。以上均據《手跡》。

二八、梁譜頁 419，民國二年四月廿九日與嫻兒書，「行資當無缺耶」句，據《手跡》，「資」應爲「貲」。

二九、梁譜頁 447，民國四年陰曆二月與嫻兒書，「有哭蛻文詩一首」句，據《手跡》，「文」應爲「丈」。

三〇、梁譜頁 451，民國四年五月一日與嫻兒書，「此間人莫不咋舌歎美」句，應爲「此間人殆莫不咋舌歎美」；「鄉中仍演劇三日」句，右旁缺注「兵艦五隻護送」。以上均據《手跡》。

三一、梁譜頁 451，民國四年五月三日與嫻兒書，「坐客咸羨也」句，「坐」應爲「座」；「今日爲二十日七點鐘，即乘船返茶坑矣」句，標點有誤，應爲「今日爲二十日，七點鐘即乘船返

茶坑矣」；「沿途山山輝媚」句，「山山」應爲「山川」；「我於其間謁祠掃墓」句，「我」應爲「吾」。以上均據《手跡》。

三二、梁譜頁 451，民國四年五月十一日與嫻兒姊弟等書，「誦趙王陀於今抱孫之句」句，「陀」應爲「佗」；「我篤愛之」及「我日間尚擬往慰問之也」句，「我」皆應爲「吾」；「彩鸞家尚好」句，「家」字下缺「事」字；「因有款在中國銀行」句，「因」字下缺「爲」字；「德叔尚在鄉須待其來也」句，應爲「現汝德叔尚在鄉，須待其來也」。以上均據《手跡》。

三三、梁譜頁 454，民國四年六月五日與嫻兒書，「到滬得五月十一、廿二日兩稟」句，原件無「日」字；「三月十九日俗稱爲月初誕」句，據《手跡》，應爲「三月十九日俗稱月神誕」。

三四、梁譜頁 454，民國四年六月十一日與嫻兒書，「憩游三日」句，「游」應爲「滬」；「環杭諸勝已行得六七」句，「行」應爲「什」；「聞錢塘潮壯觀不減疇昔」句，「昔」應爲「曩」；「皆以萬株，計汝曹生長島國，甯能夢想此境也」句，應爲「皆以萬株計，汝曹生長島國，寧能夢想此境耶」；「惟箱根僅以溪勝」句，「溪」下缺「瀑」字；「我已屬彼間縣令爲我購千百畝」句，「我」應爲「吾」，此句右旁缺注「亦欲在湖濱購千餘畝」；「再過金陵」句，「過」應爲「詣」。以上均據《手跡》。

三五、梁譜頁 455，民國四年舊曆五月三日與嫻兒書，「在杭境作十日淹留」句，「境」應爲「竟」；「天氣大熱」句，「大」

應爲「太」；「吾北行恐不能不安居也」句，「不安居」應爲「久安居」。以上均據《手跡》。

三六、梁譜頁 456，民國四年六月十四日與嫻兒書，「我在杭淹留十日」及「我所至受最豐備之供帳」句，「我」均應爲「吾」；「泰山之行秋以爲期也」句，「也」應爲「矣」。以上均據《手跡》。

三七、梁譜頁 456，民國四年八月十九日與仲弟書，「今日本爲起草委員入謁元首之期」句，據《手跡》，「委」應爲「會」。梁譜及《手跡》均以爲此信是寫給梁思順的，都不對；應是寫給其弟梁啓勳。參見本書〈學術的良知和嚴謹——梁啓超年譜和手跡校讀感言〉一文。

三八、梁譜頁 456，民國四年八月廿二日與嫻兒書，「昨日覺頓來」句，下缺「今柳溪來」；「吾此後擬仍出席於起草會」句，右旁缺注「若不出席反有嫌疑」；「大約此半年中可望無他異動」句，右旁缺注「此會或亦有關係，星期五吾當一入京也，或再遲一星期乃來亦未定」；「茲景絕佳」句，「絕佳」應爲「佳絕」；「我旬日來寫字極多」句，「我」應爲「吾」。以上均據《手跡》。

三九、梁譜頁 457，民國四年八月廿三日與嫻兒書，「將我所著書報取一全份來」句，應爲「屬將吾所著……」；「無論整部零冊」句，右旁缺注「如政治論集之類，六大政治家之類皆要」；「我定不忍坐視此輩鬼蜮出沒」句，應爲「吾實不忍坐視此輩鬼蜮出沒」；「除非天奪我筆」句，「我」應爲「吾」。以上均據《手跡》。

四〇、梁譜頁 461，民國四年十二月十九日與嫻兒書，「大約惟有一步不出」句，右旁缺注「吾御西餐旬餘，苦不可狀，登陸急欲往吃小館子，同人聞之失色，群起相沮」；「昨日半日中三次遣人來強迫我遷往彼處」句，「迫」應爲「逼」，此句右旁缺注「吾未往見，適因昨日下午彼召靜生往，不得不告之」；「同人皆不放心」句，右旁缺注「彼等薦用人皆覺躊躇，任發不善與彼輩爲緣，恐薦來者不能相安」；「我身邊事無人料理」及「我今處此艱危且不便之境」句，兩「我」字皆應爲「吾」；「女傭即帶大喜」句，「即」應爲「則」；「家人固不容於跋涉爲憚也」句，「於」應爲「以」。以上均據《手跡》。

四一、梁譜頁 461，民國四年十二月廿九日與嫻兒書，「家中既未開」句，「開」下缺「爨」字；「我每日起甚早」句，「我」應爲「吾」；「房子甚大」句，右旁缺注「孟希回津，想已見，彼行時尚有一僕，今亦開銷，僅餘任發耳」；「每日茶水之矜貴殆爲甘露」句，「爲」應爲「如」；「我一步不出門」句，應爲「吾一步不出門、不下樓」；「且客僅現十人以內」句，「現」應爲「限」；「我某日作文甚多」句，「我某」應爲「吾每」，「作文」右旁缺注「發信」；「若崔林至，即任發可專任守夜」句，應爲「若崔林至，則……」。以上均據《手跡》。

四二、梁譜頁 468，民國五年一月廿四日與嫻兒書，「知汝母復元加健」句，「知」應爲「悉」；「吾決廿八日東渡」句，應無「日」字；「盼其於我行前必到」句，「我」應爲「吾」；

　　「書未順告」句，「未」應爲「來」；「吾已回書往促」句，
　　「回」應爲「四」。以上均據《手跡》。

四三、梁譜頁 471，民國五年二月八日與嫻兒書，「眞是此身一險運」
　　句，「身」應爲「生」；信末缺注「此書鈔示成、永兩兒，
　　原紙嫻兒保之」。以上均據《手跡》。

四四、梁譜頁 471，民國五年二月十七日與嫻兒書，「此後擬不復用
　　從役」句，「從」應爲「僕」；「廷獻現在入學校」句，應
　　爲「廷獻現所入校」；「屆時各教員鳥獸散矣」句，「教員」
　　下缺「必」字；「此本是北定中原計畫」句，應爲「此本是
　　北中原定計畫」。以上均據《手跡》。

四五、梁譜頁 472，民國五年二月廿八日與嫻兒書，「二十日稟悉」
　　句，右旁缺注「八日乃到，甚遲遲矣」；「吾仍不久圖南」
　　句，「不」應爲「非」；「此間人詢謀僉同」句，「人」應
　　爲「同人」；「待吾行時即令彼行」句，「時」應爲「後」；
　　「最錯一著是任老太太來」句，「任老太太」上缺一「帶」
　　字；「吾初時老太太當差不妥」句，「初」應爲「起」，「當
　　差不妥」右缺注「因閱數時不掃房間」；「今日我壽辰」句，
　　「我」應爲「吾」。以上均據《手跡》。

四六、梁譜頁 473，民國五年三月三日與嫻兒書，「因吾寓左右有偵
　　者四布」句，無「有」字；「忽然盡室而行」句，「然」應
　　爲「焉」；「釘裝完成當交存王姨處」句，「成」應爲「後」；
　　「爲他日紀念」句，「他」應爲「生」。以上均據《手跡》。

四七、梁譜頁 476，民國五年三月七日橫濱丸舟次與嫻兒書，「抵目
　　的地總在二十一、二日也」句，據《手跡》，無「日」字。

四八、梁譜頁 476，民國五年三月十二日香港橫濱丸舟中與嫻兒書，
　　　缺注語「有唐莫賡三書由香港收到者，既不能帶行，又不欲
　　　燬之，故封寄，可保存之作紀念，此書及莫書皆交仲父及季
　　　丈一閱」；「我於初八日到香港」句，「我」應爲「吾」；
　　　「吾最喜海行，此行乃殊，不得享海行之樂」句，標點有誤，
　　　應爲「吾最喜海行，此行乃殊不得享海行之樂」；「初時我
　　　決意冒險由梧州往」句，「我」應爲「吾」；「故行極難」
　　　句，「極」應爲「獨」；「今再省去」句，「省」應爲「屛」；
　　　「彼無從捉摸也」句，「也」應爲「耳」；「信內加封寫家
　　　大人啓思順字樣」句，「思順」下缺「託」字。以上均據《手
　　　跡》。

四九、梁譜頁 479，民國五年三月十八日自越南冒溪與嫻兒書，缺注
　　　語「日記呈仲父及季丈一閱」；「文辭亦頗斐亹可觀矣」句，
　　　「頗」應爲「致」。以上均據《手跡》。

五〇、梁譜頁 479，民國五年三月二十日由帽溪山莊與嫻兒書，「飢
　　　極」下缺「則時亦覺甘」等字；「不見日記則不知吾此書作
　　　何解也」句，「解」應爲「語」；「稍淹信宿」句，右旁缺
　　　注「吾深負雲南人，彼中定怨我矣」；「吾此時深望吾愛女」
　　　句，「望」應爲「念」；「安得汝飛待我旁耶」句，「待」
　　　應爲「侍」；此信末缺注「孟曦昨日至海防，即夕入雲南，
　　　覺頓早安抵梧州」。以上均據《手跡》。

五一、梁譜頁 479，民國五年三月廿一日與嫻兒書，「又一日不御捲
　　　矣」句，「煙」應爲「菸」；「安能使我適者」、「此我學
　　　養不足之明證」及「睡後我明日必以力自振」句，三「我」

字均應爲「吾」字。此信末缺注「此間寄書殊不易，吾且作
此留之，明日或更有所作，積數紙乃寄也，吾今日已甚好，
已著手著書，可勿念」。以上均據《手跡》。

五二、梁譜頁 480，民國五年三月廿五日帽溪山莊發與嫻兒書，「此
書真我生絕好紀念也「句，據《手跡》，「我生」下缺「之」
字；又此信《手跡》編者考訂爲民國十年（1921 年）所寫，誤
也，詳見本書〈學術的良知和嚴謹——梁啓超年譜和手跡校
讀感言〉一文。

五三、梁譜頁 480，民國五年三月廿六日與嫻兒書，「並思家人之念
亦不暇起矣「句，據《手跡》，無「人」字；又此信《手跡》
編者考訂爲民國十年（1921 年）四月廿六日所寫，誤也，詳見
本書〈學術的良知和嚴謹——梁啓超年譜和手跡校讀感言〉
一文。

五四、梁譜頁 482，民國五年四月初三晚廣西第六號巡輪發與嫻兒書，
「黃孟犧皆往滇未返也」句，「犧」應爲「義」；「翌晨破
曉即首途赴龍州」句，右旁缺注「廿八日」；「吾馳到時日
未晡也」句，應爲「吾馳馬行時，日未晡也」；「皆懸旗燃
爆歡迎」句，「燃」應爲「然」；「於翌晨午前臨菹」句，
「臨菹」應爲「往菹」；「矮篷貨船與軍士同縱橫臥一艙中」
句，右旁缺注「共兩艘」。以上均據《手跡》。

五五、梁譜頁 483，民國五年四月六日與嫻兒書，據《手跡》，「書
到時報吾已在粵矣」句，「報」應爲「想」。

五六、梁譜頁 485，民國五年四月廿七日與嫻兒書，「無片刻暇晷以
及家書事也」句，應無「書」字；「吾現住肇慶」句，「住」

應爲「駐」；「吾精神甚旺」句，「旺」應爲「王」；「極
欲覓清淨之地」句，「淨」應爲「靜」。以上均據《手跡》。

五七、梁譜頁 491，民國五年五月三日與嫻兒書，據《手跡》，此信
缺注「王姨即遣來滬，在滬待我歸，已租定住宅，到滬時往
周家問詢便得，此事極要」。

五八、梁譜頁 498，民國五年六月廿六日與思成、思永書，「汝等學
業近如何」句，「如何」應爲「何如」；「不過一種虛僞耳」
句，下缺「可告友仁」。以上均據《手跡》。

五九、梁譜頁 498，民國五年七月十四日示思順書，「經已抄完」句，
據《手跡》，「抄」應爲「鈔」。

六〇、梁譜頁 542，民國七年二月十九日與季常七兄書，「陰曆二十
五日歸」句，「二十五日」應爲「廿五」；「日日掃徑以待」
句，「待」應爲「俟」。以上均據北大善本室所藏原件。

六一、梁譜頁 543 及頁 544，民國七年五月七日與季常七兄書，「雪
舫近況如何」句，據北大善本室所藏原件，「況」應爲「狀」。
原件日期作「十日」，梁譜作「七日」，誤也。又原件信末
附書有「晨得歸化電，贊侯溘亡，想罹疫厄，可痛也」句，
梁譜未錄。

六二、梁譜頁 546，民國七年九月八日致季常足下書，「或竟可全愈
也」句，據北大善本室所藏原件，「也」應爲「矣」。

六三、梁譜頁 546，民國七年九月十二日與季常七兄書，「田村前尚
言恐須以藥鍼吸取肋膜之水」句，據北大善本室所藏原件，
「肋膜」下缺「中」字。

六四、梁譜頁 541 云「十月國內和平統一運動起，南北名流有和平

促進會之組織」，頁 547 則云「二十三日熊希齡等通電發起
和平期成會」，同頁引十月二十六日『申報』云「日來在野
名流，有平和期成會之組織「，可見此組織名稱頗不一致，
有稱「和平促進會」，或稱「和平期成會」，或稱「平和期
成會」，固有梁任公一信原件書作「平和促進會」，今查周
秋光編《熊希齡集》（中冊，頁 1239，湖南出版社，1996 年 11 月第一
版）收錄有一九一八年十月二十三日【擬組織和平期成會與蔡
元培、張謇等致全國各界通電】電文，則應以熊希齡電文所
言名稱爲是。

六五、梁譜頁 551，民國七年十二月十日與思順書，「已決乘橫濱丸
於本月二十九日自上海首途」句，據《手跡》，「二十九」
應爲「廿九」。信末有「成、永、忠成績皆甚優」一語，梁
譜缺錄。

六六、梁譜頁 554，民國八年一月十三日與嫻兒書，「次即汎覽東籍，
約兩三日竟一冊」句，「竟」應爲「盡」；「抵新嘉坡時有
領事作嚮導」句，「新嘉坡」應爲「星加坡」。以上均據《手
跡》。

六七、梁譜頁 555，民國八年二月十一日橫濱丸舟中與嫻兒書，「餘
日則打球下棋」句，「球」應爲「毬」；「登陸後恐無復此
樂也」句，「也」應爲「矣」。信上首頁上端空白處有「此
行橫斷地中海，出直布羅陀峽，沿大西洋岸而行，餘舟所罕
經也」等語，梁譜未錄。以上均據《手跡》。

六八、梁譜頁 560，民國八年六月十六日由劍橋大學校長室與嫻兒書，
「十五日遊愛丁堡名勝，夜半返倫敦」句，「半」應爲「車」；

「十七日返倫敦」句，「日」應爲「晚」；「十九日赴中央協會歡迎會」句，「央」應爲「英」；「君能否紹介我一見」句，「紹介」應爲「介紹」；「蓋人得爵位後」句，應爲「蓋英人……」；「其校長只一挂名而已」句，應爲「其校長戴一皇族，挂名而已」。以上均據《手跡》。

六九、梁譜頁 564，民國八年十一月五日與嫻兒書，「不勞遠念也」句，「遠」應爲「懸」；「吾尙可續檢寄汝」句，「續」應爲「再」；「多有從幾處使館輾轉轉來」句，下缺「者」字；「決計作罷」句，「計」應爲「意」；「好在汝後年春間決意回家」句，「汝」下缺「於」字；「然各使無一能辦到」句，「使」應爲「館」；「意大利使館添置傢俱五千元」句，「傢俱」應爲「家具」；「經總長面許乃辦後部中駁了」句，應爲「經總長面許乃辦，辦後部中駁了」；「吾自寄汝母嘗後」句，「嘗」應爲「書」；「前鼎甫所任職，由彼三人分任之」句，應爲「前鼎甫所任職役，彼三人分任之」；「觀重陽繞過」句，「觀」應爲「現」；「夜間寫遊記」句，「寫」應爲「作」。以上均據《手跡》。

七〇、梁譜頁 565，民國八年十二月二日與嫻兒書，「現已定陽曆正月二十二日船期」句，「二十」應爲「廿」；「若陰曆正月杪可到家矣」句，「若」應爲「約」；「一來復後便往由德國」句，「由」應爲「遊」；「准陽曆正月十五前返巴黎」句，「准」應爲「準」；「船在安南停泊，約一兩日」句，應爲「船在安南停泊一兩日」。以上均據《手跡》。

七一、梁譜頁 596，民國十年五月十六日與嫻兒書，「輒爲著書之念

所奪」句，「念」應爲「興」；「望鼓勇得心以應之」句，「得」應爲「平」；「聊書數項」句，「項」應爲「行」。此信末有「王姨似有病，且病似不輕，聞日內汝母令之往北京就醫」等語，梁譜未錄。以上均據《手跡》。

七二、梁譜頁 623，民國十一年十一月十七日復季常書，「實出情理之外」句，據北大善本室所藏原件，無「之」字。

七三、梁譜頁 624，民國十一年十一月廿三日與思成、永、忠書，原件附有小注「彼已屢次反對我太不惜精力，彼言如此必鬧到腦充血云云」等語，梁譜未錄。

七四、梁譜頁 626，民國十一年十二月八日與思順書，「我說那麼我還是陰曆年終走」句，「年」下缺「底」字。此信末《手跡》有「你看晨報和時事新報沒有？若看，應該看見我許多文章」等語，梁譜未錄。

七五、梁譜頁 631，民國十二年一月七日與思順書，「只有五次講義演完就走」句，「演」應爲「講」；「最要緊是多睡覺」句，右旁缺注「也願意」；「要和別學校競爭出到千元報酬」句，應爲「要和別的學校競爭，出到千元一月之報酬」。以上均據《手跡》。

七六、梁譜頁 634，民國十二年一月十五日與思順書，據《手跡》信末有「難得這一點時候，沒有事沒有客，所以寫這幾張」等語，梁譜未錄。

七七、梁譜頁 643，民國十二年五月十一日翠微山秘魔巖與思順書，「你看第一封信」句，應爲「你看見我第一封信」；「你接到後思永現已出院了」句，應爲「你接到沒有？思永現已出

院了」；「所以汝母並不著急」句，「不」應爲「未」；「親自入總統府見黃陂請責之」句，「請」應爲「詰」。以上均據《手跡》。

七八、梁譜頁646，民國十二年六月十三日與思順書，「連接汝多書」句，「多」應爲「兩」；「吾書乃皆徽音代筆書，晚到數日」句，應爲「吾書乃比徽音代筆書晚到數日」。以上均據《手跡》。

七九、梁譜頁647，民國十二年七月十三日致季常書，「松館日內當即寫」句，據北大善本室所藏原件，「館」與「日」之間脫「記」字。

八〇、梁譜頁648，民國十二年八月廿二日與思順書，據《手跡》，「我明晨六點鐘車入京」句，右旁有注「近來總是搭這躺最早的車」，梁譜未錄。

八一、梁譜頁649，民國十二年九月六日與思順書，據《手跡》，「最可惜長綬卿葬送了」句，「綬」應爲「壽」。

八二、梁譜頁650，民國十二年十一月五日與思順書，「昨日松坡圖書館成立」句，「日」應爲「天」；「想不起來了」句，下缺「哦，想起來了」；「但總是間接的愛」句，右旁缺注「該打」；「我希望往後你弟弟妹妹們都如此」句，「們」下缺「個個」二字；「但天下人能有幾個像我這樣脾氣呢」句，「樣」應爲「種」；此信末有「這兩箇字是王右軍給他兒女信札的署名法」等字，梁譜未錄。以上均據《手跡》。

八三、梁譜頁654，民國十三年二月二日與思順書，「因爲印度大文學家泰戈爾四月間來」句，「泰戈爾」應爲「太戈介」；「你

回來再和他們算賬罷」句，「賬」應爲「帳」；此信末有注「我過了年，還當入京講學去」一語，梁譜未錄。以上均據《手跡》。

八四、梁譜頁 655，民國十三年三月七日與季常書，「獨泰戈爾房須別覓」句，「泰戈爾」應爲「太戈介」；「請你託幼山或仲張一問何如」句，「張」字應爲「恕」字。以上均據北大善本室收藏原件。

八五、梁譜頁 658，民國十三年四月十六日與順兒書，「不悉你媽媽的病近日變化何如」句，「悉」應爲「審」；「差不多夜夜都做到天明亮」句，應無「明」字；此信末有「王姨前兩日又下血又吐血，吐血已止，我叫他入京看，他說不要緊，說懷思永時也如此，又說坐火車勞頓，到底不肯去，只好聽他」等語，梁譜未錄。以上均據《手跡》。

八六、梁譜頁 660，民國十三年六月七日與季常書，「正欲函詢開館情形」句，「館」與「情」之間脫「後」字；「旬日後當入京耳」句，「耳」應爲「一行」；此信末原注有「四郎何如，至念」句，梁譜未錄。以上均據北大善本室收藏原件。

八七、梁譜頁 661，民國十三年六月廿四日由湯山與季常足下書，據原件，此信末有「此間水不適研墨，所書殊有怪色」句，梁譜未錄。

八八、梁譜頁 666，民國十四年二月十三日致季常先生書，「餘曩又爲兒曹講學」句，「學」字應爲「誦」字；「並尊處亦久未通問矣」句，「未」字應爲「不」字；「惟溯初尙有他方面進行」句，「他」字應爲「它」字；「焦急之至」句，「急」

字應爲「念」字。以上均據北大善本室收藏原件。

八九、梁譜頁 667，民國十四年三月四日致季常先生書，「惟就時勢論」句，據北大善本室收藏原件，「時」字應爲「事」字。

九〇、梁譜頁 667，民國十四年三月七日致季常足下書，「並持示印遠髯及宰平代我細細推敲」句，據北大善本室收藏原件，無「遠」字。

九一、梁譜頁 668，民國十四年四月十七日與思順、思莊書，「趁硯台餘墨寫這兩紙寄你們」句，據《手跡》，「台」字應爲「臺」字。

九二、梁譜頁 669，民國十四年五月一日與順兒書，據《手跡》，梁譜缺錄此信末文字有六行之多，茲迻錄如下：「瞻兒的字，叫他好生寫，別要辜負美材。桂兒能在暑假內叫他讀論語，最好。斐兒有什麼特別玩意，報告我，博千里一笑。貴親家越發淘氣了，穿著夾衣跳躂得多，成天價笑，滿嘴亂說，再過一個月等我把他剃得精光，照幅相寄你們。我現在起得極早。保險單款已還一萬」。

九三、梁譜頁 676，民國十四年七月十日給孩子們書，「今天接著大寶貝五月三日來信」句，應爲「今天接著大寶貝五月九日、小寶貝五月三日來信」；「你們也可以享受快樂」句，右旁缺注「把這行小字塗了罷，免得你們易猜」；「所以有加拿大預備像更好」句，「有」字應爲「在」字；「是唐太宗賜的馬」句，「馬」字應爲「名」字；「這回上海事傳純是共產黨預定計畫」句，應爲「這回上海事件，純是共產黨預定計畫」。以上均據《手跡》。

九四、梁譜頁 678，民國十四年八月三日給孩子們書，「對岸一大群
　　　孩子們」句，應為「對岸一大群可愛的孩子們」；「臉上手
　　　上都晒成黑漆了」句，「黑漆」應為「漆黑」；「若墳內用
　　　石門四扇」句，「墳」字應為「壙」字；「我想四周用塞門
　　　德灰呢」句，「呢」字應為「泥」；「現在有一件事和希哲、
　　　思順商量」句，「事」字下缺「想」字；「還沒有肯讓」句，
　　　「有」字應為「人」字；「最少亦還有十多年好用」句，「最」
　　　字上缺「計」字；「我們若轉賣也不致虧本」句，「也」字
　　　下缺「決」字；「所以我很想買它」句，「它」字應為「他」
　　　字；此信梁譜缺錄後半部分有十行之多，茲迻錄如下：「瞻
　　　兒有人請寫對子，斐兒又會講書，真是了不得。照這樣下去，
　　　不久就要比公公學問還高了，你們要什麼獎品呢？快寫信來，
　　　公公就寄去。達達快會鳧水了，做三姊的若還不會，仔細他
　　　笑你哩。老白鼻來北戴河前幾天，就把『鴉片煙』戒了，一
　　　聲也沒有哭過，真是乖，但他至今還不敢下海，大約事怕冷
　　　吧。三姊白了許多，小白鼻紅了許多，老白鼻卻黑了許多了，
　　　昨天把禿瓜瓜越發剃得禿，三姊聽見又要嘔氣了。今天把親
　　　家送的絲襪穿上，有人問他『親家送的襪子』，他便捲起腳
　　　來，他這幾天學得專要在地下跪，扶著我的手杖充老頭，恐
　　　怕不到兩天便變成泥襪了。思成、思永到底來了沒有？若他
　　　們不能越境，連我也替你們雙方著急。現在已到打牌時候，
　　　不寫了。」以上均據《手跡》。

九五、梁譜頁 680，民國十四年八月十六日與順兒書，「只是這回交
　　　涉太可憐了」句，「憐」字應為「惜」了；「看這首詞，可

以略知我心事了」句，前有小詞，梁譜缺錄，茲迻錄如下：
「乍有荒蛙鬧曲池，更甚鳴砌露蛩悲，隔林辜負月如眉。坐
久漏籤催倦夜，歸來長簟夢佳期，不因無益廢相思。右調浣
溪沙。李義山詩直道相思了無益」；「在院子裏稍爲散步」
句，應無「裏」字；「所以每天倒床便睡覺」句，「覺」字
應爲「著」字；「十點鐘前後睡」句，應無「鐘」字；「七
個人在七個驢上」句，「驢」字下缺「子」字；「這故事我
勸他們登在特國週報裏」句，「這」字下缺「段」字；「把
園中的惡木砍了一百多棵」句，右旁缺住「其實不甚惡—都
是洋槐，若在天津，一棵總值幾元」；「不到一刻工夫便在
樹底籐床上酣睡」句，「刻」字應爲「會」字；「港、澳交
通斷絕」句，「澳」字應爲「粵」字。以上均據《手跡》。

九六、梁譜頁 683，民國十四年九月十三日給孩子們書，「我搬到清
華已經五日了」句，右旁缺注「住北院教員住宅第二號」；
「王姑娘又未來」句，右旁缺注「因待送司馬懿入學」；「大
半也是我自己找著急」句，「急」字應爲「忙」字；「我很
覺忙得有興」句，「興」字下缺「會」字；「稍爲舒服的」
句，「的」字應爲「點」字；「叫忠忠們向二叔磕幾個頭叩
謝」句，應無「個」字；此信末有「晚飯後用腦便睡不著，
奈何，奈何」等字，梁譜未錄。以上均據《手跡》。

九七、梁譜頁 683，民國十四年九月二十日與思順等書，「開塘深至
二丈」句，「塘」字應爲「壙」字；「初時本擬九月乃葬」
句，「九月」上缺「舊曆」二字；「八月十五日晨八時周年
祭」句，「八時」下缺「舉行」二字；「汽車極動」句，「極」

字應為「振」字;「屆時我及親友只送到西便門便返」句,左旁缺注「用相當的儀仗,出西便門後改小槓」;「雖稍費足使汝輩心安」句,應為「雖稍費,然足使汝輩心安」;「乃出情理之外」句,應無「之」字。以上均據《手跡》。

九八、梁譜頁 693,民國十五年一月五日與思成書,「初二晨得續電」句,右旁缺注「立刻電告你,並發一信,想俱收。徽音有電來問現在何處,電到時此間已接第二次凶電,故不覆」等語;「死時無大痛苦」句,「時」字下缺「當」字;「營口公司被張作霖監視中」句,右旁缺注「現正託日本人保護,聲稱已抵押日款,或可倖全」等語;「此後兒女教育更不知從何說起」句,應為「此後兒女教育費更不知從何談起」;「託醒□及王熙農、卓君庸三人專司執行」句,□應為「樓」字;「倘若家裏那幾種股票還有利息可分」句,右旁缺注「恐怕最靠得住的幾個公司都會發生問題,因為在喪亂如麻的世界中,什麼事業都無可做」等語;此信末有「今日林宅成服,我未到,因校中已缺課數日,昨夕回校上堂」等語,梁譜未錄。以上均據《手跡》。

九九、梁譜頁 694,民國十五年二月九日給孩子們書,「我立刻戴著出門」句,「戴」字上缺「就」字;「我看出院後如何再說」句,「出」字應為「住」字;「精神氣體一切如常」句,「氣體」應為「體氣」:此信末有「小白鼻真乖,居然認得許多字,老白鼻一天到黑手不釋卷,你們爺兒倆都變成書獃子了。菲律賓來單一張寄去」等語,梁譜未錄。以上均據《手跡》。

一○○、梁譜頁 695,民國十五年二月十八日給孩子們書,「用折光

鏡從尿道中插入檢查」句，「尿」字應爲「溺」字；「體子
終不免吃虧也」句，「終」字應爲「總」字；「因爲你是提
高一年」句，「是」字上缺「原」字；「共千五元」句，應
爲「共一千五百元」；「但在學堂裏總須放兩三個月假」句，
「兩三」應爲「三兩」。以上均據《手跡》。

一〇一、梁譜頁 695，民國十五年二月廿七日給孩子們書，「一定又
著急又心痛」句，「痛」字應爲「疼」字；「他在旁邊看著
出了一身大汗」句，「看」字下缺「得」字；「既是膀胱無
病」句，「膀胱」下缺「裏」字；「於是醫生當作微血管破
裂醫治」句，應無「微」字，且右旁缺注「極細微的」；「每
日來看病的絡繹不絕」句，「的」字下缺「人」字；「但城
裏流行病極多」句，右旁缺注「廷燦染春溫病極重」；「大
約三、五日後動身」句，「後」字應爲「便」字；「他的叔
叔說舊曆十二月十五日有長信報告情形」句，「長」字應爲
「詳」字；「都跟著我三幾年」句，應爲「都跟我在家裏三
幾年」；原信末有「正在偷偷寫信，被克禮闖進來看見，又
嘮叨了好些話，不寫了」，梁譜缺錄。以上均據《手跡》。

一〇二、梁譜頁 696，民國十五年三月十日給孩子們書，「我這封信
寫來最有趣」句，「來」字應爲「得」字；「現在還是檢查
診斷時期」句，「檢查診斷」應爲「診斷檢查」；「可惜在
德國醫院耽擱日子」句，「耽擱」下缺「許多」二字；「昨
晚院中各科專門醫生分途來檢查我的身體」句，「途」字應
爲「頭」字。以上均據《手跡》。

一〇三、梁譜頁 698，民國十五年四月十九日給孩子們書，「四日前

四城禁閉」句，「四城」應爲「回城」；「現每日仍僅開一
兩次半個鐘頭耳」句，應爲「現每日仍僅開一兩次，每次半
個鐘頭耳」。以上均據《手跡》。

一○四、梁譜頁 699，民國十五年六月五日與順兒書，「我現在還想
你們把你們的意思詳說」句，應爲「我現在還想你，把你們
的意思詳說」；「你們的話完全不對題」句，「們」字應爲
「問」字；「從醫院看護婦到廚子打雜每人都求了一把」句，
「院」字應爲「生」字；「中間因醫生未得病源」句，應爲
「中間醫生因未得病源」；「餓得我像五台山上的魯智深」
句，「台」字應爲「臺」字；「出院後更不容說了」句，「容」
字應爲「用」字；「一點鐘以上的演講已經講過幾次了」句，
「講過」應爲「演過」；「四月廿日前後還像沒有復原的樣
子」句，「廿日」應爲「二十」；「現在還不能十分休息」
句，右旁缺注「正在將近畢業」；「我說我令自己節制」句，
「令」字應爲「會」字；「許久沒有寫信給成、永們」句，
「沒有」下缺「另」字；原信末有「老白鼻會唱蒲萄美酒了，
眞乖得好頑」，梁譜未錄。以上均據《手跡》。

一○五、梁譜頁 703，民國十五年八月十六日與思忠書，「北戴河水
土不宜」句，「北」字上缺「想」字；此信末有「計期此信
尚能趕及放洋前耶」句，梁譜未錄。以上均據《手跡》。

一○六、梁譜頁 704，民國十五年八月二十二日給大小孩子們書，「後
來加減一兩位藥」句，「位」字應爲「味」字；「我現仍小
心靜養」句，「我」字應爲「吾」字；此信末有「這封信專
報告病之肅清，不說別的」句，梁譜未錄。以上均據《手跡》。

一〇七、梁譜頁 705，民國十五年九月四日給孩子們書，「昨天已不
　　　　紅」句，「天」字應爲「日」字；「只要沒有特別刺激」句，
　　　　「特別」應爲「別事」；「在京還有許多事要辦理」句，「京」
　　　　字下缺「城裏」二字；「屢屢說想是銜氣吧」句，「銜」字
　　　　應爲「衝」字。以上均據《手跡》。

一〇八、梁譜頁 705，民國十五年九月十四日給孩子們書，「王姨奉
　　　　細姑亦以是日從天津來」句，「姑」字應是「婆」字；「北
　　　　陵二號之屋只四人住著」句，「陵」字應爲「院」字；「他
　　　　入京當向協和及克禮等詳細採索實情云云」句，「採」字應
　　　　爲「探」字；「他很責備協和粗忽人命爲兒戲」句，「粗忽」
　　　　下缺一「以」字；「他們爲讓短起見」句，「讓」字應爲「護」
　　　　字；「現在連德才證明他們的謊語了」句，「語」字應爲「話」
　　　　字；「一切勞作比從前折半」句，應無「從」字；「令我又
　　　　謝不能」句，「又」字應爲「欲」字；「趕緊頒佈」句，「佈」
　　　　字應爲「布」字；「頭一件要王亮疇擔任」句，「疇」字應
　　　　爲「儔」字；「是館長總攬全權事務」句，「權」字應爲「館」
　　　　字；「如王亮儔、王崧生等皆來擔任功課」句，「王崧生」
　　　　應爲「劉崧生」；「我也可以給他二百元的事辦」句，「事」
　　　　字下缺「去」字；「研究院有新生三十餘名」句，應爲「研
　　　　究院新生有三十餘名」；「我自從入醫院後」句，右旁缺注
　　　　「從入德醫院起」；此信末原有十餘行，梁譜未錄，現逐錄
　　　　如次：「希哲叔任智利的事，已和蔡耀堂面言，大約八九可
　　　　成，或者這信到時已發表亦未可知，若未發表，卻恐是無望
　　　　了。思順八月十三日信，昨日在清華收到。忠忠抵美的安電，

　　王姨也從津帶來，欣慰之至！正在我寫這信的時候，想來你
們姊弟五人正圍著商譚闊論，不知多少快活哩！莊莊入美或
留坎問題，諒來已經決定，下次信可得報告了。思永給思順
的信說『怕我因病而起的變態心理』，有這件事嗎？何至如
是？你們從我信上看到這種痕跡嗎？我決不如是。忠忠在旁
邊看著是可以證明的，就令是有，經這回唐天如、伍連德診
視之後，心理也豁然一變了，你們大大放心罷。寫得太多了，
犯了連德的禁令了，再說罷」。以上均據《手跡》。

一〇九、梁譜頁 709，民國十五年九月廿九日給孩子們書，「時局變
　　　化極劇，百里所處地位極困難，又極重要，他最得力的幾個
　　　學生都在南邊，蔣介石先生三番四覆羅致他，而孫傳芳又卑
　　　禮厚幣，要仗他做握鵝毛扇的人。蔣、孫間所以久未決裂，
　　　都是由他斡旋。但北伐軍入江西，孫為自衛，不得不決裂」
　　　句，應為「時局變化極劇，百里所處地位極困難又極重要。
　　　他最得力的幾個學生都在南邊，蔣介石三番四覆拉攏他，而
　　　孫傳芳又卑禮厚幣，要仗他做握鵝毛扇的人。孫、蔣間所以
　　　久不決裂，都是由他斡旋。但蔣軍入江西，逼人太甚（俄國人
　　　迫他如此），孫為自衛，不得不決裂」；「孫軍當面接觸的是
　　　北伐軍」句，「北伐軍」應為「蔣介石」；「若孫勝北伐軍
　　　敗」句，「北伐軍」應為「蔣」；「百里的計畫是要把北伐
　　　軍與唐生智分開，北伐軍敗後，謀孫、唐聯和，果能辦到此
　　　著，便將開一嶄新局面，國事大有可為，不能不付諸氣數了」
　　　句，應為「百里的計畫是要把蔣、唐分開，蔣敗後謀孫、唐
　　　聯和。果能辦到此著，便將開一嶄新局面，國事大有可為。

能成與否，不能不付諸氣數了」；「順兒們窘到這樣，可笑可憐」句，右旁缺注「看這情形，你們是博覽會都看不成了」；「我實有點替你們心焦」句，「實」字下缺「在」字；「調任事一時更談不到了」句，右旁缺注「現在純陷於無政府狀態」；「招呼弟妹們」句，「招呼」下缺「招呼」。以上文字非僅是句讀標點偶誤，深入探討，應是史料的有意塗抹篡改，關於詳情討論，見本書〈學術的良知和嚴謹——梁啓超年譜和手跡校讀感言〉一文。

一一〇、梁譜頁 710，民國十五年十月四日給孩子們書，「聞張歆海近來也很墮落，日日只想做官」句，據《手跡》，右旁缺注「志摩卻是很高潔，只是發了戀愛狂—變態心理—變態心理的犯罪」。

一一一、梁譜頁 711，民國十五年十月十四日給孩子們書，「京師圖書館、司法儲才館都是創辦」句，據《手跡》，右旁缺注「重新接收過來」。

一一二、梁譜頁 711，民國十五年十月十九日給孩子們書，「一位瑞典皇太子」句，右旁缺注「考古學者」；「晚上又替松坡圖書館賣字」句，「又」字應為「還」字；「自己又臨帖過癮」句，「過」字應為「出」字。以上均據《手跡》。

一一三、梁譜頁 714，民國十五年十二月十日給思永書，「你看完後」句，據《手跡》，應為「你這信看完後」。

一一四、梁譜頁 715，民國十五年十二月二十日給孩子們書，「出後即寄給你們讀」句，應為「印出後寄給你們讀」；「內中有北京學術講演會三次」句，應為「內中有北京學術講演會，

所講三次」；「地點在前眾議院」句，右旁缺注「法大第一
院」；「前幾天耶魯大學又有電報來再送博士」句，「魯」
字應為「路」字；「請六月二十二到該校」句，「二十」應
為「廿」。以上均據《手跡》。

一一五、梁譜頁 716，民國十六年一月二日給孩子們書，「有好幾位
福州朋友想回去」句，「州」字應為「建」字；「最近三個
月中」句，應為「最近三幾個月中」；「濟之已經由山西回
到北京了」句，「濟之」下缺「三日前」；「不久便在清華
考古室陳列起來了」句，右旁缺注「今年新成立」；「大學
部學生要求我指導者已十六人」句，「我」字上缺「受」字，
右旁缺注「這是中文教授自願的，我完全不理也可以，但我
不肯如此」；「所以很放心工作下去」句，應無「下」字；
「而聽眾如此極誠」句，「極」字應為「熱」字；「大約非
有萬金以上不殼」句，右旁缺注「美金五千」；「若想得法
子」句，「得」字下缺「出」字；「因為我們家裏的工人老
郭、老口、唐五三位」句，「唐」字應為「曹」字；「放火
容易收火難」句，「收」字應為「救」字；「黨人正在不知
何以善其後也」句，應無「在」字；「其實都算過分了」句，
右旁缺注「和別人比較」；「好去休息」句，「去」字應為
「生」字；「倒回了幾回橋」句，應為「倒過了幾回橋」；
「寫字倒是離不了」句，「離」字應為「短」字。以上均據
《手跡》。

一一六、梁譜頁 719，民國十六年一月十八日至廿五日給孩子們書，
「第一是回來後與學業進益有無幫助」句，「與」字應為「於」

字；「若爲看中國建築起見」句，「建築」上缺一「舊」字；
「若爲看些中國美術品，到還可以」句，右旁缺注「故宮博
物館，可看的較多」；「有業工人之怨恨日增一日」句，「有
業」上缺「近來」二字；「一般商人更不用說了」句，「人」
字應爲「民」字；「兩湖有唐生智的」句，下缺「較好」二
字；「以上是一月十八日寫的」句，「日」字應爲「晚」字；
「因爲清華已經寒假」句，「已經」下缺一「放」字；「事
情極忙」句，「極」字應爲「很」字；「當時並沒有孫和北
伐軍對抗的局面」句，「孫和北伐軍」應爲「孫、蔣」；「江
浙地方政象亦總算比較清明」句，「比較」下缺一「的」字；
「到吃緊的時候舍之而去」句，應無「的」字；「故丁在君
刻意欲在上海辦一較良的市政」句，「故」字應爲「如」字；
「近數月來屢次勸他自拔」句，「他」字下缺「們」字；「萬
惡的軍閥，離末日不遠了，不復成多大的問題，而黨人之能
不能把政治弄好，還要看看再說。其最大致命傷，在不能脫
離包羅廷、加倫的羈絆，因而黨軍所至之地，即是共產黨地
盤，所有地痞流氓一入黨，即爲最高主權者，盡量的魚肉良
善之平民」句，此大段篡改極多，且意思也有扭曲，應爲「萬
惡的軍閥，離末日不遠了，不復成多大的問題，而黨人之不
能把政治弄好，也是看得見的，其最大致命傷，在不能脫離
包羅廷、加倫的羈絆—蔣介石及其他一二重要軍人屢思反抗
俄國勢力，每發動一次輒失敗一次，結果還是屈服—國民黨
早已成過去名辭，黨軍所至之地，即是共產黨地盤，所有地
痞流氓一入黨，即爲最高主權者，盡量的魚肉良善之平民」；

「現在兩湖之中等階級」句，右旁缺注「中國本無資本階級」。以上均據《手跡》。參見本書〈學術的良知和嚴謹——梁啓超年譜和手跡校讀感言〉一文。

一一七、梁譜頁 721，民國十六年一月廿六日給孩子們書，「國立京師圖書館經費侯二五附加費實行後」句，「費」字應爲「稅」字；「兩部書成後」句，應無「部」字；「今日王姨帶達達往協和割痔」句，下缺「瘡去」二字；「李濟之寄思永的信寄去」句，上一「寄」字應爲「給」字。以上均據《手跡》。

一一八、梁譜頁 722，民國十六年一月廿七日給孩子們書，「連蔣介石先生也頭痛」句，「先生」二字應爲「們」字；「共產黨受第三國際訓練」句，「國際」二字下缺「的」字；「誰知陳銘樞給他的朋友的信」句，右旁缺注「我親看見的」；「說的也正是這兩句話」句，下缺「現在倒蔣陳、倒唐之聲大成於兩湖、江西」；「練不成功」句，下缺「蔣、唐他們自己安慰自己說道『好在軍隊不在他們手裡』，不錯，現在南方軍人確非共產派，但他們將來必倒在共產派手上無疑」；「而所謂工人又全是不做工的痞子流氓」句，下缺「看著生產事業都要停止，眞是不了」；「現在算甚麼」句，「甚」字應爲「什」字；「實在對不起國家」句，「在」字應爲「是」字；「朋友們都反對得厲害」句，「都」字應爲「卻」字。以上均據《手跡》。

一一九、梁譜頁 722，民國十六年二月十六日給孩子們書，「則開元、天寶時局之小小安危」句，「天寶」二字下缺「間」字；「算甚麼呢」句，「甚」字應爲「什」字；「凡學校所教與所學

終不外規矩方面的事」句，「終」字應爲「總」字；「我盼你們都能」句，下缺「應用我這點精神」。以上均據《手跡》。

一二○、梁譜頁 724，民國十六年二月廿八日給孩子們書，「只怕保不住」句，「只」字應爲「恐」字；「今日星期一」句，「今日」二字下缺「是」字；「你們萬不可以相猜」句，「相」字應爲「胡」字；「一問所授課目」句，「課」字應爲「科」字；「我前日子和他說笑話」句，「前」字下缺「些」字。以上均據《手跡》。

一二一、梁譜頁 725，民國十六年三月十日給孩子們書，「今日又得順兒正月三十一、二月五日、二月九日、永兒二月四日、十日的信」句，「三十」應爲「卅」；「眞也餓死」句，「也」字應爲「要」字；「也看得見」句，「也」字下缺「眼」字；「但現在的北京」句，「但」字下缺「是」字；「得百元的現金收入」句，「得」字下缺「一」字；「你二叔在儲才館當很重要的職務」句，左旁缺注「一天忙得要命」；「你不要希望他還錢罷」句，「不」字應爲「別」字。以上均據《手跡》。

一二二、梁譜頁 726，民國十六年三月廿一晚給孩子們書，「問外交部要房租的事等，我試問顧少川有無辦法」句，標點稍有小誤，應爲「問外交部要房租的事，等我試問顧少川有無辦法」；「上海那邊如黃炎培及東南大學穩健教授都要逃」句，「逃」字下缺「難」字；「浙江一般人因爲生活狀況還好」句，應無「因爲」二字；「總會稍遲而且稍輕」句，「會」字應爲「該」字；「很難口過一年」句，「口」應爲「捱」字；「他

們並非有意與松坡爲難」句，右旁缺注「他們很優待他家」；「現在打算存入花旗銀行」句，右旁缺注「連興業的透支可湊萬元」；「但你們大概有點見識」句，「大概」下缺「都」字；「因爲我們平常比別人加倍」句，「別人」下缺「舒服」二字。以上均據《手跡》。

一二三、梁譜頁 727，民國十六年三月廿九日給孩子們書，「南京事件眞象如何」句，「象」字應爲「相」字；「連我也未十分明白」句，右旁缺注「也許你們消息比我們還靈通」；「然軍中有一部分人有意搗亂」句，「然」字下缺「黨」字；「蔣介石先生他們非共產黨」句，應爲「蔣介石輩非共產黨」；「然而他們壓制共產黨之能力如何」句，應無「產」字。以上均據《手跡》。

一二四、梁譜頁 728，民國十六年三月三十日給孩子們書，據《手跡》，此原信末有「現在我立刻入城去」等字，梁譜未錄。另外，三月廿九日、三月三十日分別各寫了一封信給孩子們，梁譜將此二信誤混爲一，並以爲是三月三十日寫的。

一二五、梁譜頁 728，民國十六年四月二日與順兒書，「前三天因老白鼻著急萬分」句，「老白鼻」下缺「病」字；「再過兩三天便是清明」句，應無「兩」字；「你們也可以勉強維持幾個月了」句，「勉強」下缺一「多」字；「眞是謝天謝地」句，應無「是」字。以上均據《手跡》。

一二六、梁譜頁 729，民國十六年五月四日與順兒書，「我有封長信給你們」句，右旁缺注「內關於忠忠想回國的事」；「最好能靠這點利息供給莊莊的學費」句，「莊莊」下缺一「們」

字；「你說好不好」句，下缺「久大本已定期發息，廣告早已出來了，因漢口將所有商民現金一概沒收，久大便去了四十多萬，今年不能發息了。此外，無論何種事業都受影響。簡單說，稍微有點萌芽的工商業，這次都一掃而空了，黨人只是和本國人過不去，專門替帝國主義者造機會罷了。李柳溪回信寄上」。以上均據《手跡》。

一二七、梁譜頁729，民國十六年五月五日給孩子們書，「我有很多天把這問題在我腦裏盤旋」句，「很」字應爲「好」字；「因爲你姊姊哥哥不同別家」句，「你」字下缺「的」字；「所以我就在這封信內把我替你打算的和盤托出」句，「托」字應爲「說」字；「你想改造環境」句，「改造」上缺「自己」二字；「常常盼望你們在苦困危險中把人格能磨練出來」句，應爲「常常盼望你們在困苦危險中把人格力磨練出來」；「詳情已見前信，想已收到」句，應爲「詳情見前信，想早已收到」；「連你二叔都不知道」句，應無「都」字；「也許還相當的主張你去」句，「也許」下缺「我」字；「跑進去不會有甚麼好東西學得來」句，「甚」字應爲「什」字；「你跑進去立刻便也攪在這種危險漩渦中」句，應無「也」字；「到不妨去試一試」句，右旁缺注「他們也一定有人歡迎你」；「也許你們有時會感覺爺爺是怠惰了」句，右旁缺注「我自己常常有這種警懼」；「回來入黃埔也可」句，右旁缺注「假使那時還有黃埔」；「每禮拜四堂講義都講得極得意」句，右旁缺注「因爲清華周刊被黨人把持，周傳儒們不肯把講義筆記給他們登載」；「昨今兩天給莊莊、桂兒寫了兩把小摺

扇子」句，「摺」字應爲「楷」字；「陸續寫給你們的信眞
不少」句，「眞不少」上缺「也」字。以上均據《手跡》。

一二八、梁譜頁 731，民國十六年五月十一日與順兒書，「我眞實想
去」句，「實」字應爲「是」字；「我自審亦無一把握」句，
「無一」應爲「一無」。以上均據《手跡》。

一二九、梁譜頁 732，民國十六年五月十三日與順兒書，「拿你們比
你們的父母」句，應爲「拿你們兩個人比你們的父母」；「假
使是我，雖處他這種環境」句，應爲「假使我雖處他這種環
境」；「憂傷憔悴是容易消磨人志氣的」句，「消」字應爲
「銷」字，且右旁缺注「最怕是慢慢的磨」；「一定抵當不
住憂傷憔悴，影響到思成」句，應爲「一定抵當不住憂傷憔
悴，若憂傷憔悴影響到思成」；「你看不至於爲此吧」句，
「爲」字應爲「如」字；「在中國現在社會做這種職務」句，
應無「務」字；「雖是一種極有志氣的舉動」句，「雖」字
應爲「原」字；「從前許多青年的墮落，都是如此」句，「如」
字應爲「爲」字；「我對於這種志氣」句，「對於」下缺「他」
字；「走錯了本來沒有甚麼要緊」句，「沒有甚麼」應爲「沒
什麼」；「你要就近常察看情形」句，「常」字下缺一「常」
字；「心境清閑的很」句，「的」字應爲「得」字。以上均
據《手跡》。

一三〇、梁譜頁 734，民國十六年五月三十一日給孩子們書，「這兩
天北京時局驟變」句，應爲「這兩天北京局變驟變」；「後
日早車往津」句，「往」字應爲「返」字；「合美金多少未
分」句，「分」字應爲「知」字；「內七百五十元係希哲四、

五、六三個月留支」句，右旁缺注「先墊出一個月」；「此
數即留爲莊學費」句，右旁缺注「四百五十元」；「只要地
方安寧，便可匿跡銷聲，安住若干時日」句，右旁缺注「外
兵屯集之下，靠此保障，可痛可憐」；「恐二叔也要逃難」
句，「二叔」下缺「們」字。以上均據《手跡》。

一三一、梁譜頁 739，民國十六年六月十五日給孩子們書，「總不要
增我的憂慮才好」句，「增」字下缺「加」字；「本想立刻
回津第，二天得著王靜安先生自殺的噩耗」句，標點有誤，
應爲「本想立刻回津，第二天得著王靜安先生自殺的噩耗」；
「我一個月來舊病發得頗厲害」句，「一個」下缺「多」字；
「多幾人吃飯差不了多少」句，上「多」字下缺「三」字；
「廣東現在到比較安寧些」句，「到」字應爲「倒」字，且
右旁缺注「專指廣州言，若潮汕則共產黨仍在猖獗，民不聊
生」；「那邊當局倒還很買我的面子」句，「買」字應爲「還」
字；「便全體釋放」句，右旁缺注「鄰鄉皆不如是」。此信
末有「老白鼻已復原，天天自己造新歌來唱，有趣得很。暑
假中替達達們聘得一位先生專教國文，其人係研究院高才生」
等句，梁譜未錄。以上均據《手跡》。

一三二、梁譜頁 741，民國十六年六月廿三日與順兒書，「旬日實行
休息」句，「旬日」下缺「來」字；「佳象爲三個月所無」
句，應爲「佳象爲近三個月來所無」；此信末有「老白鼻這
幾天的新歌一首，代寫出：『我有兩個名字，一個叫老白鼻，
一個叫梁思禮』。他專做韻文，隔幾天便換一首，也沒有人
教他，他總是在那裏哼哼」等句，梁譜未錄。以上均據《手

跡》。

一三三、梁譜頁 744，民國十六年八月廿九日給孩子們書，此信梁譜
　　　　缺後半未錄，原件卻留有後半完整部分，然而原件前半佚失，
　　　　梁譜保存完好，二者互補成爲「珠聯璧合」，其說明詳見本
　　　　書〈學術的良知和嚴謹——梁啓超年譜和手跡校讀感言〉一
　　　　文。

一三四、梁譜頁 747，民國十六年十月十一日致孩子們書，「但每日
　　　　所補者總差些，例如失去百分補上九十九分，繳不足積欠下
　　　　去，便會衰弱」句，文字及標點均有誤，應爲「但每日所補
　　　　者總差些微不足，例如失去百分，補上九十九分，積久下去，
　　　　便會衰弱」；「食物禁蛋白質、禁茶、咖啡等類」句，下缺
　　　　「半月以來，日起有功了」；「奉、晉戰爭於其行期三日前
　　　　爆發」句，「爭」字應爲「事」字；「若早四日去」句，應
　　　　爲「若早四、五日去」；「倒可以倒他目的地」句，「他」
　　　　字下缺「的」字；「生當今日的中國，再沒有半年以上的主
　　　　意可打，眞可痛」句，「眞可痛」應爲「眞可痛心」；「現
　　　　在戰爭正在酣暢中」句，「爭」字應爲「事」字；「勝負如
　　　　何」句，「如何」應爲「何如」。此信末尚有「要說的話很
　　　　多，敬守醫生之訓，分作兩三次寫罷。有我寫的字和余越園
　　　　寫的畫，裱好了，寄給你們，打扮打扮你們的小書房」等句，
　　　　梁譜未錄。以上均據《手跡》。

一三五、梁譜頁 748，民國十六年十月廿九日給孩子們書，此信中間
　　　　脫缺兩頁半，梁譜未錄，詳見《手跡》，不贅引。

一三六、梁譜頁 749，民國十六年十一月十三日給孩子們書，「一面

覺得他無法可醫」句，下缺「所以索性不理會他，今既證明有法可醫」等字；「後口他住口清華」句，應爲「後來他住在清華」；「眼看惟清華一時還擺脫不得」句，「惟」字下缺「有」字；「所以暫行留著我」句，應無「我」字；「於是由朱某運動研究院一新來之學生上一封書」句，應爲「於是由朱某運動一新來之研究院學生上一封書」，「新來之研究院學生」右旁缺注「年輕受騙」，「上一封書」右旁缺注「匿名」。此信缺後半部分，梁譜未錄，不贅引。以上均據《手跡》。

一三七、梁譜頁 751，民國十六年十二月十二日給孩子們書，「我們雖不迷信」句，右旁缺注「那天恰事星期」；「所以此次行文定禮特別莊嚴愼重些」句，應無「行」字，「愼」字應爲「鄭」字；「若不能，即仍留兩家長處」句，「兩家長處」應爲「兩家家長處」；「結婚後歸來」句，「結」字應爲「俟」字；「今可照辦」句，「辦」字應爲「撥」字；「好在校長問題不久便當解決」句，右旁缺注「前星期外部派員到校查辦風潮起因，極嚴屬，大約數日內便見分曉」；「惟最近一星期因做了幾篇文章」句，右旁缺注「實是萬不能不做的，但不應該接連著做罷了」。信末有「莊莊那位前輩同學的信收到了，我自己實在開不出書單來，已轉託清華一教授代開，等他回信時便寄上」等句，梁譜未錄。以上均據《手跡》。

一三八、梁譜頁 752，民國十六年十二月十三日與思順書，「怎麽幾個月工夫已經弄到加倍以上的利」句，右旁缺注「還除了莊莊一筆學費等等不計」；「還有複息在內，這不太虧嗎」句，

應爲「還有複息不在內，這不太吃虧嗎」；「應須何等手續」句，「須」字應爲「需」字；「半年內可以辦妥」句，「半年」上缺「儘」字；「也省得許多事」句，下缺文字有三大段，不贅引；「你們在坎京雖清苦」句，應無「京」字；「比在菲律賓強多了」句，「菲」字應爲「斐」字；「第一是養成節儉的吃苦的習慣」句，「節儉的吃苦」應無「的」字。以上均據《手跡》。

一三九、梁譜頁 753，民國十六年十二月十八日與思成書，「你想從抱在懷裏『小不點點』一個孩子」句，右旁缺注「還經過千災百難的」；「自己實在張羅不來」句，應無「在」字；「衣服手飾之類」句，「手」字應爲「首」字；「寧可從節省點錢作旅行費」句，「從」字應爲「撙」字，「省」字應爲「下」字；「都有種種意外危險」句，右旁缺注「到滿洲里車站總有無數麻煩」；「因爲去比來的危險較少」句，「險」字應爲「難」字。以上均據《手跡》。

一四〇、梁譜頁 754，民國十六年十二月廿四日與順兒書，「萬不可借費」句，「借」字應爲「惜」字；「將天津新舊房舍都售去」句，「舍都」應爲「全部」；「那館在北海瓊華島上」句，右旁缺注「現在事又漸繁，館長非常到館不可」。以上均據《手跡》。

一四一、梁譜頁 755，民國十六年十二月三十日致季常足下書，「旭東哀痛憔悴欲死，一語解慰不可得」句，據原件上下文語意，標點及文字皆有誤，應爲「旭東哀痛憔悴，欲覓一語解慰不可得」；「以後是否仍繼續託其代理」句，據原件，「是」

字應爲「應」字。此信末原注有「賤恙停止月餘，最近十日內又劇發，可厭之至」句，梁譜未錄。

一四二、梁譜頁 756，民國十七年一月廿二日給孩子們書，「自從雇了取血之後」句，應爲「自從灌了兩回血之後」；「連雞蛋都一天給我數個吃了」句，「數」字應爲「兩」字；「還與從前一樣」句，「與」字應爲「照」字；「是不適宜的」句，「適」字應爲「相」字；「雖然不甘心受這『老太爺的生活』」句，「受」字應爲「當」字；「又給我口回來不少」句，口應爲「污」字。此信梁譜未錄中間數段及後半部分，文長不贅引。以上均據《手跡》。

一四三、梁譜頁 757，民國十七年二月十二日與思成書，「知你們定三月成婚禮」句，「成」字應爲「行」字；「將所看的東西留個印象」句，右旁缺注「凡注意的東西，都留他一張照片」；「你在歐洲不能不借使館作通訊機關」句，「訊」字應爲「信」字；「須格外多寫些家信」句，右旁缺注「明信片最好」。以上均據《手跡》。

一四四、梁譜頁 759，民國十七年四月廿六日與思成、徽音書，「第二件你們倆從前都有小孩脾氣」句，「脾」字應爲「癖」字；「以致貶損人格」句，「以致」下缺一「或」字；「大多數要靠自己的勞作去養老親」句，「大多數」下缺「立刻」二字；「也沒有什麼要緊」句，應無「有」字；「但現在覓職業之難，恐非理想所及料」句，應爲「但現在覓業之難，恐非你們意想所及料」；「其所有現存的」句，應無「所」字；「尤其是從文字上研究中國初民建築」句，「文字」下缺「學」

字；「得有更多的成績」句，應爲「得有更好之成績」；「幸
而北京的資料不少」句，應無「的」字；「這份工作，我很
可以指導你一部分，還可以設法使你看到許多歷代名家作品
「句，「份」字應爲「項」字，「使」字應爲「令」字，「到」
字應爲「見」字；「家裏頭雖然藏得很少」句，右旁缺注「也
有些佳品爲別家所無」；「你寫信總是太少了」句，「寫」
字應爲「來」字。以上均據《手跡》。

一四五、梁譜頁 760，民國十七年四月廿八日與順兒書，「你來信說
從七月份起將家用全部擔任」句，應無「份」字；「到無安
放處」句，應爲「倒無穩妥安放之處」；「你便按月將這二
百金存儲」句，「二百金」下缺「另款」二字；「豈不是可
以幫助許多嗎」句，「助」字應爲「補」字；「如此一舉數
得」句，「數」字應爲「兩」字；「預先一月告訴你們便得
了」句，「一月」應爲「一兩月」；「保險費只有三萬三千
元」句，「保險費」下缺「全數」二字，右旁缺注「還不能
得回所納費之原數」；「所匯只能有美金八千元」句，應無
「元」字；「外交部索欠薪事，已函羅鈞任」句，應爲「外
交部索欠事已函羅鈞任」；「先把這幾張紙寫去罷」句，「寫」
字應爲「寄」字。以上均據《手跡》。

一四六、梁譜頁 761，民國十七年五月四日與思順書，「外部索欠薪
恐絕對的無辦法」句，應無「薪」字；「我算是白費了心事
了」句，應無「事」字；「也應該即速回信給他一個方針」
句，「即」字應爲「急」字；「尤其是對于你們的事」句，
「于」字應爲「於」字；「但本人意見如何」句，「見」字

應為「思」字；「你去信關于這些地方」句，「于」字應為「於」字。以上均據《手跡》。

一四七、梁譜頁762，民國十七年五月八日與思順書，「我覺得體子已漸復元，雖不能擺脫亦無妨」句，據《手跡》，應為「我覺得日來體子已漸復元，雖不擺脫亦無妨」。

一四八、梁譜頁762，民國十七年五月十三日與順兒書，「昨天電匯美金八千」句，「天」字應為「日」字；「我止在天天盼望平安喜電哩」句，「止」字應為「正」字，「望」字應無；「小名叫做『嘉兒』」句，應為「小名就叫『嘉兒』」；「係明末極有名的美術家藍田叔所刻『嘉平』兩字」句，右旁缺注「桃花扇中有他的名字」；「算是公公給小嘉兒頭一封『利市』」句，「市」字應為「是」字；「彼便可組織公司從小規模辦起」句，「彼便可」應為「到彼後便可」；「再圖擴充」句，「再」字應為「徐」字；「替他作主辭了清華」句，「替」字上缺「逕」字；「清華太舒服，使人懶於進取」句，「使」字上缺「會」字；「他們回閩省親」句，「親」字下缺「事」字；「我對于你們功課絕不責備」句，「于」字應為「於」字；「到令我不放心了」句，「到」字應為「倒」字；「你們只要在家裏看見我的樣子」句，應無「裏」字；「你們來信又怕我常常有憂慮」句，「信」字下缺「像」字；「你們在爸爸膝下幾十年，難道還不知道爸爸的脾氣嗎」句，應無「道」字，兩「爸爸」均作「爹爹」；「我關于德性涵養的工夫」句，「于」字應為「於」字；「現在越發成功」句，「功」字應為「熟」字；「件件都令我十分愉快」句，

「十分」應爲「十二分」；「你們兄弟姊妹個個都爭氣」句，「兄弟」應爲「弟兄」；「現在小便以清爲常」句，「常」字下缺「態」字；「偶然隔十天小小有點紅」句，「十天」下缺「八天」二字；「待身子完全復原，再作道理」句，應爲「待身子完全復原後再作道理」。此信末有附語三行談家庭小孩趣事，梁譜未錄，不具贅引。以上均據《手跡》。

一四九、梁譜頁 763，民國十七年六月十日與思成書，「昨天得電」句，「天」字應爲「日」字；「我覺得爲你們前途立身計」句，應無「們」字；「由此我便告校長」句，「由」字應爲「因」字；「新教習聘書概未發」句，「概」字上缺「一」字；「到反乾淨些」句，應爲「倒反乾淨哩」；「誰也不能說」句，「能」字應爲「敢」字；「東北大學情形如何，雖定局」句，「雖定局」應爲「雖未定局」；「該款寄倫敦使館交你，收到後即覆館中一信，爲要」句，文字及標點皆有小誤，應爲「該款寄倫敦使館處，你收到後即覆館中一信爲要」。以上均據《手跡》。

一五〇、梁譜頁 765，民國十七年六月十九日與思順書，「卻像世外桃園一般」句，「園」字應爲「源」字；「並沒有吃藥及實行何種治療」句，「實」字應爲「施」字；「也是多年舊病」句，「多年」下缺「前」字；「在這種情勢之下」句，「情」字應爲「形」字；「清華已經替他辭了」句，「辭」字下缺「掉」字；「惟奉天前途極混沌，學校變化殊不可知」句，應爲「惟現在奉天前途極混沌，學校有無變化殊不可知」；「也沒甚緊要」句，「緊要」應爲「要緊」；「前三天得著

添丁喜安電」句，「前三天」應爲「三天前」；「該校教員中之最高額報酬」句，「該」字應爲「任初到」三字；「不之他們夫婦願意不」句，右旁缺注「尙未得他信，他來信總是很少」；「我想有喜氣的孩子」句，「喜」字應爲「志」字；「思永準八月十四日由哈爾濱動身」句，應無「日」字；「但日內或者須意外之費五千元亦未可知」句，右旁缺注「因去年在美國賠款內補助我一件事業，原定今年還繼續一年，若有一人不願意，我便連去年的也退還他」；「這兩天內忽然又有點發作」句，右旁缺注「但很輕微」；「現在功課完全了結」句，右旁缺注「對本年的清華總算全始全終」。以上均據《手跡》。

一五一、梁譜頁 766，民國十七年六月廿三日與思順書，「想已收到了」句，應無「到了」二字；「還可以和思永聚會幾天呢」句，「呢」字應爲「哩」字；「個個都是五、六十歲的人」句，右旁缺注「除七叔外，七叔比較的容易另想辦法」；「可以保全得兩三個不」句，「兩三」應爲「三兩」；「我本來一萬個不願意和那些時髦新貴說話」句，右旁缺注「說話倒不見得定全碰釘子」；「勸他們早回家鄉」句，右旁缺注「廷燦另爲一事，他是我身邊離不開的人，每月百把幾十塊，我總替他設法」；「免至全家作他鄉餓鬼」句，「至」字應爲「致」字；「其三若七叔姑丈十五舅他們回家鄉盤費也沒有」句，「鄉」字下缺「連」字；「今年家用怕有點不夠了」句，「夠」字應爲「敷」字；「對於我的讀書欲也勉強充足了」句，「免」字應爲「勉」字；「這是向來所無的現象」句，

「是」字應爲「時」字；「不全像端節的和平哩」句，「全」
字應爲「會」字。以上均據《手跡》。

一五二、梁譜頁 774，民國十七年十月十一日與順兒書，「潮尾捲到
加拿大」句，「加」字應爲「坎」字；「當裹足不前」句，
「當」字上缺「亦」字；「索不著以後可絕對的不理會矣」
句，下脫缺文字甚多，引錄如下：「現在所謂國民政府者，
收入比從前豐富得多，尤其關稅項下，不知他們把錢弄到那
裏去了，乃至連使館館員留支都剋扣去，新貴們只要登臺三、
五個月，就是腰纏千萬，所謂廉潔政府如是如是，希哲在這
種政府底下，做一員官，眞算得一種恥辱」；「阿永由坎發
來的一封信也到了」句，應無「來」字；「每到病發時便特
別想得厲害」句，「厲」字應爲「利」字；「覺得若是順兒
在旁邊」句，應爲「覺得像是若順兒在旁邊」；「苦痛便減
少了許多」句，應無「了」字；「我總不願意說這樣話」句，
「樣」字應爲「種」字；「賣千斐島房產當然該用來添做資
本」句，「千」字應爲「了」字；「回來不到三兩個月」句，
「三兩」應爲「兩三」；「你帶著幾個孫」句，「孫」字下
缺「子」字；「把莊莊來年學費和永、莊兩個人回國川資都
弄妥交給他們」句，應無「個」字。以上均據《手跡》。

一五三、梁譜頁 775，民國十七年十月十七日與思成書，「這日上協
和一個大當」句，「日」字應爲「回」字；「臨出院，還給
了兩大瓶，說是一禮拜繼續吃，若吃多了，非送命不可」句，
「出」字應爲「退」字，「一」字應爲「兩」字，「多」字
應爲「完」字；「睡得渾身骨節酸痛」句，「痛」字應爲「疼」

字；「舊病便有即發的形勢」句，「即」字應爲「竊」字；
「計算他們在陽曆七月」句，應爲「計算他們到家約在陽曆
七月」；「明天北戴河眞是鬧熱了」句，「天」字應爲「年」
字，「鬧熱」應爲「熱鬧」；「安有才到一兩個月便有機會
找上門來呢」句，應無「個」字；「再有餘力不妨在交際上
多注意」句，「多」字增爲「稍」字，且右旁缺注「騰出些
光陰」；「我實在睡怕了」句，應爲「我實在睡床睡怕了」。
此信末有注語「徽音的信，我懶得回他了，你去信最要緊叫
他到上海時電告船期，塘沽登岸無人接，甚是不妥」，梁譜
未錄。以上均據《手跡》。

一五四、梁譜頁 786 引章太炎致梁思成先生挽任公有「至客臘聞尊
公疾篤，未及□□，竟於報紙得訃，平生知友，零落殆盡，
惻愴何及！所致輓聯，雖無奇特，然以爲能寫尊公心跡，亦
即鄙人與尊公相知之素也。進退上下，式躍在淵，以師長責
言，匪復深心姑屈己。恢詭譎怪，道通爲一，逮梟雄僭制，
共和再造賴斯人」云云，「式躍在淵」應爲「或躍在淵」，
此句出於《易經》，梁譜抄錄有誤。以上據姚奠中、董國炎
《章太炎學術年譜》（太原，山西古籍出版社，1996 年 8 月第一版）
頁 412 引〈制言〉第二五期孫世揚輯《菿漢大師連語》。

一篇湮沒七十餘載的重要佚文

——首次發表〈梁啓超對於順天時報啓事〉原稿

　　梁啓超（1873～1929），字卓如，號任公，廣東新會人。他是中國近代史上一位聲名洋溢的啓蒙思想人物，在清末百日維新變法運動失敗後，流亡日本，創辦《清議報》、《新民叢報》等報刊，對於民國時期國人眼光之開拓與視野之更新，具有啓新知、開風氣之功；而他一支筆鋒常帶情感的健筆縱橫天下、揮灑自如，風靡文壇數十年，「新民叢報體」的特殊文字風格，奠定其人在近代文學史上的地位。然而，他的思想飄忽不定，性格複雜善變，使他不易爲人所理解，他的名言「不惜以今日之我難昔日之我」，表現在學術研究上，能夠推陳出新，精益求精，展露出元氣淋漓的生命氣象，是項常人不及的優點；而在政治活動的參與過程，則不免迭受爭議與批評，蓋梁氏「太無成見，其應事也有然，其治學也亦然」❶，因此其是非功過，可以說是毫無定論。

　　筆者最近在北京大學圖書館善本室看到一篇梁啓超所寫的文稿，由於是梁氏的親筆手跡，而且未見於現存《飲冰室合集》，顯然未曾公布發表，透過這一篇文字的整理與解讀，使吾人更明白其

---

❶　梁啓超《清代學術概論》（台北，中華書局，1980年1月九版），頁66。

人名滿天下，稱譽有之，謠諑亦隨之的一個縮影，同時也反映了民國政局的多變詭譎、光怪陸離之現象，以及他個人私生活的一個側面，因此這篇文稿的史料價值也就很顯然了。

原稿題目為〈梁啓超對於順天時報啓事〉，現將全文引錄並釋介如下：

> 我不知因什麼事得罪了日本人所開的順天時報，無端接二連三跟我開起玩笑來！
>
> 最可恨是他咒我的夫人死了！我的夫人自正月以來患重病，我正在憂關得很。但該報說我在南京講學時夫人已死。我在南京講學，是兩年前事，那時我夫人正從外國回來和我在寧、滬一帶同游哩。該報早不說晚不說，偏在她病重時來咒我，真不知道他什麼心肝！

案：「順天時報」是民國初年間在北京由日本人所創辦的報紙，也是北京政權袁世凱公餘專看的報紙❷，可見此報在北京政界具有一定的影響力。據丁文江、趙豐田所編《梁任公先生年譜長編初稿》（以下簡稱《梁譜》），梁啓超自民國十一年八月起至南京、上海、蘇州等地講學，迄於民國十二年元月中旬因病始返津寓所，前後共約有半年之久，「我在南京講學，是兩年前事」一語，當是指這個時期；由此可知，此篇啓事自當寫於民國十三年，至於在哪月，詳後考證。另梁夫人患重病時，梁啓超曾將學校講學及摯友稿約一律都暫停❸，

---

❷ 千家駒《千家駒讀史筆記》（美國，八方文化，1992年三月初版），頁189。

❸ 如民國十三年八月十八日給蹇季常的信說「內子病顏劇，醫有難色，心緒

這對於有學問著述狂熱的梁氏而言，是件極重大的決定，可見他內心的哀痛了，所以他說「我的夫人自正月以來患重病，我正在憂關得很」，可是實然寫照。而「該報早不說晚不說，偏在他病重時來咒我，真不知道他什麼黑心肝！」一語，梁氏之憤怒在此溢於言表，也就可以理解了。

> 該報又說我和什麼女人有關係。我本來不是什麼道學先生，並不是「生平不二色」。最得怪者，他所說那女人的名字，我就根本不知道世間上有這個人！

案：梁氏本是情感豐沛的人，由他在夏威夷與華僑女子何惠珍相戀之浪漫情懷及納王桂荃為妾❹，即可知他並不諱言其鍾愛女子的情愫，所以他說他「並不是生平不二色」。至於「順天時報」到底說了什麼緋聞，令梁啓超如此憤怒呢？前既認定此啓事當寫於民國十三年，循此線索，筆者不憚其煩地找到當年八月三日的「順天時報」，在第七版有篇攻擊梁啓超的報導，詳讀其文，正是指此事，其標題

惡劣之至，日內或再入京，校課擬暫停矣」，《梁譜》未收錄此信，原件現藏北京大學圖書館善本室。同年九月五日給張元濟及高夢旦的信也有如此的話：「內子病瀕危，心緒不寧，不能執筆為館效力」，見《梁譜》頁662引。

❹ 梁啓超與何惠珍女士相戀及納妾事，詳見近人張朋園〈梁啓超的家庭生活〉（收入《近代中國歷史人物論文集》，台北，中央研究院近代史研究所，1993年6月出版），第二節婚姻生活。另梁思寧〈梁啓超的夫人—懷念生母王桂荃〉一文對於王桂荃女士如何進入梁家的經過及在梁家所扮演之角色，有詳實的描述，見《名人學者憶母親》（北京，中國人民大學出版社，1991年4月第1版），頁77～85。

日〈梁啓超也實驗自由戀愛〉，爲使讀者明瞭其攻擊梁氏之具體內容，有必要將此日的報導別書〈附錄一〉於文末，以供參閱。至此，吾人可以進一步明確啓事當寫於民國十三年八月。

> 我向來是不看順天時報的。我的朋友看見，氣極了，存來寄給我，說非起訴不可。我聽見了伸一伸舌頭，說道，『掛洋牌的報館，尚且沒有人敢惹了，何況貨眞價實的洋大人生意，我們敢向太歲頭上動土嗎？算了罷。況且天下同姓名的人盡有。記得去年還有一位「梁啓超」在「黃報」上投了幾萬字的稿暢談時務，我寫信去止也止不來，只得在晨報上登廣告說不是我這位梁啓超做的罷了。』

案：既已確認啓事寫於民國十三年八月，此言去年「黃報」及「晨報」事，時間當是民國十二年，筆者仍嘗試查閱當年之「晨報」，果然在五月五日「晨報」第二版有一則〈梁啓超啓事〉，其文曰：
方才聽說這幾天黃報登有一篇研究直奉關係的文字署名梁啓超的，眞是詫異極了！也許黃報的作者竟是奇巧的與我同姓同名，但在現今這樣無奇不有的社會裡，什麼事都發現，所以我想對於那篇署名梁啓超的大文，應得有個聲明：
要聲明是我——廣東新會的梁啓超——絕對不是那篇文字的作者；
我近年不做研究現實政局的文字；
我從來未曾有投稿黃報的榮幸。
我也已有信給黃報的主筆，請聲明那篇文字的來源，若然是有人故

意借用我的名字，我只有請黃報的主筆對我完全負責。五月三日❺

　　至於在「黃報」上署名梁啓超暢談時事，我也查出係為民國十二年四月廿九日起，迄於五月三日止，一連五天在第三版所登的〈觀察各方面對於戰事上之趨勢並處置時局之私議一則〉之長文❻，梁啓超所謂「寫信去止也止不來」之意，當是「黃報」正將長文登載中，梁啓超有信去聲明絕非他本人所寫，但「黃報」仍然將冒稱梁啓超者之文登完；而梁啓超在「晨報」上所登廣告「已有信給黃報的主筆，請聲明那篇文字的來源，若然是有人故意借用我的名字，我只有請黃報的主筆對我完全負責」云云，我也查出確在民國十二年五月五日，「黃報」以〈來函照登〉方式處理之，茲抄錄於後：

黃報記者先生

　　啓超在西山休養，友來報以曾見貴輒在有梁啓超論奉直文相問，頗發駭笑。啓超年來不言政，不作政評，更無論投稿貴報，焉得有此？若謂貴館作者適有與啓超同名者，則啓超不敢篡其著述之美，敬勞記者先生惠印此函，並另作聲明，以釋誤會。然如有藉拖情事，則貴館應負相當責任，考澈來源，以杜絕作偽之嘗試。廣東新會梁啓超

緊接著，有一段記者的說明附後：
按本報日前來件欄內登載觀察各方面對於戰事上之趨勢等處置時局

---

❺　見「晨報」縮印本，1923年4至6月合訂本，北京大學圖書館期刊室收藏。

❻　這篇連載五天的長文，筆者查出「黃報」確是署名「梁啓超」，因文章很長，不必一一引錄，有興趣自可查閱當時報紙。「黃報」在北京大學圖書館亦有收藏。

之私議一則❼，投稿者卻係署名梁啓超，並另附一函，要求本報將此稿刊登亦用梁啓超名，此君究竟是否爲新會之梁任公，本報實無從證明，茲據新會梁啓超君來函聲辯，則前稿當另爲一人所作，不過此函所蓋之私章（印文爲梁啓超印四字），頗類臨時雕刻之木戳，究竟是否爲梁任公之親手筆，本報無從證明也。

> 順天時報登了那段怪話之後，過兩天，他卻自動的更正起來了。說是有人恨我，造我謠言。但他又有新的新聞了。說我要做政治活動，在中外同歡社大請其客，大推其牌九，車馬盈門，有某某長官在座！

案：「順天時報」在八月三日登了〈梁啓超也實驗愛情〉（原文見〈附錄一〉），次日（即八月四日）又登出了〈梁啓超被報紙攻擊之眞相〉（原文見〈附錄二〉），即是梁氏所說「過兩天，他卻自動的更正起來了」，但梁氏說「過兩天」顯然是誤記，應是「次日」才是。至此，吾人已能確定啓事文稿應當寫於民國十三年八月四日以後。

> 哈哈！到底洋大人手下的嘍囉不弱，消息眞靈通！果然我幾日前是在中外同歡社請客。但可惜他沒有打聽客單。原來那日我請的客是德國的林達博士，因爲在歐戰時候，他保護中國留學生最盡力，我游歷德國時，他又很招呼我。他這回來華，我雖然碰著家裏有病人，也不能不請他一請。急忙忙只

---

❼　此處「按本報日前來件欄內登載觀察各方面對於戰事上之趨勢等處置時局之私議一則」之「等」字，應爲「並」字之誤，想係當日報紙校對不仔細所致。

請得兩位陪客，都是從歐洲新回來的青年朋友。可惜該報訪事認錯人了。

案：梁啓超游歷德國共歷一個月，自民國八年十二月十日起（見《梁譜》頁五五四），亦是其人以個人資格歐游計畫的一部分。考梁啓超游歐自民國七年十二月廿八日啓程，抵英國，赴法國，歷比利時、荷蘭、瑞士、義大利後，復返巴黎，再出發游德國等，迄於民國九年一月下旬搭船返國。所以，此處言「我游歷德國時，他又很招呼我」一語，當是指民國八年十二月十日起游德國時。梁啓超游歐歸返後，曾著有《歐游心影錄》一書，但可惜此著作未完全寫完，所以林達博士如何在德國招待梁氏，只在這裡留下一個名號而已。

我這位「不道學」的人最愛頑，五塊錢一底的麻雀，每禮拜總要打一兩場。（但我的窮朋友打不起，近來已改爲兩塊錢一底了）
至於牌九怎樣打法，可惜我學問淺，還沒有懂得。

案：梁啓超愛打牌，是他休閒生活極重要的一部分。前述梁啓超自民國十一年八月赴南京、上海各地巡迴講學，迄於民國十二年元月因過勞而返津休養，他給女兒的信有幾個月戒講演，「打算專門寫字和打牌」的話❽，往後幾年，他經常與好友蹇季常、黃溯初等人打牌，所以此處言「每禮拜總要打一兩場的牌」，應是事實。❾

做政治活動，並不是什麼見不得人的事。但該報說我在這時

---

❽ 見《梁譜》頁634引民國十二年一月十五日與思順書。
❾ 關於梁啓超打牌之興致與如何邀約朋友相聚之種種，可參閱本書〈北京大學收藏《梁啓超給蹇季常等書信》書後──兼談書信的文獻價值〉一文。

候做政治活動，而且以請總長推牌九叫做做政治活動。別的話無可說，我只有鈔吳稚暉一句成語『簡直拿人不當人』。我一年到頭受這類「無奇不有」的謠言，也不知幾多次。本來懶得理他。因爲近來天天在病榻旁邊，不能做正當功課，寫幾句散散心罷。

案：原稿到此爲止，係用標準紅欄框信箋以毛筆書寫，計有五頁，加上蹇季常的批語，共計六頁，文句段落分明，條理暢達，已如前述。由文稿末尾蹇氏的批語云：

此稿無聊之極，我扣留未登報，亦保全其名譽之一，若家子弟知之否？季。

則知，此稿從未發表，由語意可推知梁氏寫完此稿，擬在報紙公開登載，先送交好友蹇季常過目，但蹇氏認爲不妥，以爲「無聊之極」，故「扣留未登報」，所以後人也就不知梁氏曾爲「順天時報」事而操筆闢謠了。

　　這篇〈梁啓超對於順天時報啓事〉寫於民國十三年八月四日以後（距八月四日不會太久），經歷過軍閥割據戰端、七七對日抗戰與國共內戰，以及十年文革動亂的浩劫，如今在七十二年後的今天（1996年），竟仍墨色光亮煥然，完好如新，我經眼摩挲多日，深有所感，在欣喜之餘，將之注釋公布，以爲治近代史學者參考云，並志何其有幸飽此眼福！

附錄一 民國十三年八月三日《順天時報》登載〈梁啓超也實驗自由戀愛〉原文

　　美國遠東社消息，讀者諸君，曾憶數年前主唱賢人治政之康門大賢梁啓超乎？伊自民六政變後，深知政治生命已經斬絕，非另闢蹊徑，不足以謀恢復，於是翻然變計，謂生乎今世，應以今日之我，反對昨日之我，乃至以明日之我，掊擊今日之我，新生命之創造，是否如此解釋，抑此種主張，是否於人格發生問題，姑不具論，而梁氏竟因是所得一部分青年之歡心，謚以新聖，擬以東方托爾斯泰、吐格涅夫，梁氏固趨時善變者，亦竟居之不疑，奔走南北，講演各校，隱然以學閥領袖自居，庸詎知此公好名心急，而好色之心尤急，惟其太急之故，遂致惹出煩惱，亦一趣聞也。當梁氏主講金陵某校時，忽抱鼓盆之戚，梁本多情，不耐鰥居，乃隨時留意，欲得一負有盛名之英雌繼其室，以娛晚景，適有南京某女校校長呂碧塵者，素抱多夫主義，且當以色相招搖，藉茲敲詐，梁本求凰心切，急不遑擇，遂於某日與呂晤談於某某客舍，一見傾心，發生戀愛，迨魂銷真個以後，呂乃大呈雌威，謂梁氏白晝強姦，污辱人格太甚，決將訴之法庭，並開女界聯合大會，宣佈罪狀，以求正當解決，梁懼，匍匐請罪，呂益怒，謂汝亦有命為文學大家者，何以如此無恥，梁大怒，立簽某銀行支票六千元以獻於呂氏，始克含糊了結，梁既受此打擊，不復敢言戀愛自由矣。

附錄二　民國十三年八月四日《順天時報》登載〈梁啓超被報紙攻擊之真相〉原文

　　國際通信云，梁啓超昨被各報攻擊其私德，事涉穢褻，各界閱者，極爲詫異，嗣經詳細調查，始知梁近日來京，因欲乘時活動，窺伺教育界某大學地盤，以期造成研究系清一色之學界，詎事爲伊等所聞，故急起而攻揭其私德，以示抵制，其實梁去年並無賦鼓盆之戚，伊夫人李氏現尚寓京太平湖飯店，至在寧有無猥褻行爲，則不敢知，然梁此來之欲活動，則誠千眞萬確，昨星期四梁在南長街中外同歡社俱樂部大宴當局要人，車馬塞途，宴後尚在該處大推其牌九，著名猩賭大王之某某總長等皆入局，大角勝負，極形豪侈，以此觀之，梁之不甘寂寞，當在意中云。

原載《北京大學學報》（哲學社會科學版）
第 33 卷 第 2 期 總第 174 期（1996 年 3 月出版）
二○○○年一月廿二日修訂完成

學術的良知和嚴謹──梁啓超 年譜和手跡校讀感言

　　近幾年來，近代名人日記或書信陸續的出版，使得過去撲朔迷離、恍惚混沌的事件，起了一些的澄清與新解，對於學術研究者而言，確是一個福音；然而肯以原件手稿影印出版，不惜耗費大量資金者卻不多見，最近北京中華書局出版了《梁啓超未刊書信手跡》，無論是紙張與印刷，均臻於一流，堪稱大手筆，其對於學術界提供了梁啓超研究之一絕好材料。

　　這是一部值得細細精讀的書，由北京中華書局出版（公元 1994 年 11 月第 1 版），全帙共精裝成兩大巨冊，計有 948 頁，收入梁啓超親筆書信共 394 通，其中家信占絕大部分（計有 377 通）。由於係照原跡影印出版，而「許多書信均用精美信箋書寫，書法俊逸清秀，堪稱佳品，亦具有很高的文物價值和欣賞價值」（原書影印說明）。

　　在談這部書之前，有必要重新回顧一段歷史。

　　其實台灣早在一九五八年，胡適爲《梁任公先生年譜長編初稿》（以下簡稱《梁譜》）的出版作序，對於《梁譜》成書經過有詳細的說明：

　　　　梁先生死後，許多朋友都盼望丁在君擔任寫任公傳記的事。

　　　　在君自己也有決心寫一部新式的「梁啓超傳」。爲了搜集這

部大傳記的資料，在君替梁氏家屬計劃向任公先生的朋友徵
求任公一生的書札。這個徵求書札的計劃的大旨是請任公的
朋友把它的書札眞蹟借給梁家鈔副本，或照相片送給梁家。
當時徵求到的任公先生遺札，加上他的家信，總計大概有近
一萬封之多。……這部「長編初稿」的主編人是丁文江，編
纂助理人是趙豐田。全部書有一致的編纂體例。除了最早幾
年之外，每年先有一段本年的大事綱領，然後依照各事的先
後，分節敘述。凡引用文件，各注明原件的來源。

現在《梁啓超未刊書信手跡》（以下簡稱《手跡》）的出版，恰可用來
與《梁譜》校讀，在校讀的過程中，吾人赫然發現《梁譜》保存了
許多家信的原始文字風貌，而《手跡》因有《梁譜》的存在而得知
佚失的部分文字內容，如《手跡》第三六五號係一九二七年八月廿
九日給孩子們的家信，現在仍然殘缺前九頁，正好《梁譜》很完整
地保留著此殘缺的部分，而更有趣的是，此信之後三頁及部分文字，
《梁譜》缺錄，《手跡》卻安然無缺，於是《手跡》與《梁譜》合
併互相補充所缺之部分，形成「珠聯璧合」，此封殘缺不全的家信，
就能重新恢復初始首尾內容齊全的樣子，《梁譜》也因有《手跡》
影印本而知所遺漏部份或錯別字，可說是收得相輔相成之效也。

胡適序文又說《梁譜》是一部「沒有經過刪削的長編初稿，所
以是最可寶貴的史料，最值得保存，最值得印行」，大致是不錯的，
但說是「沒有經過刪削」，則可知胡適寫成序言，似未細查年譜出
版後內容的全貌，如今在眞跡史料的影印本對照之下，其有塗抹篡
改處是極明顯的，可能也是胡適始料不及的，對「有幾分證據，說

幾分話」的胡適而言，毋寧是一大的諷刺？（其例證詳後討論）

　　在《手跡》與《梁譜》的對校閱讀之下，吾人可以很清楚地統計出《手跡》實際上已被《梁譜》引錄了有一百六十一通之多（約占百分之四十），也就是說「未刊」之名是有語病的，因此未看過《梁譜》的讀者，可能會以爲《手跡》所有書信是第一次公開發表的史料，蓋以其書名爲《梁啓超未刊書信手跡》也。

　　《梁譜》引錄一百六十一通書信中，有照錄原件全文者，有節錄原件部分文字者；大體上，照錄原件全文者，核對《手跡》，有部分錯別字或句讀有誤者，所幸仍不至於對原義造成影響，而節錄原件部分文字者，也能明顯看出當時丁文江編撰《梁譜》確能取其大，一些無關緊要的家庭生活瑣事就不免割愛了；然而，時移境遷，在今天想對梁任公先生的生活有全貌地深入了解，這一些看似「無關緊要的家庭生活瑣事」，就尤顯得無比珍貴，《手跡》影印的價值在斯，此其一也。

　　前述丁文江編撰《梁譜》確能取其大，把一些無關緊要的家庭瑣事之文字刪除掉，的確是剪裁頗具匠心，然而有的文字卻明顯地篡改粉飾，則令人遺憾！如民國十五年九月二十九日家書，《手跡》原是這樣的：

> 時局變化極劇，百里所處地位極困難又極重要。他最得力的幾個學生都在南邊，蔣介石三番四覆拉攏他；而孫傳芳又卑禮厚幣，要仗他做握鵝毛扇的人。。孫、蔣間所以久不決裂，都是由他斡旋。但蔣軍侵入江西、逼人太甚（俄國人迫他如此），孫爲自衛，不得不決裂。

而《梁譜》卻變爲：

> 時局變化極劇，百里所處地位極困難，又極重要，他最得力
> 的幾個學生都在南邊，蔣介石先生三番四覆羅致他，而孫傳
> 芳又卑禮厚幣，要仗他做握鵝毛扇的人。蔣、孫間所以久未
> 決裂，都是由他斡旋。但北伐軍入江西，孫爲自衛，不得不
> 決裂。

梁啓超家書大多數是用毛筆書寫（只有第一七一號，第一八四號及第二四六號用鋼筆書寫，另第三七八號由其子思永以鋼筆代寫），不加現在使用的標點符號，《梁譜》收錄家書文字，正如胡適所言「句讀標點不免偶有小錯誤」，是合乎實情的。但是把「蔣軍」改成「北伐軍」，把「拉攏」改成「羅致」，把「蔣軍侵入江西，逼人太甚（俄國人迫他如此），孫爲自衛，不得不決裂」，改成爲「北伐軍入江西，孫爲自衛，不得不決裂」，就絕對不能說「句讀標點不免偶有小錯誤」，也絕對不能說「沒有經過刪削」，更不是偶然疏失或誤植文字可以解釋得通的，其有意塗抹篡改，在對照校讀之下，也就無所遁形而昭然於世了。

又如民國十六年一月二十六日家書，《手跡》原是這樣的：

> 萬惡的軍閥，離末日不遠了，不復成多大的問題，而黨人之
> 不能把政治弄好，也是看得見的。其最大致命傷，在不能脫
> 離鮑羅庭、加倫的羈絆——蔣介石及其他一二重要軍人屢思
> 反抗俄國勢力，每發動一次輒失敗一次，結果還是屈服——
> 國民黨早已成過去名辭，黨軍所至之地即是共產黨地盤，所

　　　　有地痞流氓一入黨，即爲最高主權者，盡量的魚肉良善之平
　　民。

而《梁譜》卻變爲：

　　　　萬惡的軍閥，離末日不遠了，不復成多大的問題，而黨人之
　　能不能把政治弄好，還要看看再說。其最大致命傷，在不能
　　脫離鮑羅庭、加倫的羈絆，因而黨軍所至之地，即是共產黨
　　地盤，所有地痞流氓一入黨，即爲最高主權者，盡量的魚肉
　　良善之平民。

把「黨人之不能把政治弄好，也是看得見的」，改成「黨人之能不
能把政治弄好，還要看看再說」，意思是有很大的不同。《梁譜》
編纂引用家書，仔細核對，固然有許多刪除，其通例是一大頁或連
續數行，乃至十餘行不等，在此處卻把「蔣介石及其他一二重要軍
人屢思反抗俄國勢力，每發動一次輒失敗一次，結果還是屈服——
國民黨早已成過去名辭」遺漏掉，並加了連語「因而」，以承接「黨
軍所至之地，即是共產黨地盤」之話，也令人覺得絕不是無心的剪
裁。

　　書信原件的出現，可以將這些有意篡改粉飾的文字，重新改正
過來，同時可覘知識分子的學術良知在黨派控制之下，如何地受到
踐踏！中國近現代學術的發展，遭到政治因素的無情壓迫，竟是如
此地不堪、軟弱與退怯，亦見到了一個縮影，《手跡》影印出版的
價值在斯，此其二也。

　　《手跡》固然可以校勘《梁譜》一部分文字錯誤，同時也使吾

人知道《梁譜》因政治因素而「削足適履」的荒誕與可悲可歎，事例已略如前述。而《手跡》的編輯也有許多美中不足之處，如一九一五年（民國四年）八月十九日家書（《手跡》編爲第一七九號），原件明是寫給「仲弟」的，編者未察，卻標明是寫給梁思順的，《梁譜》也是如此，皆誤也。更嚴重者，有幾封信考訂寫作的時間，是有問題的：

（一）民國四年底，梁任公與蔡松坡等人南下從事倒袁運動，密謀發動護國之役，由滬赴港轉桂，在諸多不便之下，乃於民國五年三月十六日抵達海防，擬爲偷渡之舉，在海防停留了十日，生活極爲艱苦，《手跡》第二五三號及第二五四號，即是反應當際歷盡險巇困厄之狀況，《梁譜》亦皆錄，可以作爲直接對照。除此二封外，《手跡》第二〇六及第二〇七號，也是同一段時期的實錄，但《手跡》編者卻考訂第二五三號及第二五四號家信寫作時間爲一九二一年，顯然是錯誤的，應皆爲一九一六年才是。

（二）承前史事，梁任公在初始南下倒袁籌劃活動中，最困擾者，爲三餐飲食問題，直到王姨等佣人來，才算得到解決（見《手跡》第一八五、一八六、一八八及一八九號），但有一二位佣人頗驕蹇無禮，令任公極憤怒，打算此事告竣即遣去（見《手跡》第一九五、一九七、一九八、一九九及二〇一號），《手跡》第二一七號亦有類似的話，根據信件內容及文句語氣，當同爲此時（民國五年二月）所寫無疑，而編者卻將此（第二一七號）家信誤植爲七月所寫。

（三）民國十五年春間，美國耶魯大學擬贈梁任公名譽博士學位，是時先後梁任公已迭次進出醫院療疾，故無法親自前往領取證書，《梁譜》照錄了二封信，其一爲四月十八日致袁守和，其二爲

四月十九日致其女梁思順，談論此事如何處理云云，《手跡》編者卻將四月十九日的信（其編序爲第三五二號），考訂爲一九二七年（即民國十六年），這是不對的。

　　（四）《手跡》第二六九號編次日期爲一九二三年一月二十四日，本來不會對此發生疑問，偏偏《梁譜》也完整收錄此信，卻標明爲「民國十二年二月二十四日與思順書」，日期相差一個月，而原件影印梁氏親筆只書日期「廿四」，不易確定孰是？細讀此信內容，其中提到舊曆新年「初五日，你姑丈偕曼宣、孝高來，一連打了三日三夜的牌，他們今晨回京去，我足足睡了一天，過年以來一件正經事未作，就只談天玩耍」，則可推知，梁任公先生寫此家信當爲舊曆新年初九，查閱《近世中西史日對照表》（鄭鶴聲編，北京中華書局，一九八一年十月第一版），此日正好爲陽曆二月二十四日，如果按照《手跡》編者定爲陽曆一月二十四日，則查出陰曆爲十二月初八日，時間不可能符合家信所言的狀況，因此《手跡》編次日期爲一九二三年一月二十四日，是錯的，應從《梁譜》爲二月二十四日才是

　　要強調說明的，這部《梁啓超未刊書信手跡》出版是非常不容易的，因爲在「六十年代初，中華書局因編輯梁啓超集之需，經吳晗先生商得任公哲嗣梁思成教授同意，得以借到一批梁啓超書信手跡，準備收入文集。不久，文革肇端，梁啓超集的編輯工作因此中輟。所幸這批書信三十多年來一直保存完好」（見原書影印說明），如今吳晗、梁思成諸先生墓木已拱，未及見完整的梁啓超全集問世，固是件憾事，而書信仍安然無恙，可說是歷經「浩劫」後的精品，

實是不幸中的一大幸事，因此尤顯得彌足珍貴了。

　　在撰寫本文時，我所用的《梁譜》係爲台北世界書局一九七二年八月出版的，其後我找到了上海人民出版社一九八三年八月出版的《梁譜》，仔細核對，後者是在前者的基礎上，增列了梁任公生前許多好友及親屬的批注意見與後來發現的相關信札，因此後者較前者材料更爲豐富，同時校對也較仔細，但兩部《梁譜》皆相同引錄《梁啓超未刊書信手跡》中的一百六十一通書信，所以並不影響本文的統計說明與觀點。上海版的《梁譜》在前言說：

> 不少資料對孫中山爲首的資產階級革命民主派，以及中國共產黨領導的新民主主義革命，都有許多污蔑之詞，修訂時均保持原貌，未予刪節，借以反應梁啓超這派人物的歷史面目。

梁氏本不見容於國民黨與共產黨，對於國民黨聯俄容共政策，有許多批評，而對共產黨利用農民革命及工人罷工手段，造成社會的混亂，亦頗有微詞，無法認同，因此是否對國、共兩黨「都有許多污蔑之詞」，本是仁智之見，可以討論。上海版的《梁譜》編者說明，可以看出其政治傾向，但畢竟確實做到了「保持原貌，未予刪節」，而台北版的《梁譜》，對於批評國民黨的部分，做了許多篡改塗抹，不惜扭曲史料，卻是吾人所無法苟同的，因此在文中頗費筆墨討論，希讀者鑒察。

原載《北京大學學報》（哲學社會科學版）
第 33 卷 第 3 期 總第 175 期（1996 年 5 月）
《梁啓超研究》第十三期（廣東，新會市梁
啓超研究會編印，1997 年 10 月）轉載
二〇〇〇年十月二十八日修訂完成

世事滄桑心事定　胸中海嶽夢中飛
——記冰心女士收藏梁啓超的一幅對聯

　　冰心女士是中國近代著名的散文家。她的文字清新雋永，意趣橫生。近讀其作品，尤爲其年歲俱增，文字洋溢赤子情懷而感動，誠所謂斯人而有斯文也。

　　冰心在客廳牆上掛著一幅字體極爲蒼勁有力的對聯，凡是造訪她的人，對此無不留下深刻印象；她也很喜歡以此幅對聯爲背景，供人爲她拍照。一九九三年四月，筆者曾到北京，社科院研究台灣新詩及小說的專家古繼堂教授，曾有意爲我安排見冰心女士，也特別提到這幅對聯，說冰心非常珍惜。可惜當時我返台灣的飛機票已訂好，未能多停留，未及拜訪冰心老人；當然也看不到梁啓超所寫的這幅對聯。爲這事，我曾悵然良久。所幸者，讀了《冰心散文近作》，對她與這幅梁啓超所寫的對聯，其中因緣與變遷，有了很動人的描述，在〈伏櫪雜記三則〉一文說：

　　　猛憶起我在大學時代，也有一陣子沈迷於集龔。龔定庵先生學問淹博，他的文章有許多是我看不懂的。但他的詩詞，我還可以領會一二。最妙的是，光是他的「己亥雜詩」，已有三百十五首，那就是有了一千二百四十句七言句，再加上其他詩詞，數目就更多。這就如同我手邊有好幾百塊五色繽紛、

大大小小的積木，可以堆成小巧玲瓏的亭台，也可以搭成七寶莊嚴的樓閣！當時隨手記下的都已不存在！現在想起來，還有幾首不忘的。（中略）這些感慨和情緒，都不是我當時心中腦中所有的！只爲集起來，讀來順口，看來成理，也不管它走韻不走韻，隨時寫好便寄去給我的「小長輩」看，如我的「小」舅舅楊子玉先生，我的「老」表兄劉放園先生，他們只比我大十七、八歲，以博一笑。但其中有一聯句就覺得還樸素平穩，也合乎我當時的心境，於是在一九二四年從美國的沙穰療養院寄回中國給劉放園表兄，請他寫成一幅對聯，我好懸掛。那就是：

　　世事滄桑心事定　　胸中海嶽夢中飛

不料他卻請梁任公代筆！那時我還不認識梁先生。這幅對聯，我一直掛在我案頭或床頭，從北京到重慶、到日本，又回到北京！幸而這次回來，這幅對聯卻一直壓在一只大書箱的底下，居然因此逃過十年浩劫！我案頭、牆上的郭沫若、茅盾、老舍以及其他朋友的字，那時卻被整掉了。

如今這一幅對聯依舊掛在我的小客廳牆上，朋友來看了，都很欣賞。不容易啊，那是六十年前的「乙丑」寫的，今年又是「乙丑」！一九八五年三月二十二日晨

在〈我的童年〉一文中，也提到：

一九二四年我在美國養病的時候，曾寫信到國內請人寫一幅「集冀」的對聯，是：

世事滄桑心事定　　胸中海嶽夢中飛

謝天謝地，因爲這幅很小的對聯，當時是卷起壓在一只大書
箱的箱底，四人幫橫行，我家被抄的時候，它竟沒有和我的
其他珍藏的字畫一起被抄走。

〈我的童年〉寫在一九七九年七月四日清晨，距〈伏櫪雜記三則〉
一文近有六年，但冰心女士一直對這幅對聯有濃郁而複雜的情感，
故特別提到他，不僅僅因爲是梁啟超的墨寶，而是歷經「劫難」的
珍品，更是冰心女士「世事滄桑」的探索，睹物思故，念及近代中
國政局的詭譎變遷，能不愴然？

原載《梁啟超研究》第十期（廣東，新會市梁啟超研
究會編印，1994 年 10 月），以筆名「慕如」發表

今本《飲冰室合集》未收
梁任公文字知見舉要

說明：

　　日本關西大學坂出祥伸教授有〈梁啓超著述編年初稿〉，將任公文章初次發表刊物名稱、卷號及發行年月，一一按編年體順序羅列，並有後人鮮見佚文，據作者稱「打算編寫涉及梁啓超全部生涯的著述年譜」，本文如坂出教授已提及佚文，就不再徵引，避免重複之嫌。坂出教授之文原載 1979 年 3 月日本《關西大學文學論文集》第 28 卷第 4 號，上海師範大學馬躍、馬洪林教授曾予翻譯，發表在 1988 年 10 月《梁啓超研究》第五期。

　　廣東省新會市梁啓超研究會自 1986 年出版《梁啓超研究》第一期專刊以來，迄今已出至第十五期（1999 年 11 月），因係屬內部交流刊物，以致知者不多。下列諸多任公佚文資料採自該刊「佚文選登」欄，廣州中山大學圖書館梅海教授致力搜羅、用功頗勤，不敢掠美，特申謝意。

原件

*〈飲冰室讀書記〉（首次由耿雲志公布，原件存中國社會科學院近

代史研究所）

*孟子遺稿（未公布，現存湖北某人）

*〈梁啓超對於順天時報啓事〉（首次由吳銘能在 1996 年 3 月《北京大學學報》哲學社會科學版公布，原件存北京大學圖書館善本室）

*《梁啓超題跋墨蹟》（首次由冀亞平、賈雙喜在《梁啓超題跋墨蹟書法集》公布一部分，原件存北京圖書館）

*《梁啓超未刊書信手跡》（首次由北京中華書局公布，原件存北京中國歷史第一檔案館）

*《梁啓超給蹇季常等書信》（年譜引錄若干，少許未公布，原件存北京大學圖書館善本室）

*梁啓超致犬養毅請約會見孫逸仙函（首次由陳占標公布，原件存日本岡山縣立博物館）

*梁啓超佚札十七封（首次由馬以君在 1989 年 1 月《華南師範大學學報》社會科學版公布，原件由梁士詒八妾譚玉櫻提供）

*梁啓超二十歲遺札（首次由康保延在 1979 年《廣東文獻》九卷三期公布，原件存康保延處）

*梁啓超慰唁函二通（首次由康保延在 1979 年《廣東文獻》九卷四期公布，原件存康保延處）

*梁啓超致夏曾佑函一通（首次由康保延在 1994 年 2 月《廣東文獻》廿四卷一期公布，原件存康保延處）

*梁啓超跋《詞人納蘭容若手簡》眞跡（方行發表於 1997 年 12 月《學術集林》卷十二，原件存上海圖書館）

*梁啓超致王國維手扎四通（劉寅生、房鑫亮注，發表於 1995 年 4 月《學術集林》卷三，原件存處不詳）

演講記錄及其他

*梁啓超爲伊藤博文被暗殺事評論（原載日本《神戶新聞》1909 年 10 月 29 日，題爲〈清國志士眼目中的伊藤公〉，日本竹內弘行教授首次譯成漢文，發表於 1989 年 10 月《梁啓超研究》第六期）

*梁啓超致台灣林獻堂書（1911 年 3 月 24 日梁啓超致函林獻堂，原件首次在 1967 年 10 月 25 日《海上唱和集》出版，同年 12 月《傳記文學》11 卷 6 期轉載，1989 年 10 月《梁啓超研究》第六期再轉載）

*梁啓超致山本梅崖書（原載 1898 年 11 月 20 日〈台灣日日新報〉）

*梁啓超、王照致函日本外務大臣大隈重信乞救光緒皇帝（見昭和二十九年日本國際連和協會發行《日本外交文書》第三十一卷第一冊，頁 696～699）

*志賀重昂、梁啓超筆談助光緒皇帝復權錄（見昭和二十九年日本國際連和協會發行《日本外交文書》第三十一卷第一冊，頁 703～705）

*學生之自覺心及其修養方法（在廣東高等師範學校演講詞，原載 1917 年 5 月《丙辰》第三期）

*社會學在中國方面的幾個重要問題研究舉例（在燕京大學社會學會演講，周傳儒記錄，原載 1927 年 6 月《社會學界》第一卷）

*法政雜志序（原載 1912 年 2 月《法政雜志》第一期）

*鹽政雜志序（原載 1912 年 12 月《鹽政雜志》創刊號）

*中華警察協會題詞（原載 1913 年 1 月《中華警察協會雜志》）

*中國文明之傳播（發表時地未詳，待考）

*原學（發表時地未詳，待考）

*如何造成一個學者（清華研究院創設之旨趣，謝明霄記錄）

*政治家之修養（載清華政治學研究會演講，謝明霄記錄）

*呈請代奏查辦德人毀壞聖像以伸公憤稿（發表時地未詳，待考）

*忠告香港中國日報及其日本訪事員（發表時地未詳，待考）

*社會感化力之分擔（在北京青年會演講，發表時間未詳，待考）

*梁啓超逃亡日本之初致日本閣員近衛公爵、副島伯爵書（原載 1898 年 12 月日本《東邦協會會報》第五三號）

*梁啓超、王照 1898 年 9 月 27 日致伊藤博文書

*梁啓超、王照 1898 年 10 月 26 日致大隈伯書

*梁啓超《列子》批校（過錄本，由山東大學古籍研究所王紹曾公布於 1993 年 3 月《古籍整理研究論叢》第二輯）

*梁啓超甲寅暮春書陸放翁送芮司業詩借題韋烈士紀念集（原載 1926 年《清華週刊》26 卷第 4 期）

*梁啓超 1925 年 8 月 31 日與吳佩孚書（原載 1958 年《學術月刊》第 2 期）

* 《梁任公讀佛經札記手蹟》線裝本全二冊（原件存處不詳，1973 年 10 月台北藝文印書館初版）

原載《梁啓超研究》第十三期（廣東，新會市
梁啓超研究會編印，1997 年 10 月）
二○○○年十二月二日增補修訂

梁啓超研究隨想錄

我研究近現代學術思潮有年，對梁啓超文章也下過工夫，有些體會自認還有點意思，藉本次戊戌維新百年召開學術討論會之際，略談一己看法，或有不妥，敬期方家指正。

一、史觀影響年譜編纂與研究

研究梁啓超者皆知，一部皇皇鉅作《飲冰室合集》與丁文江、趙豐田合編的《梁任公年譜》是必備之參考資料，然而由於史觀的偏見，後者的編纂卻不盡人意，令人遺憾！年譜首次於一九五八年在台北世界書局出版，胡適先生極爲重視，曾爲此寫了一篇長序，其中有云「此部年譜是沒有經過刪削的長編初稿，所以是最可寶貴的史料，最值得保存，最值得印行」。可是，一九九四年十一月由北京中華書局出版原跡影印兩大冊的《梁啓超未刊書信手跡》，用來校勘台北世界書局出版的年譜，卻發現有許多文字被有意塗抹篡改，而且在兩相對照之下，更凸顯梁氏年譜在黨派成見之下削足適履的荒誕與可歎！

早期在國民黨統治下，研究受到一些限制，以台灣學者張朋園先生力作《梁啓超與民國政治》及《梁啓超與清季革命》二書，雖引用了年譜原稿曬藍本，卻不敢揭露台北世界書局出版年譜塗抹篡

改史料之事實，留待二十年後才由我首次揭發此荒唐事，足顯中國近代學術受政治因素之干擾。

大陸情況，文革對學術之傷害是眾人皆知事實，固不必說，在一九八三年上海人民出版社也出版了梁氏年譜，固然增列了任公生前許多好友及親屬的批注意見與後來發現的相關信札，材料的確更爲充實豐富，而在出版前言卻要加一段說明云：

> 不少資料對孫中山爲首的資產階級革命民主派，以及中國共產黨領導的新民主主義革命，都有許多污衊之詞，修訂時均保持原貌，未予刪節，借以反應梁啓超這派人物的歷史面目。

此亦是未深究史料之完整客觀事實，也未能充分理解梁氏彼時既不對國民黨抱任何希望，對共產黨也全無好感，吾人在編纂年譜之際，當摒除一切成見，留存完善史料，其是非得失史家自有公評，有必要先遽下結論，定性說是“污衊”嗎？

二、閱讀原稿的必要與困難

根據我研究的經驗，只要有梁氏手跡原件或複印件出現，必顯示今本《飲冰室合集》在當時出版校勘極爲粗疏。一九九五年三月北京榮寶齋出版社影印出版了原件收藏在北京圖書館的梁啓超題跋墨跡的部份文字，我用來校勘《飲冰室文集》之四十四上碑帖類文字，竟有三十八處文字有問題。這難道不值得我們有點警惕與注意嗎？

大約三十年前，台北藝文印書館影印出版了《梁任公讀佛經札

記》線裝本兩冊，許多圖書館均未見收藏，我最近覓得，拿來與梁氏《佛學研究十八篇》單行本做校勘，也發現文字諸多參差異同。這難道不值得我們有點警惕與注意嗎？

北京圖書館文津街分館收藏有《梁氏飲冰室藏書目錄》原件手寫本（凡一函三冊）與鉛印本（凡一函四冊），我曾與《飲冰室文集》之四十四下書籍題跋類做校勘，知道《梁氏飲冰室藏書目錄》收錄任公的題跋共有九十七則，而《飲冰室文集》收錄任公的題跋僅有四十四則，其中兩者重複（皆有收錄者）有十八則，因此今日吾人所能確知任公對書籍做題跋的總數應爲一百二十三則。由於《梁氏飲冰室藏書目錄》的存在，使吾人知道《飲冰室文集》書籍題跋所列書名失之太簡略，且未能標明卷數與版本，至於二者之間互校之複雜狀況，則是超乎想像。

由於梁任公下筆勤快，文字極爲浩繁，林志鈞先生在編纂任公著作，例言有說「全書據初印舊本覆校，其有手稿本者則悉依原稿校訂」，但在今天吾人就所知原稿再核勘比對，文字的校對並不能令人滿意，實例有如前述；而在一套重新編纂取材最豐富、校勘最精細的梁任公全集問世之前，原稿仍有必要再多尋訪發掘，一字也不能放過。只是，閱讀原稿，談何容易？依筆者經驗，目前遭遇的困難，最典型有兩類：

（1）私人收藏者，多不願提供學界研究，將來人事滄桑，恐有失落不知去向之虞。如梁任公生前曾將一部孟子研究手稿送給助手何擎一，其後代子孫收藏著，筆者一直聯繫仍未能一見，頗爲悵惋！中國科學院院士梁思禮博士（梁啓超幼子）曾在一九九七年四月廿七日代表梁家後代向中國歷史第一檔案館捐獻梁啓超書信手稿 14 冊 416

件，即是一九九四年十一月北京中華書局出版《梁啓超未刊書信手跡》的底本，就是能把史料做完善處置的最佳典範，足堪私人收藏者效法。

（2）公家圖書館收藏者，許多未能編妥完善目錄，學界不甚了解，且又各自抱持濃厚本位主義，借閱不易，史料閒置，形同廢紙。

三、成立史料編纂委員會刻不容緩

為了解決上述閱讀史料的困難度，除了導引正確保存與運用資料的觀念外，筆者以為制度的建立尤為重要，不妨先成立史料編纂委員會，集合世界各大圖書館與研究機構專家，先開列一份民國以來重要人物清單，再分頭調查史料收藏於何地何人，編成目錄，最終目的是能蒐羅集中影印或整理出版，提供學界深入研究，使珍貴史料不致因人事變遷而湮滅。試問：民國以來學術文化界人物，我們究竟踏踏實實認真研究有多少？恐怕只是屈指可數吧！如果現在還不群策群力分工蒐羅史料，一部民國學術史何日可以問世？

原參加一九九八年八月北大召開戊戌維新百年學術討論會的發言稿
二○○○年十二月一日修訂完成

後　　記

　　本書稿完成，要感謝以下的人。

　　首先感謝我的母親，任勞任怨，排除萬難，提供我一生求學階段的所需。

　　愛妻呂捷在這幾年給我的支持與打氣，是我處於孤寂中最大的精神支柱，初稿撰寫後的打字，她費盡心血，沒有她教學之餘的無怨付出，本書是不可能完成的。

　　博士導師孫欽善先生對選題的討論與指導，對我啓發極大。學位論文從開題報告、答辯提出申請、學術評閱到審批、答辯，他們嚴謹而切中要點的建議與批評，給予我留下難忘的印象，這幾位先生分別是中國社會科學院近代史研究所研究員楊天石先生、北大信息管理系周文駿先生、北大中文系安平秋先生、孫靜先生、楊忠先生、馬秀娟先生、董洪利先生、高路明先生等；北大善本古籍部張玉範先生有成人之美，提供我閱讀梁任公原稿書信的方便；新會陳占標先生以視網模糊、耄耋之年身軀，堅持陪我全程梁任公故居之旅，對一位初次見面、素昧平生晚輩，提攜若此。梁從誠先生爲我到天津尋訪飲冰室遺址，給了極爲有幫助介紹信函。

　　另外，北京大學學報編委會對本書撰寫期間的部份篇章，選了兩期刊載，北大歷史系劉桂生先生、中國社會科學院近代史研究所耿雲志先生對發表文章的謬加讚賞，均予我莫大鼓舞。而其餘如《梁

啓超研究》、《北京大學研究生學刊》、《鵝湖》、《國家圖書館館刊》、《書目季刊》等刊物編委的賞識，允許我先發表若干研究心得；北大哲學系李四龍兄爲我組織籌辦論文討論會，廣邀哲學系、歷史系多位學友就論文內容析疑商榷，不客氣提出批評，使我受益良多，不及一一詳列，也謹在此表達我誠摯的謝意。

　　值得一提的，在北京圖書館尋索資料不得要領之下，冒昧寫了一封信給館長任繼愈先生，任老親吩咐屬下立即給我覆信解決，我很滿意任先生以國家圖書館館長之崇位對讀者負責的敬慎態度！

　　我永遠忘不了第一位賞識我的學者：喬衍琯先生在目錄學領域是國內有名專家，與我素不相識，在讀了我的碩士論文之後，親自打電話給我，並由台北跑到當時任教僻壞東部見我！ 國家圖書館編纂張錦郎先生多年來對年輕人的愛護，也是我不能不提的長輩。

　　汪中先生惜墨如金，特爲本書題籤，增加光寵，尤感盛意。

　　學生書局總經理鮑邦瑞先生與編輯顧問陳仕華先生熱心學術文化事業，對於拙作特予優先出版，謹在此表達萬分感謝。王俊賢先生百忙之中，抽暇爲本書費心排版，亦深表銘謝。

　　昔太史公著《史記》，必先親履往觀天下，善養其氣，然後博覽群籍，多聞闕疑，方形諸於筆墨，乃能完成不朽篇什。吾自決定研究梁任公，乃師仿太史公遺意，輾轉至天津飲冰室故址，登西山秘摩巖，赴香山臥佛寺，憑弔菜市口米市胡同，逛游清華園，遠至新會茶坑任公故鄉，乃至多方詢探任公生前鴻泥半爪形跡蹤影。如今，一代風流人物往矣，幾度踏上臥佛寺旁的墓園台階，夕陽西下，涼風襲來，松林有聲，似乎是在訴說歷史的一切。

　　數不清有多少次親睹任公原件的興奮與激動，有時坐在圖書館

摩挲竟日，不忍釋手，有時逐字逐句反覆抄錄推敲，細爲校勘文字異同，每有所領會，竟誤了用餐時間。

古人有詩云：「客舍并州已十霜，歸心日日憶咸陽，無端更渡桑乾水，卻望并州是故鄉」，詩境深矣。吾自渡海到京歷經三載有餘，京師風土人情，已融入生命歷程，吾自返回寶島，追憶舊遊，其將爲第二并州乎？銜泥舊燕，必將歸來。

一九九七年五月廿二日初稿於北大四十八樓
二〇〇一年元月十三日修訂於　桃園內壢

國家圖書館出版品預行編目資料

梁啟超研究叢稿

吳銘能著.— 初版.— 臺北市：臺灣學生，2001 [民 90]
面；公分
ISBN 957-15-1058-0 (精裝)
ISBN 957-15-1059-9 (平裝)

1. 梁啓超 — 學術思想

128.4   90002135

梁啟超研究叢稿（全一冊）

著　作　者：吳　　　　銘　　　　能
出　版　者：臺　灣　學　生　書　局
發　行　人：孫　　　善　　　治
發　行　所：臺　灣　學　生　書　局
　　　　　　臺北市和平東路一段一九八號
　　　　　　郵政劃撥帳號：00024668
　　　　　　電　話：(02)23634156
　　　　　　傳　眞：(02)23636334
本書局登
記證字號：行政院新聞局局版北市業字第玖捌壹號
印　刷　所：宏　輝　彩　色　印　刷　公　司
　　　　　　中和市永和路三六三巷四二號
　　　　　　電　話：(02)22268853

定價：精裝新臺幣四七〇元
　　　平裝新臺幣四〇〇元

西元二〇〇一年二月初版

臺灣 學生書局 出版

文獻學研究叢刊